Die Ausfallhaftung
der GmbH-Gesellschafter
nach § 24 GmbHG

Europäische Hochschulschriften Recht

European University Studies in Law

Publications Universitaires Européennes de Droit

Band/Volume **6166**

Sina Wegener

Die Ausfallhaftung der GmbH-Gesellschafter nach § 24 GmbHG

PETER LANG

Bibliografische Information der Deutschen Nationalbibliothek
Die Deutsche Nationalbibliothek verzeichnet diese Publikation in der Deutschen Nationalbibliografie; detaillierte bibliografische Daten sind im Internet über http://dnb.d-nb.de abrufbar.

Zugl.: Freiburg (Breisgau), Univ., Diss., 2019

Gedruckt auf alterungsbeständigem, säurefreiem Papier.
Druck und Bindung: CPI books GmbH, Leck

D 25
ISSN 0531-7312
ISBN 978-3-631-79638-2 (Print)
E-ISBN 978-3-631-81648-6 (E-PDF)
E-ISBN 978-3-631-81649-3 (EPUB)
E-ISBN 978-3-631-81650-9 (MOBI)
DOI 10.3726/b17080

Diese Publikation wurde begutachtet.

www.peterlang.com

Für meine Eltern
Silke und Thomas Wegener

Vorwort

Die vorliegende Arbeit wurde im Wintersemester 2018/2019 von der Rechtswissenschaftlichen Fakultät der Albert-Ludwigs-Universität Freiburg als Dissertation angenommen. Literatur und Rechtsprechung konnten bis Oktober 2018 berücksichtigt werden.

Danken möchte ich meinem Doktorvater und Erstgutachter Prof. Dr. Jan Lieder, LL.M (Harvard) für seine hilfreiche Unterstützung und die zügige Begutachtung. Ebenso möchte ich mich bei Prof. Dr. Hanno Merkt LL.M. (Univ. of Chicago) für die Zweitbegutachtung bedanken.

Der Dr.-Carl-Böse-Stiftung danke ich für die Unterstützung bei der Drucklegung und dem damit verbundenen großzügigen Druckkostenzuschuss.

Das erfolgreiche Gelingen dieser Arbeit ist zudem in großem Maße auf die Unterstützung meiner Freunde und meiner Familie zurückzuführen.

Besonders bedanken möchte ich mich bei Frau Polina Wenig für ihren stetigen Zuspruch aus der Ferne und ihre Genauigkeit und ihren Eifer bei der Durchsicht des Manuskripts.

Frau Dr. Christina Schinzing möchte ich herzlich für ihre tägliche Gesellschaft in der Bibliothek, ihre positive Art und den kritischen Gedankenaustausch danken.

Mein aller größter Dank gilt meinen Eltern, Silke und Thomas Wegener, für ihre bedingungslose, großzügige und immerwährende Unterstützung bei all meinen Vorhaben, weit über das Anfertigen dieser Arbeit hinaus. Ihnen ist diese Arbeit gewidmet.

Inhaltsverzeichnis

Einleitung

Die Verpflichtung der Gesellschafter einer GmbH, für die ausstehenden und nicht zu erwirkende Einlageverpflichtungen ihrer Mitgesellschafter aufkommen zu müssen, ist seit dem Inkrafttreten des GmbH-Gesetzes 1892 als sogenannte Ausfallhaftung in § 24 GmbHG verankert.

Der Ausgangspunkt der Notwendigkeit einer solchen Haftung liegt in der Möglichkeit der Teileinzahlung des Stammkapitals begründet. Seit Gesetzesentstehung sah es der Gesetzgeber als verfehlt an, den Gesellschaftern die Pflicht zur vollständigen Stammkapitalaufbringung aufzuerlegen,[1] weshalb diese sowohl bei Gesellschaftsgründung (§ 7 Abs. 2 GmbHG), als auch bei einer Kapitalerhöhung (§ 56 a GmbHG) lediglich zur Einzahlung einer Mindestsumme verpflichtet sind. Den Gesellschaftern ist hierdurch ein flexibles Konzept der Kapitalzufuhr an die Hand gegeben worden, wodurch – unter Wahrung einer Seriositätsschwelle – von der Aufbringung (vorerst) verzichtbaren Kapitals abgesehen wurde. Um dem damit einhergehenden Ausfallrisiko bezüglich der Leistung der ausstehenden Resteinlage entgegenzuwirken und die Aufbringung des gesellschaftsvertraglich festgelegten Stammkapitals möglichst vollumfänglich zu gewährleisten, wurde die Ausfallhaftung der Mitgesellschafter als Kapitalaufbringungsschutzvorschrift in das Gesetz der GmbH aufgenommen.[2] Diese Haftung ist subsidiär, steht hinter den Mechanismen des Kaduzierungsverfahrens zurück und ist ein Alleinstellungsmerkmal der GmbH.

§ 1 Gegenstand und Ziel der Arbeit

Während das übrige GmbH-Gesetz über die Jahre weiträumige Änderungen, Anpassungen und Modernisierungen erfahren hat, blieb der Wortlaut des § 24 GmbHG seit Verabschiedung im Jahr 1892 – mit Ausnahme der amtlichen Überschrift[3] – bis zum heutigen Tage unverändert. Insbesondere die Auswirkungen der Reform zur Deregulierung des Kapitalschutzes, durch das Gesetz zur Modernisierung des GmbH-Rechts und zur Bekämpfung von Missbräuchen (MoMiG) im Jahre 2008, tragen dazu bei, dass die Anwendung der Ausfallhaftung undurchsichtig und von Problemkonstellationen behaftet ist. Getragen von

1 Begr. zum GmbHG, RT-Drs. 1890/1892, Nr. 660, 3735.

2 Vgl. Begr. zum GmbHG, RT-Drs. 1890/1892, Nr. 660, 3742.

3 Begr. RegE zum MoMiG, BT-Drucksache 16/6140, 9, Ziffer 51.

systematischen und wertungsmäßigen Ungereimtheiten, bildet die derzeitige Gesetzeslage Anlass zu der nachfolgenden Untersuchung.

Gegenstand und Ziel dieser Arbeit ist die Analyse der Norm im Allgemeinen sowie hinsichtlich ihres rechtspolitischen Bedürfnisses. Anhand einer genauen Betrachtung der Tatbestandsmerkmale sowie der Rechtsfolge sollen die defizitären Punkte herausgearbeitet und zu ihrer Klärung beigetragen werden.

§ 2 Gang der Untersuchung

Die vorliegende Arbeit gliedert sich im Nachgang zur Einleitung im Wesentlichen in drei Abschnitte. Zunächst erfolgt eine umfassende dogmatische Untersuchung des § 24 GmbHG de lege lata, während im darauffolgenden Abschnitt das rechtspolitische Bedürfnis der Ausfallhaftung analysiert und unter Bewertung des vorherrschenden Kapitalaufbringungssystems einige Reformanregungen vorgeschlagen werden. Im letzten Abschnitt erfolgt eine Zusammenfassung der wesentlichen Ergebnisse.

Die dogmatische Untersuchung beginnt mit der Darstellung des Regelungszwecks des § 24 GmbHG, woraufhin – dem Schutzzweck der Norm entsprechend – ein Kurzüberblick über die Aufbringung und Bedeutung des Stammkapitals der GmbH erfolgt. Anschließend wird eine detaillierte Auseinandersetzung mit den einzelnen Tatbestandsmerkmalen des § 24 GmbHG sowie der Rechtsfolge der Ausfallhaftung vorgenommen. Die jeweiligen neuralgischen Stellen werden aufgezeigt, diskutiert und im Hinblick auf eine Lösung umfassend beleuchtet.

Das Hauptaugenmerk liegt auf der adäquaten Bestimmung der Haftungsadressaten. Insbesondere wird der Frage einer Rechtsvorgängerhaftung nachgegangen. Hierzu erfolgt neben der Auseinandersetzung mit den generellen Auswirkungen einer Geschäftsanteilsübertragung für die Absicherung der Kapitalaufbringung die Untersuchung einer rechtsmissbräuchlichen Geschäftsanteilsübertragung. Herausgearbeitet werden Kriterien, welche eine missbräuchliche Anteilsübertragung charakterisieren, sowie eine mögliche Sanktionierung dessen.

Im Rahmen der Rechtsfolgenbetrachtung des § 24 GmbHG bildet die Frage nach einer summenmäßigen Begrenzung des Haftungsumfangs den Schwerpunkt der Untersuchung. Eingebettet wird diese Fragestellung in die Darstellung der verschiedenen – zum Teil neu entstandenen – Anwendungsfelder der Ausfallhaftung, welche mit großen systematischen Ungereimtheiten einhergehen.

Für das Anwendungsfeld der Kapitalerhöhung wird insbesondere auf die sich in diesem Zusammenhang ergebende Haftungsgefahr eingegangen und eine

Privilegierung von Kleingesellschaftern diskutiert. Zudem erfolgt eine Betrachtung der „Austrittslösung", wobei deren Defizite bezüglich der Verhaftung nach § 24 GmbHG sowie ein alternativer Austrittsweg aufgezeigt wird.

Anknüpfend an die dogmatische Untersuchung wird im darauffolgenden Abschnitt eine rechtspolitische Betrachtung des § 24 GmbHG vorgenommen. Es erfolgt eine Einordnung der Norm und deren Funktion in das heutige Kapitalschutzsystem, wobei die ersatzlose Streichung der Ausfallhaftung angedacht und deren Konsequenzen aufgezeigt werden.

Als milderes und dem vorherrschenden Kapitalschutzsystem dienlicheres Mittel werden im Anschluss Reformanregungen für eine einheitliche und interessengerechte Ausgestaltung der Ausfallhaftung vorgeschlagen.

Final erfolgt eine Schlussbetrachtung sowie die Zusammenfassung der wesentlichen Ergebnisse.

Teil 1 Dogmatische Untersuchung des § 24 GmbHG

§ 3 Regelungszweck und Systematik

Der Zweck der Ausfallhaftung liegt in der Absicherung der Kapitalaufbringung und dient damit dem Gläubigerschutz. Erreicht wird dieser, indem § 24 GmbHG die Verantwortung für die Stammkapitalaufbringung allen an der Gesellschaft beteiligten Gesellschaftern überträgt. Ist die geschuldete Einlage eines einzelnen Gesellschafters von diesem nicht zu erzielen und auch nicht durch das Verfahren nach §§ 21 ff. GmbHG beizubringen, so ist der ausstehende Fehlbetrag von den übrigen Mitgesellschaftern kollektiv und im Verhältnis ihrer eigenen Beteiligung aufzubringen.

Systematisch angeschlossen ist die Norm an das Kaduzierungsverfahren nach §§ 21–23 GmbHG. Aufgrund der Kaduzierungsmechanismen gem. §§ 21 ff. GmbHG, welche der Ausfallhaftung der Mitgesellschafter vorgehen, wird in der Literatur teilweise von der Ausfallhaftung als „*letztem Schritt des Kaduzierungsverfahrens*" gesprochen.[4]

Dies beschreibt die Funktion der Ausfallhaftung jedoch nur ungenau. Vielmehr handelt es sich bei der Inanspruchnahme der Mitgesellschafter um ein eigenständiges Kapitalaufbringungsschutzinstrument, welches erst im Anschluss eines fruchtlos verlaufenen Kaduzierungsverfahrens greift.[5] Die Ausfallhaftung kann somit zwar allgemein als „*Schlussstein*" der Bestimmung über die Beibringung des Stammkapitals bezeichnet werden,[6] jedoch nicht zu dem Kaduzierungsverfahren gezählt werden.

Dass das Kaduzierungsverfahren separat von der Ausfallhaftung zu betrachten ist und die Ausfallhaftung nach § 24 GmbHG einen zusätzlichen Kapitalaufbringungsschutz generiert, legt bereits der Wortlaut der Norm nahe. Um die Mitgesellschafter nach § 24 Satz 1 GmbHG in Anspruch nehmen zu können, darf die ausstehende Einlage „*weder von den Zahlungspflichtigen eingezogen, noch durch Verkauf des Geschäftsanteils gedeckt werden*". Die wiederholte Inanspruchnahme

---

4 *Emmerich*, in: Scholz, GmbHG, 12. Auflage, § 24 Rn. 1; *Ebbing*, in: Michalski/Heidinger/Leible/J. Schmidt, GmbHG, 3. Auflage, § 24 Rn. 1; *Schütz*, in: MüKo-GmbHG, 3. Auflage, § 24 Rn. 7; *Wicke*, in: Wicke GmbHG, § 24 Rn. 1.

5 *Bayer/Scholz*, GmbHR 2016, 89; *Altmeppen*, in: Roth/Altmeppen, GmbHG, § 24 Rn. 1.

6 *Pentz*, in: Rowedder/Schmidt-Leithoff, GmbHG, 6. Auflage, § 24 Rn. 1.

des säumigen Gesellschafters, der Rückgriff auf seine Rechtsvorgänger, sowie der Versuch der Veräußerung des Geschäftsanteils müssen demnach bereits als Voraussetzungen des § 24 GmbHG stattgefunden haben, ehe die Haftung der Mitgesellschafter zum Tragen kommt. Erst wenn die Aufbringung der ausstehenden Einlage nicht durch die Mechanismen des Kaduzierungsverfahrens – welche allesamt im direkten Zusammenhang mit der gegenwärtigen, vergangenen oder zukünftigen Inhaberschaft des betroffenen Geschäftsanteils stehen – möglich ist, gelangt § 24 GmbHG zur Anwendung. Die Inanspruchnahme des Gesellschafterkollektivs nach § 24 GmbHG resultiert sodann erstmals nicht aus der Verantwortlichkeit gegenüber dem betroffenen Geschäftsanteil, sie geht weit darüber hinaus und lässt es für eine Haftung genügen, dass eine generelle Gesellschafterstellung besteht. Ihr Anknüpfungspunkt ist somit bereits ein anderer als der der §§ 21–23 GmbHG.

Verdeutlicht wird dies auch durch die Tatsache, dass der kaduzierte Geschäftsanteil bei einer Haftung nach § 24 GmbHG – anders als bei einer Leistung des Rechtsvorgängers des Kaduzierten gem. § 22 Abs. 4 GmbHG oder bei der Erzielung der ausstehenden Einlage durch Versteigerung nach § 23 GmbHG – nicht von den leistenden Mitgesellschaftern erworben wird.[7]

Die Verpflichtung der Mitgesellschafter nach § 24 GmbHG zielt einzig darauf ab, die ausstehende Einlage zu erlangen und ist von den Mechanismen des Kaduzierungsverfahrens zu trennen. Hinzukommend ist die Eigenständigkeit der Ausfallhaftung auch durch einen Seitenblick in das Aktiengesetz zu erkennen.[8] In den §§ 63 ff. AktG ist ebenfalls ein Kaduzierungsverfahren für säumige Aktionäre vorgesehen. Dieses umfasst jedoch lediglich die Kaduzierung selbst, sowie eine Inanspruchnahme der Vormänner. Eine darüberhinausgehende Ausfallhaftung der übrigen Aktionäre ist gerade nicht vorgesehen.

§ 4 Überblick

Ist die ausstehende Einlage eines Gesellschafters von diesem nicht zu erlangen und bleiben auch die Maßnahmen des Kaduzierungsverfahrens ohne Erfolg, sind die übrigen Gesellschafter, als Solidargemeinschaft[9], nach § 24 Satz 1 GmbHG, in die Haftung zu nehmen.

Die Gesellschafter kommen dabei anteilig nach ihren jeweiligen Beteiligungen für den ausstehenden Betrag auf. Im Falle zahlungsunfähiger Sekundärschuldner

---

7 *Ebbing*, in: Michalski/Heidinger/Leible/J.Schmidt, 3. Auflage, § 24 Rn. 88.
8 *Bayer/Scholz*, GmbHR 2016, 89.
9 *Schütz*, in: MüKo-GmbHG, 3. Auflage, § 24 Rn. 1.

erfolgt gem. § 24 Satz 2 GmbHG eine weitere Umlegung der jeweiligen Summe auf die verbleibenden solventen Gesellschafter. Dies kann in der praktischen Umsetzung zur Folge haben, dass letztlich ein einzelner Gesellschafter – unabhängig von der Höhe seiner eigenen Beteiligung – für den gesamten noch ausstehenden Betrag des Stammkapitals aufzukommen hat.[10] Jedenfalls kann daraus aber eine erhebliche Disproportionalität zwischen der anfallenden Ausfallhaftungssumme und der eigenen Einlageschuld folgen.[11] Indem nicht allein der einzelne, geschäftsanteilinnehabende Gesellschafter für die Aufbringung seiner Einlageleistung verantwortlich ist, sondern subsidiär eine unabdingbare verschuldensunabhängige Haftung aller übrigen Gesellschafter statuiert ist, wird eine effektive Absicherung der Kapitalaufbringung sowie eine damit einhergehende Intensivierung des Gläubigerschutzes geschaffen.

Der Gesetzgeber begründet diese einzigartige solidarische Haftung der GmbH-Gesellschafter mit der vereinfachten Gründung sowie der personalisierten Struktur der GmbH. Die weniger strengen Haftungs-, Verfahrens- und Publizitätsvorschriften im Gründungsverfahren der GmbH bedürfen einer Kompensation zum Schutz der Gläubigerinteressen.[12] Weiterhin versprach sich der Gesetzgeber eine Solidarisierung der Gesellschafter untereinander, wodurch eine sensiblere Handhabe der Gesellschaftsbelange prognostiziert wurde.[13] Anders als die Aktiengesellschaft sollte die GmbH den Bedürfnissen der kleinen und mittleren Unternehmen gerecht werden und ihnen die Möglichkeit bieten sich in Form einer juristischen Person zu organisieren, ohne mit ihrem privaten Vermögen dafür einstehen zu müssen.[14] Den Gesellschaftern sollte das Privileg der Haftungsbeschränkung zugutekommen, ohne zugleich in das enge Kleid der satzungsstrengen Aktiengesellschaft gezwängt zu werden.[15] Um sowohl die personalisierte Struktur zu erwirken und zugleich eine vereinfachte, weniger strenge Gründung ermöglichen zu können, sah es der Gesetzgeber als angemessen an, den Gesellschaftern neben der Verpflichtung ihre eigene Einlage leisten

10 *Bayer/Scholz*, GmbHR 2016, 89; *Emmerich*, in: Scholz, GmbHG, 12. Auflage, § 24 Rn. 2a; Beispiel: OLG Hamm Urteil v. 26.01.2011 – I-8 U 142/10, GmbHR 2011, 588, 590.

11 Vgl. BGH Urteil v. 13.05.1996 – II ZR 275/94, BGHZ 132, 390 = NJW 1996, 2306.

12 Begr. zum GmbHG, RT-Drs. 1890/1892, Nr. 660, 3730, 3742.

13 Begr. zum GmbHG, RT-Drs. 1890/1892, Nr. 660, 3730.

14 *Lutter*, in: FS 100 Jahre GmbH-Gesetz, S. 49, 51.

15 *Lutter*, in: FS 100 Jahre GmbH-Gesetz, S. 49, 51.

zu müssen, auch das Risiko für die ordnungsgemäße Erbringung der Einlage ihrer Mitgesellschafter aufzuerlegen.[16]

Durch die Veränderungen und Anpassungen des GmbH-Gesetzes an den modernen Wirtschaftsverkehr ist ein schlüssiges Ineinandergreifen des Kapitalaufbringungsschutzes jedoch nicht mehr zu erkennen, weshalb die der Ausfallhaftung zukommende Funktion, ihre Ausgestaltung und insbesondere ihre Tragweite im gegenwärtigen Konzept zu hinterfragen ist.

§ 5 Grundlagen – Die Kapitalaufbringung in der GmbH

Als Instrument zur Absicherung der Kapitalaufbringung wurzelt der Sinn und Zweck der Ausfallhaftung in der Bedeutung des Stammkapitals. Für die nähere Auseinandersetzung mit der Ausfallhaftung bedarf es daher zunächst einer kurzen Betrachtung des gesellschaftlichen Stammkapitals und seiner Funktion.

A. Das Stammkapital und die Einlageleistung der Gesellschafter

Das Stammkapital einer Gesellschaft, als ziffernmäßig im Gesellschaftsvertrag festgelegter Betrag, beruht auf dem traditionellen Konzept des Präventivschutzes der Gläubiger, durch Schaffung einer Kapitalgrundlage[17] und gilt seit jeher als zentrales Element der Kapitalgesellschaften.

Die Aufbringung des Stammkapitals erfolgt durch die Übernahme von Geschäftsanteilen, welche die Verpflichtung der Gesellschafter zur Einlageleistung – in Höhe des jeweiligen Nennbetrags – begründen. Die im Gesellschaftsvertrag festgelegte Stammkapitalziffer ist in einzelne Geschäftsanteile zerlegt, weshalb sich die Summe des Stammkapitals mit der Summe der Nennbeträge aller Geschäftsanteile deckt.[18] Gem. § 5 Abs. 2 GmbHG kann ein einzelner Gesellschafter bereits im Gründungsstadium mehrere Geschäftsanteile übernehmen. Dabei ist sicherzustellen, dass der Gesellschaft zumindest ein Teil des versprochenen Kapitals effektiv und somit tatsächlich im Sinne der realen Kapitalaufbringung zugeführt wird.[19] Der Mittelzufluss, welcher je nach Ausgestaltung des Gesellschaftsvertrags als Bar- oder geldwerte Sacheinlage zu erbringen ist, wird durch die Vorschriften zur Kapitalaufbringung abgesichert.

---

16 Vgl. Begr. zum GmbHG, RT-Drs. 1890/1892, Nr. 660, 3730.

17 Vgl. *Bayer*, in: Lutter/Hommelhoff, GmbHG, § 5 Rn. 2; *Schwandtner*, in: MüKo-GmbHG, 3. Auflage, § 5 Rn. 27.

18 *Ulmer/Casper*, in: Ulmer/Habersack/Löbbe, GmbHG, § 5 Rn. 18.

19 *Joost*, ZIP 1990, 549, 553; *Bayer*, in: Lutter/Hommelhoff, GmbHG, § 5 Rn. 6 f.

B. Das Gründungsversprechen

Die Gesellschaft mit beschränkter Haftung ist bei ihrer Gründung gem. § 5 Abs. 1 GmbHG mit einem Stammkapital von mindestens 25.000 € auszustatten, welches bei einer Bargründung jedoch nur anteilig eingebracht werden muss. Eine Eintragung erfolgt gem. § 7 Abs. 2 GmbHG bereits dann, wenn ein Viertel des Nennbetrags und mindestens 12.500 € zur freien Verfügung des Geschäftsführers stehen.

Die Aufbringung des gesamten im Gesellschaftsvertrag festgelegten Kapitals wird gerade nicht gefordert, wodurch die Absicherung der Kapitalaufbringung und damit die Ausfallhaftung verstärkt auf den Plan gerufen wird.

Für die ausstehenden Resteinlagen bestimmt das Gesetz keinen Fälligkeitszeitpunkt, vielmehr obliegt der Einforderungszeitpunkt dem Ermessen der Gesellschafterversammlung gem. § 46 Nr. 2 GmbHG.[20]

Stellt man die dem Stammkapital durch den Gesetzgeber beigemessene Wichtigkeit der Möglichkeit, die Stammeinlage nur hälftig aufbringen zu müssen, gegenüber, so erscheint letzteres zunächst verwunderlich. Jedoch wurde seit jeher eine hälftige Einlagepflicht als ausreichend angesehen. Bereits einer der ersten Gesetzesentwürfe, aus dem Jahre 1884, sieht von einer vollständigen Aufbringung des Stammkapitals ab.[21] Diese Überlegung beibehaltend wird in der Begründung des Gesetzesentwurfs ausgeführt, dass die Aufbringung des gesamten Stammkapitals zu einer *„nutzlosen Anhäufung von Geldmitteln"* führen und dadurch lediglich die Gründungsbelastung der beteiligten Gesellschafter erhöhen würde.[22] Dies ist insofern folgerichtig, als dass die Gesellschaft für die Aufnahme ihrer Tätigkeit im Stadium der Gründung nicht zwangsläufig über die vollständige Stammkapitalsumme verfügen braucht und eine zwangsweise Einbringung dessen eine unangemessene Gründungsbelastung darstellen könnte. Eine Volleinzahlung wird zudem nicht zuletzt aufgrund der ausstaffierten Vorschriften zur Kapitalaufbringung als kontraproduktiv angesehen.[23]

---

20 *Schwandtner*, in: MüKo-GmbHG, 3. Auflage, § 19 Rn. 15 f.

21 § 3 b) Oechelhäuserscher Entwurf einer Gesellschaft mit beschränkter Haftbarkeit vom Februar 1884, abgedruckt in *Schilling*, in: Ballerstedt/Friesenhahn/v. Nell-Breuning, Festgabe für Otto Kunze, S. 189, 205.

22 Begr. zum GmbHG, RT-Drs. 1890/1892, Nr. 660, 3730, 3735; vgl. auch *Schärtl*, GmbHR 2007, 344, 345.

23 Begr. RegE. zum Gesetz zur Änderung des Gesetzes betreffend die Gesellschaft mit beschränkter Haftung und anderen handelsrechtlichen Vorschriften, BT-Drs. 8/1347, 32.

C. Die Funktion des Stammkapitals

Das Stammkapital stellt die Mindestkapitalausstattung einer Gesellschaft mit Eigenkapital durch ihre Gesellschafter dar und ist ein prägender Teil des präventiven Schutzkonzepts des Kapitalgesellschaftsrechts.[24] In zahlreichen Urteilen betont der BGH die Wichtigkeit des Stammkapitals für das Konzept der Kapitalgesellschaften.[25] Als „*Kernstück des GmbH Rechts*"[26] diene es dem Schutz der Anteilseigner, der gegenwärtigen und zukünftigen Gläubiger, sowie den schützenswerten Belangen des allgemeinen Wirtschaftslebens.[27]

Durch das Erfordernis des Mindeststammkapitals werde insbesondere den Gesellschaftsgläubigern ein Haftungsfonds als Ausgleich für die beschränkte Haftung der Gesellschafter nach § 13 Abs. 2 GmbHG zur Verfügung gestellt,[28] die Gesellschaft gewinne an Seriosität und das Risiko eines überschuldungsbedingten Insolvenzeintrittes werde verringert.[29]

Das Stammkapital bilde einen „*dauernden Grundstock des Unternehmens und zugleich ein Befriedigungsobjekt für die Gesellschaftsgläubiger*".[30]

Neben der Funktion als Haftungsfonds stelle das Stammkapital auch eine erste wirtschaftliche Grundausstattung der Gesellschaft dar. Insbesondere in der Gründungszeit diene das aufgebrachte Kapital dazu, den Betrieb aufzunehmen, eine gewisse Handlungssicherheit zu gewährleisten und eine drohende Insolvenz abzuwenden.[31] Eine Thesaurierung des Kapitals, wodurch es unangetastet und in voller Höhe der Absicherung der Gläubiger zur Verfügung stehen würde, sei dabei jedoch nicht erforderlich. Vielmehr solle das Stammkapital vollumfänglich in den „*Geld- und Wirtschaftskreislauf*" der Gesellschaft eingebracht werden.[32]

Hinzukommend leiste das Stammkapital einen ordnungspolitischen Beitrag, da durch die Leistung der Einlage eine wirtschaftliche Verbundenheit zwischen

---

24 *Schwandtner*, in: MüKo-GmbHG, 3. Auflage, § 5 Rn. 27.

25 BGH Urteil v. 30.06.1958 – II ZR 213/56, BGHZ 28, 77, 78 = NJW 1958, 1351; BGH Urteil v. 14.03.1977 – II ZR 156/75, NJW 1977, 1196; BGH Urteil v. 06.06.1994 – II ZR 292/91, NJW 1994, 2220, 2223.

26 BGH Urteil v. 30.06.1958 – II ZR 213/56, BGHZ 28, 77, 78 = NJW 1958, 1351.

27 BGH Urteil v. 15.01.1990 – II ZR 164/88, BGHZ 110, 47, 57 = NJW 1990, 982, 984.

28 *Schwandtner*, in: MüKo-GmbHG, 3. Auflage, § 5 Rn. 27; *Schärtl*, GmbHR 2007, 344, 346.

29 *Wilhelmi*, GmbHR 2006, 13 f.

30 Begr. zum GmbHG, RT-Drs. 1890/1892, Nr. 660, 3729.

31 *Schön*, Der Konzern 2004, 162, 168.

32 *Schwandtner*, in: MüKo-GmbHG, 3. Auflage, § 5 Rn. 29.

der Gesellschaft und dem jeweiligen Gesellschafter hergestellt werde. Mithin trage das Interesse an dem wirtschaftlichen Erfolg der Gesellschaft zu einem verantwortungsbewussteren Handeln in der Unternehmensführung bei.[33]

Die dargelegten positiven Aspekte des Stammkapitals entbehren jedoch nicht jeglicher Kritik. Anhaltende Diskussion in der Literatur zum Nutzen des Stammkapitals, insbesondere in Anbetracht europäischer Konkurrenz, veranlassten den Bundestag mehrfach dazu, eine Herabsetzung des Mindeststammkapitals in Erwägung zu ziehen.[34] Eine Herabsetzung oder gar Abschaffung des Stammkapitals wurde jedoch nicht umgesetzt. Der Gesetzgeber hält bewusst an dem Grundsystem der Kapitalaufbringung und Kapitalerhaltung fest und setzte stattdessen zur Erhaltung der internationalen Wettbewerbsfähigkeit zahlreiche Erleichterungen, Lockerungen und Beschleunigungen im Gründungsverfahren um, welche die Deregulierung und Flexibilisierung des Systems zum Ziel hatten.[35] Resultierend daraus weist das Kapitalaufbringungssystem nunmehr Unstimmigkeiten auf, wodurch – wie noch zu zeigen sein wird – nicht zuletzt die widerspruchsfreie Anwendung der Ausfallhaftung beeinträchtigt wird.

D. Erste Folgerungen für § 24 GmbHG

Das Prinzip der GmbH, auf einem satzungsmäßig festgelegten Stammkapital aufzubauen, welches in vielerlei Hinsicht präventiv schützenden Charakter aufweist, und gleichzeitig die Teileinzahlung dessen zuzulassen, verlangt nach einem umfangreichen Absicherungskonzept. Das Kaduzierungsverfahren für sich genommen scheint, diesem Anspruch nicht gerecht werden zu können. Unter geringeren Gründungs- und Publizitätsvorschriften zur flexibleren Anwendung der Gesellschaftsform, bedarf es einer über das reine Kaduzierungsverfahren hinausreichenden Absicherung. Schließlich kann die vollständige Aufbringung des versprochenen Stammkapitals einzig dann gelingen, wenn der nachträglichen Nichtleistung des einzelnen Gesellschafters effektiv vorgebeugt wird. Die Ausfallhaftung nach § 24 GmbHG stellt dafür eine umfassende Absicherung dar, indem sie die Kapitalaufbringung durch eine kollektive Haftung

33 *Wilhelmi*, GmbHR 2006, 13, 14.

34 Der Entwurf zum Gesetz zur Neuregelung des Mindestkapitals (MindestkapG) v. 14.06.2005, BT-Drs. 15/5673 gelangte im Gesetzgebungsverfahren nicht über die erste Lesung hinaus. Auch der erste Entwurf der Bundesregierung zum MoMiG v. 25.07.2007, BT-Drs. 16/6140, 5 enthielt eine Herabsetzung des Stammkapitals auf 10.000 €, welche keine Umsetzung fand.

35 Vgl. Einführungen RegE zum MoMiG, BT-Drucksache 16/6140.

aller Mitgesellschafter absichert. Letzterer scheint auf Basis der Konzeption des GmbH-Gesetzes sowie zu Zwecken des Gläubigerschutzes eine tragende Rolle zuzukommen.

§ 6 Der Anwendungsbereich der Ausfallhaftung

Die Ausfallhaftung dient dem Schutz der erstmaligen Aufbringung des Stammkapitals. Umfasst von der Ausfallhaftung sind sowohl Forderungen, die aufgrund des Gründungsversprechens, als auch im Rahmen einer Kapitalerhöhung geschuldet werden.[36]

Bei Rückzahlungen von bereits vollumfänglich erbrachten Einlagen kommen hingegen die Vorschriften zur Kapitalerhaltung nach § 30 ff. GmbHG zur Anwendung.[37]

§ 7 Die Haftungsvoraussetzungen des § 24 GmbHG

§ 24 GmbHG ist anders als andere Haftungsnormen nicht mit klassischen, eigenständigen Tatbestandsmerkmalen ausgestattet, die Norm bedient sich – im Zuge ihrer Subsidiarität – der Erfolglosigkeit des zuvor zwingend zu durchlaufenden Kaduzierungsverfahrens nach §§ 21–23 GmbHG als Haftungsvoraussetzung.[38] Die Voraussetzungen des § 24 GmbHG ergeben sich somit aus einer Zusammenschau der Vorschriften zu dem Kaduzierungsverfahren in Verbindung mit § 24 Satz 1 GmbHG selbst.[39]

Für die Inanspruchnahme eines Gesellschafters nach § 24 Satz 1 GmbHG bedeutet dies, dass die Einlageforderung des säumigen Gesellschafters fällig sein muss und weder von dem Kaduzierten selbst noch von gegebenenfalls vorhandenen Rechtsvorgängern in voller Höhe zu erlangen sein darf. Hinzukommend darf die Verwertung des Geschäftsanteils nicht zur Begleichung der gesamten Forderung geführt haben.[40]

---

36 *Emmerich*, in: Scholz, GmbHG, 12. Auflage, § 24 Rn. 2a, 16; *Schütz*, in: MüKo-GmbHG, 3. Auflage, § 24 Rn. 5, 16; *W. Müller*, in: Ulmer/Habersack/Löbbe, GmbHG, § 24 Rn. 1.

37 *Ebbing*, in: Michalski/Heidinger/Leible/J.Schmidt, GmbHG, 3. Auflage, § 24 Rn. 6.

38 *Emmerich*, in: Scholz, GmbHG, 12. Auflage, § 24 Rn. 4 ff.

39 *W. Müller*, in: Ulmer/Habersack/Löbbe, GmbHG, § 24 Rn. 24.

40 *Emmerich*, in: Scholz, GmbHG, 12. Auflage, § 24 Rn. 4 ff.

A. Ausstehende und fällige Stammeinlage

Grundvoraussetzung für die Ausfallhaftung ist zunächst eine eingeforderte, aber nicht geleistete Einlage auf einen übernommenen Geschäftsanteil.[41]

I. Entstehung der Forderung

Die rechtsgeschäftliche Verpflichtung der Gesellschafter, die Einlage auf die von ihnen übernommenen Geschäftsanteile zu leisten, ergibt sich aus der abgegebenen Übernahmeerklärung bei der Gründung der Gesellschaft oder im Zuge einer Kapitalerhöhung.[42] Mangels ausdrücklich verpflichtender Norm wird die Einlagepflicht aus der Zusammenschau der Vorschriften zur Einlageleistung nach § 19 GmbHG sowie dem Grundsatz der effektiven Kapitalaufbringung hergeleitet.[43]

II. Fälligkeit

Da die Gesellschafter die Gesellschaft bei ihrer Gründung gem. § 7 Abs. 2 Satz 1 GmbHG nicht zwingend mit dem vollständigen gesellschaftsvertraglich versprochenen Stammkapital auszustatten haben, muss bei der Fälligkeit der Einlage zwischen der Mindesteinlage bei Entstehung der Gesellschaft und der Resteinlage, welche erst nach Entstehung der Gesellschaft zu leisten ist, unterschieden werden.

1. Mindestkapitaleinlage

Bei der Anmeldung zur Eintragung der Gesellschaft ist gem. § 8 Abs. 2 GmbHG gegenüber dem Registergericht zu versichern, dass die Leistungen der Gesellschafter im Sinne von § 7 Abs. 2, Abs. 3 GmbHG in der entsprechenden Mindesthöhe, je nachdem ob es sich um Bar- oder Sacheinlagen handelt, zur freien Verfügung des Geschäftsführers stehen. Insofern stellt die Mindestausstattung ein Eintragungserfordernis dar, weshalb sich zumeist ein Einzahlungszeitpunkt oder die sofortige Fälligkeit der Mindesteinlageleistung aus dem Gesellschaftsvertrag ergibt.[44]

---

41 *W. Müller*, in: Ulmer/Habersack/Löbbe, GmbHG, § 24 Rn. 24; *Schütz*, in: MüKo-GmbHG, 3. Auflage, § 24 Rn. 14.

42 *Gummert*, in: MünchHdB GesR III, 3. Auflage, § 50 Rn. 7.

43 *Gummert*, in: MünchHdB GesR III, 3. Auflage, § 50 Rn. 7.

44 *Ziemons*, in: BeckOK-GmbHG, 34. Edition, § 19 Rn. 14.

2. *Resteinlageforderung*

Wurde die Gesellschaft bei der Anmeldung zur Eintragung nur mit einem Mindestkapital ausgestattet, liegt es im Zuständigkeitsbereich und Ermessen der Gesellschafter gem. § 46 Satz 2 GmbHG, zu welchem Zeitpunkt die ausstehende Resteinlage eingefordert wird. Der Einforderungszeitpunkt ist disponibel und kann entweder in der Satzung oder erst im Bedarfsfall durch einen Gesellschafterbeschluss festgelegt werden. Hierbei handelt es sich um eine wirtschaftliche Ermessensentscheidung der Gesellschafter.[45] Sind alle Gesellschafter bei der Beschlussfassung anwesend, wird dadurch die sofortige Fälligkeit der Resteinlage ausgelöst.[46] Erfolgte die Beschlussfassung hingegen nicht in Anwesenheit aller Gesellschafter, bedarf es der zusätzlichen Anforderung durch den Geschäftsführer.[47]

3. *Einlageforderung bei Kapitalerhöhung*

Im Fall einer Kapitalerhöhung finden gem. § 56a GmbHG die Vorschriften für die Kapitalaufbringung bei Gründung gem. § 7 Abs. 2 Satz 1 und Abs. 3 sowie § 19 Abs. 5 GmbHG entsprechende Anwendung. Die Fälligkeit der Einlageleistung entsteht im Regelfall mit Abschluss des Übernahmevertrages der Geschäftsanteile.[48]

B. Das erfolglos durchlaufene Kaduzierungsverfahren

I. *Die Subsidiarität der Ausfallhaftung*

Der einschneidenden Rechtsfolge der Ausfallhaftung entsprechend – für fremde Schuld einstehen zu müssen – kommt ihr ausschließlich subsidiärer Charakter zu. Erst nach erfolglos durchlaufenem Kaduzierungsverfahren und dem damit verbundenen Versuch, den eigentlichen Schuldner, oder andere zuvor mit dem betroffenen Geschäftsanteil in verbindungstehende Personen (§ 22 GmbHG), in die Verantwortung zu nehmen, kann die Aufbringung der Stammeinlage im Rahmen der Ausfallhaftung erfolgen. Die verschiedenen Mechanismen

45 *Gummert*, in: MünchHdB GesR III, 3. Auflage, § 50, Rn. 13.

46 *Zöllner/Noack*, in: Baumbach/Hueck, GmbHG, § 46 Rn. 25; *Gummert*, in: MünchHdB GesR III, 3. Auflage, § 50, Rn. 13.

47 *Schwandner*, in: MüKo-GmbHG, 3. Auflage, § 19 Rn. 18.

48 *Zimmermann*, in: *Rowedder/Schmidt-Leithoff*, GmbHG, 4. Auflage, § 55 Rn. 42; *Lieder*, in: MüKo-GmbHG, 2. Auflage, § 55 Rn. 26; *Roth*, in: Roth/Altmeppen, GmbHG, § 55 Rn. 4.

des Kaduzierungsverfahrens, welche insbesondere an die Verantwortung des Geschäftsteilinhabers und dessen Vorgänger anknüpfen, dienen der Erzielung der Einlage, bis hin zu der Verwertung des Geschäftsanteils, um der Gesellschaft einen neuen zahlungsfähigen Gesellschafter an die Hand zu geben.[49]

II. Die Systematik des Kaduzierungsverfahrens

Das Kaduzierungsverfahren umfasst verschiedene Möglichkeiten, die ausstehende Einlage zu erzielen. Zu Beginn des Verfahrens wird der säumige Gesellschafter gem. § 21 Abs. 1 Satz 1 GmbHG durch eine Fristsetzung erneut zur Zahlung der ausstehenden Einlage aufgefordert. Bleibt eine Zahlung aus, kann gem. § 21 Abs. 2 GmbHG eine Kaduzierungserklärung von Seiten der Gesellschaft abgegeben werden. Diese Erklärung ist als einseitige, empfangsbedürftige Willenserklärung ausgestaltet, welche nach ihrem Zugang den Verlust des Geschäftsanteils, sowie aller damit einhergehenden Mitgliedschaftsrechte zur Folge hat.[50] Eine Pflicht zur Durchführung des Kaduzierungsverfahrens besteht für die Gesellschaft nach allgemeiner Meinung nicht.[51] Die Ausübung steht vielmehr im pflichtgemäßen Ermessen des zuständigen Organs.[52]

Nach § 22 GmbHG können neben dem säumigen Gesellschafter selbst auch dessen Rechtsvorgänger in einen Staffelregress genommen werden. Dabei wird zunächst auf den letzten eingetragenen Rechtsvorgänger zurückgegriffen und erst bei erfolgloser Inanspruchnahme wiederrum auf dessen Vorgänger. Ein früherer Gesellschafter haftet nur soweit, als dass die Zahlung von einem späteren Gesellschafter nicht erlangt werden kann.[53]

Sind keine Rechtsvorgänger vorhanden oder kann von ihnen ebenfalls keine Zahlung erzielt werden, ist der Geschäftsanteil nach § 23 GmbHG zu verwerten.[54]

Aus der Bezugnahme des § 24 Satz 1 GmbHG auf die §§ 21–23 GmbHG ergibt sich, dass die Haftung der übrigen Gesellschafter lediglich auf den durch das Kaduzierungsverfahren nicht erzielten Betrag abzielt.[55] Kann durch die

---

49 Vgl. *Schütz*, in: MüKo-GmbHG, 3. Auflage, § 21 Rn. 1 ff.

50 *Gummert*, in: MünchHdB GesR III, 3. Auflage, § 50, Rn. 166 f; BGH Urteil v. 14.09.1998 – II ZR 172/97, BGHZ 139, 299, 302 = NJW 1998, 3646, 3647; *Fastrich*, in: Baumbach/Hueck, GmbHG, § 21 Rn. 11.

51 *Fastrich*, in: Baumbach/Hueck, GmbHG, § 21 Rn. 1; *Schütz*, in: MüKo-GmbHG, GmbHG, 3. Auflage, § 21 Rn. 5.

52 Geschäftsführer, Liquidator oder Insolvenzverwalter.

53 *Priester*, in: FS 100 Jahre GmbH-Gesetz, S. 159, 181.

54 *Priester*, in: FS 100 Jahre GmbH-Gesetz, S. 159, 181.

55 *Emmerich*, in: Scholz, GmbHG, 12. Auflage, § 24 Rn. 3.

verschiedenen Mechanismen des Kaduzierungsverfahrens die ausstehende Einlage in voller Höhe erzielt werden, ist dem Grundsatz der Kapitalaufbringung hinreichend Rechnung getragen, weshalb ein weiteres Vorgehen nicht erforderlich ist.

Ist das Kaduzierungsverfahren hingegen nicht von Erfolg gekrönt, oder nur in einem geringeren Umfang als die vollständige Höhe der ausstehenden Einlage, greift die kollektive Haftung der Mitgesellschafter nach § 24 GmbHG in entsprechender Höhe des ausstehenden Betrages ein.

C. Haftungsadressaten

Haftungsadressaten der Ausfallhaftung sind gem. § 24 Satz 1 GmbHG die „übrigen Gesellschafter", ergo die Mitgesellschafter des kaduzierten Gesellschafters. Eine Bestimmung dieser ist grundsätzlich anhand der Gesellschafterliste gem. § 16 Abs. 1 Satz 1, § 40 GmbHG vorzunehmen.[56] Problemkonstellationen ergeben sich bei zwischenzeitlich erfolgten Gesellschafterwechseln.

I. Maßgeblicher Zeitpunkt

Die Beantwortung der Frage, welcher Zeitpunkt zur Bestimmung der „übrigen" – also haftenden – Gesellschafter entscheidend ist, wird seit jeher stark diskutiert. Bereits in den 50er Jahren empfand *Scholz*[57] die Beantwortung dieser Fragestellung als die wohl schwierigste und unbefriedigendste im gesamten GmbH-Recht.[58]

In der Literatur haben sich indes zwei Lager gebildet, wobei die Rechtsprechung im Laufe der Zeit ihre Ansicht geändert und nunmehr gefestigt hat.[59]

Während die einen bis heute der Ansicht des RG folgen, wonach der entscheidende Zeitpunkt *„nach der Durchführung des Verfahrens nach §§ 21–23 GmbHG"*[60], also bei Fälligkeit des Ausfallhaftungsanspruchs selbst[61] liegt, steht

---

56 *Schütz*, in: MüKo-GmbHG, 3. Auflage, § 24 Rn. 31.

57 *Scholz*, in: Scholz, GmbHG, 4. Auflage, § 24 Rn. 9.

58 Vgl. *Bayer/Scholz*, NZG 2015, 1089, 1092.

59 Ursprünglich noch RG Urteil v. 19.02.1937 – II 212/36, JW 1937, 2284; dann: BGH Urteil v. 08.12.1986 – II ZR 55/86, WM 1987, 208, 209; BGH Urteil v. 13.05.1996 – II ZR 275/94, BGHZ 132, 390 = NJW 1996, 2306; BGH Urteil v. 19.05.2015 – II ZR 291/14, GmbHR 2015, 935.

60 RG Urteil v. 19.02.1937 – II 212/36, JW 1937, 2284, 2286.

61 *Schütz*, in: MüKo-GmbHG, 2. Auflage, § 24 Rn. 31 (in der Neuauflage ohne Stellungnahme); *Ebbing*, in Michalski/Heidinger/Leible/J.Schmidt, GmbHG, 3. Auflage, § 24 Rn. 30; *W. Müller*, in: Ulmer/Habersack/Löbbe, GmbHG, § 24 Rn. 29.

das entgegengesetzte Lager auf dem Standpunkt, die Gesellschaftereigenschaft müsse zum Zeitpunkt der Fälligkeit der Stammeinlageforderung bestimmt werden.[62]

Letztlich geht es dabei um die Frage, ob nur die nach dem Kaduzierungsverfahren (noch) vorhandenen Gesellschafter in die Haftung genommen werden sollen, oder eine Anknüpfung an die Gesellschafterstellung zum Zeitpunkt der Fälligkeit der Einlageleistung entscheidungserheblich ist, da zu diesem frühen Zeitpunkt bereits eine Ausfallhaftung im Rahmen des Möglichen lag.[63] Einigkeit besteht insofern, dass Gesellschafter, die bereits vor Einforderung der Einlage, also vor Fälligkeit der Einlageleistung des später Kaduzierten, ihren Geschäftsanteil wirksam abgetreten haben, von der Pflicht zur Ausfallhaftung befreit sind.[64]

1. *Überblick über den Streitstand*

Im Jahre 1937 hat das RG erstmals zu dem Problem des Zeitpunktes der Mitgesellschaftereigenschaft im Zusammenhang mit der Ausfallhaftung Stellung genommen. Das Gericht stellte für die Bestimmung der „übrigen Gesellschafter" auf den späteren Zeitpunkt, also nach dem erfolglos durchlaufenen Kaduzierungsverfahren, ab.[65] Eine Begründung dieser Vorgehensweise blieb das Gericht jedoch schuldig. Stimmen in der Literatur pflichteten dieser Auffassung mit der Argumentation bei, dass erst zu diesem Zeitpunkt alle Voraussetzungen der Ausfallhaftung erfüllt seien[66] und die Höhe des Fehlbetrages endgültig feststehe[67].[68]

Andere wiederum hielten die Fälligkeit der Einlageleistung für den richtigen Bestimmungszeitpunkt.[69] Diesem wesentlich früheren Zeitpunkt hat sich mit

---

62 *Fastrich*, in: Baumbach/Hueck, GmbHG, § 24 Rn. 6; *Altmeppen*, in: Roth/Altmeppen, GmbHG, § 24 Rn. 14; *Verse*, in: Henssler/Strohn, GmbHG, 3. Auflage, § 24 Rn. 4; *Bayer*, in: Lutter/Hommelhoff, § 24 Rn. 9; *Emmerich*, in: Scholz, GmbHG, 12. Auflage, § 24 Rn. 15; *Pentz*, in: Rowedder/Schmidt-Leithoff, GmbHG, 5. Auflage, § 24 Rn. 17; Bayer/Scholz, NZG 2015, 1089, 1093; *Lieder*, ZGR 2016, 760, 765; *H. Jaeger*, in: BeckOK GmbHG, 34. Edition, § 24 Rn. 2.1.

63 *Bayer/Scholz*, NZG 2015, 1089, 1094.

64 Anstatt vieler: *Ebbing*, in: Michalski/Heidinger/Leible/J.Schmidt, GmbHG, 3. Auflage, § 24 Rn. 26.

65 RG Urteil v. 19.02.1937 – II 212/36, JW 1937, 2284, 2286.

66 *Staub*, in: Staub, GmbHG, § 24 Anm. 4.

67 *Klausing*, JW, 1937, 2287.

68 Vgl. ausführlich zum historischen Streitstand: *Bayer/Scholz*, NZG 2015, 1089, 1092; *Halem*, Kaduzierung von Aktien und Geschäftsanteilen, S. 141.

69 *Hachenburg*, in: Hachenburg, GmbHG, 5. Auflage, § 24 Anm. 12.

Urteil vom 13.05.1996[70] erstmals auch der BGH angeschlossen und inzwischen seine Rechtsprechung zu dieser Frage gefestigt.[71] Beide Auffassungen werden bis heute vertreten.[72]

2. *Darstellung der verschiedenen Zeitpunkte*

In dem soeben angeführten Grundsatzurteil vom 13.05.1996 hat der BGH im Leitsatz klargestellt, dass der maßgebliche Zeitpunkt zur Ermittlung der Gesellschaftereigenschaft *„bei Eintritt der Fälligkeit der Stammeinlage"* liege.[73] Zur Begründung führt der BGH äußerst knapp an, dass die Haftung nach § 24 GmbHG bereits in diesem frühen Zeitpunkt aufschiebend bedingt entstehe und mit der Wahl eines späteren Zeitpunktes dem Gläubigerschutz nicht hinreichend Rechnung getragen würde, da die Gefahr der zwischenzeitlichen Anteilsveräußerung drohe.[74] Die daraus resultierende Absenkung des Kapitalaufbringungsschutzes gelte es durch frühzeitige Bestimmung der Haftungsadressaten zu vermeiden.[75]

Dem Gläubigerschutzgedanken mit der Gefahr der „Fahnenflucht" während des Kaduzierungsverfahrens hält *Welf Müller* entgegen, dass eine solche Gefahr überaus gering sei, *„da sich unter den obwaltenden Umständen schwerlich ein Interessent für den GmbH-Anteil finden wird"*.[76] Hinzukommend wird der Verlust des Gläubigerschutzes mit dem Verweis auf die Erwerberhaftung in Frage gestellt.[77]

3. *Stellungnahme*

a) Grammatische und Systematische Auslegung

Den richtigen Beurteilungszeitpunkt für die Bestimmung der *„übrigen Gesellschafter"* allein anhand des Wortlautes vornehmen zu wollen, gelingt nicht, da die Heranziehung des Wortsinns als Ausgangspunkt der Auslegung[78] kaum tragbare

---

70 BGH Urteil v. 13.05.1996 – II ZR 275/94, BGHZ 132, 390 = NJW 1996, 2306.

71 BGH Urteil v. 19.05.2015 – II ZR 291/14, GmbHR 2015, 935.

72 Für eine späte Haftungsbegründung: *W. Müller*, in: Ulmer/Habersack/Löbbe, GmbHG, § 24 Rn. 29; *Schütz*, in: MüKo-GmbHG, 2. Auflage, § 24 Rn. 30.

73 BGH Urteil v. 13.05.1996 – II ZR 275/94, BGHZ 132, 390 = NJW 1996, 2306.

74 BGH Urteil v. 13.05.1996 – II ZR 275/94, BGHZ 132, 390, 394 = NJW 1996, 2306, 2307.

75 *Emmerich* in: Scholz, GmbHG, 11. Auflage, § 24 Rn. 10.

76 *W. Müller*, in: Ulmer/Habersack/Löbbe, GmbHG, § 24 Rn. 29.

77 *W. Müller*, in: Ulmer/Habersack/Löbbe, GmbHG, § 24 Rn. 29.

78 *Larenz*, Methodenlehre der Rechtswissenschaft, S. 320.

Ergebnisse zu Tage fördert. In Verbindung mit der systematischen Betrachtung lassen sich Argumentationsansätze sowohl für einen frühen Zeitpunkt – ab Fälligstellung der Einlage – als auch für einen späteren Zeitpunkt erkennen, wobei ersterem der Vorzug einzuräumen ist.

Durch das Wort „*übrig*" welches im Wortsinn „*als Rest; noch vorhanden*" oder „*verbleibend; restlich*"[79] bedeutet, könnte zunächst der Rückschluss erfolgen, dass auf diejenigen Gesellschafter abgestellt werden soll, welche *nach* dem Kaduzierungsverfahren *noch* vorahnden sind. Naheliegender ist jedoch, dass die Bedeutung des Wortes im allgemeinen Sprachgebrauch darauf abzielt den persönlichen Anwendungsbereich für alle Gesellschafter mit Ausnahme des Kaduzierten zu eröffnen.

Ebenso wenig lassen sich aus der Aufzählung der Kaduzierungsmechanismen fundierte Rückschlüsse auf einen Beurteilungszeitpunkt ziehen. Zum einen kann die Aufzählung dahingehend verstanden werden, dass die Anwendung der Ausfallhaftung erst im Nachgang zu dem Kaduzierungsverfahren erfolgen soll, wodurch auch die Auswahl der Haftungsadressaten erst nach Beendigung des Kaduzierungsverfahrens zu erfolgen hätte. Andererseits lässt sich die Aufzählung genauso einzig als Mittel zur Darstellung der Subsidiarität verstehen.

Ersteres liegt insbesondere dann nahe, wenn, wie hier vertreten, die Ausfallhaftung als eigenständiges Instrument der Kapitalaufbringung betrachtet wird. Eine Beurteilung der Haftungsadressaten zu einem früheren Zeitpunkt, als zum Anwendungszeitpunkt der Norm selbst, erscheint sodann auf den ersten Blick konstruiert.

Dabei ist jedoch zu beachten, dass die Qualifikation der Ausfallhaftung als eigenständiges Schutzinstrument zur Kapitalaufbringung sie nicht aus der systematischen Verbundenheit zum Kaduzierungsverfahren enthebt. Eine solche besteht zweifelsohne, was sich neben der Abstimmung im Wortlaut auch aufgrund des gemeinsam verfolgten Zwecks ergibt.[80] Es handelt sich insgesamt um ein aufeinander abgestimmtes Konstrukt zum Schutz der Kapitalaufbringung.[81] Deshalb ist von diesem Standpunkt aus betrachtet davon auszugehen, dass die Aufzählung der Kaduzierungsmechanismen im Wortlaut des § 24 Satz 1 GmbHG als „*Tatbestandsmerkmale*" zu verstehen sind und dadurch lediglich die Subsidiarität der Ausfallhaftung verdeutlicht werden soll.

---

79 Duden – Stichwort: „übrig".

80 Im Ergebnis auch *Bayer/Scholz*, NZG 2015, 1089, 1094.

81 Siehe dazu oben unter § 3.

Aus dem soeben dargelegten Regelungszusammenhang der §§ 21 ff. GmbHG lässt sich ein weiteres systematisches Argument für eine frühzeitige Festlegung der Haftungsadressaten entnehmen. Nach der Formulierung des § 21 Abs. 1 Satz 1 GmbHG liegt der Ausgangspunkt bzw. der Beginn des Verfahrens zum Schutz der Kapitalaufbringung in der *verzögerten Einzahlung*. Ab diesem Zeitpunkt beginnt, mit erneuter Zahlungsaufforderung des säumigen Gesellschafters (§ 21 Abs. 1 Satz 1 GmbHG) das Verfahren. Aufgrund des Regelungszusammenhangs muss dieser Zeitpunkt ausschlaggebend für alle damit zusammenhängenden Maßnahmen zum Kapitalaufbringungsschutz sein, ergo auch für die Haftung nach § 24 GmbHG.[82]

Eine andere Beurteilung ergibt sich auch nicht aus der Subsidiarität der Ausfallhaftung zu den vorgeschalteten Mechanismen. Zwar sind der Ausfallhaftung verschiedene, in ihrer Anwendung unterschiedlich einschneidende Mechanismen zur Einlageerlangung vorgeschaltet, jedoch ergibt sich daraus kein zwingendes Verweilen bei aussichtslosen Maßnahmen. Der zwingende Charakter der §§ 21–24 GmbHG, welcher sich aus § 25 GmbHG ergibt, bezieht sich lediglich auf die gesellschaftliche Verpflichtung zur Einhaltung der Kapitalaufbringungsvorschriften, nicht jedoch auf ein starres Einhalten des Kaduzierungsverfahrens an sich.[83] Letzteres wäre zudem kontraproduktiv. Ist beispielsweise der Rückgriff auf Rechtsvorgänger mangels vorangegangener Veräußerung nicht möglich und die Verwertung des Anteils aussichtslos, so sind die übrigen Gesellschafter sofort nach § 24 GmbHG in Anspruch zu nehmen.[84] Dies verdeutlicht die Variabilität der Kaduzierungsmechanismen und zeigt, dass die Subsidiarität der Ausfallhaftung nicht einer fehlenden Haftungsbegründung, sondern dem Schutz aller Verfahrensbeteiligten geschuldet ist. Soll zunächst noch der säumige Gesellschafter selbst sowie dessen Vorgänger für die Aufbringung der versprochenen Einlage herangezogen werden, erfolgt erst im Anschluss eine Inanspruchnahme aller Mitgesellschafter. Ausgehend hiervon fügen sich auch die Ausführungen des BGH, wonach die Ausfallhaftung bereits mit Fälligkeit der ausstehenden Einlage aufschiebend bedingt entstehe,[85] ein.

---

82 Zu dem Ganzen *Bayer/Scholz*, NZG 2015, 1089, 1094; *Bayer/Scholz*, GmbHR 2016, 89, 90.

83 *Schütz*, in: MüKo-GmbHG, 3. Auflage, § 21 Rn. 5; *Emmerich* in: Scholz, GmbHG, 11. Auflage, § 25 Rn. 1.

84 *Pentz*, in: Rowedder/Schmidt-Leithoff, GmbHG 6. Auflage, § 21 Rn. 50, § 23 Rn. 4; *W. Müller*, in: Ulmer/Habersack/Löbbe, GmbHG, § 23 Rn. 10, 11; *Altmeppen*, in: Roth/Altmeppen, GmbHG, § 21 Rn. 23.

85 BGH Urteil v. 13.05.1996 – II ZR 275/94, BGHZ 132, 390, 393 = NJW 1996, 2306, 2307.

b) Teleologische und Historische Auslegung

Die Auffassung der Rechtsprechung und großer Teile der Literatur, die „übrigen Gesellschafter" bereits zum Zeitpunkt der Fälligkeit der Einlageleistung bestimmen zu wollen, begründet sich zudem in dem Zweck der Norm, nämlich im Kapitalaufbringungs- und Gläubigerschutzes.

Ziel der Ausfallhaftung ist es, die Aufbringung des Stammkapitals durch alle an der Gesellschaft beteiligten Gesellschafter abzusichern. In den Gesetzgebungsmaterialien zu § 24 GmbHG wird explizit ausgeführt, dass dies zuvorderst dem Schutz der Gesellschaftsgläubiger dienen soll.[86]

Diesem Zweck könne nur dann Rechnung getragen werden, wenn der § 24 GmbHG eine Auslegung erfahre, durch die ein größtmöglicher Schutz der Gläubigerinteressen erzielt werde.[87] Bei der Heranziehung des späteren Zeitpunktes könnten sich die Gesellschafter ihrer Verantwortung im Laufe des Kaduzierungsverfahrens durch Anteilsveräußerung entledigen, womit der Schutzzweck der Norm gänzlich ins Leere liefe.[88]

Wie bereits einleitend angeführt, halten einige Stimmen eine solche Gefahr der „Fahnenflucht" im Laufe des Kaduzierungsverfahrens für unbegründet.[89] Zum einen wird dies mit der Schwierigkeit der Veräußerungsfähigkeit eines nicht rentablen Geschäftsanteils begründet. Zum anderen wird argumentiert, dass mit der Veräußerung zwangsläufig ein neuer Schuldner in die Stellung des Haftenden einrückt, weshalb keine Gefahr für die Kapitalaufbringung drohen würde.[90]

Zweifel dieser Art lassen sich leicht zerstreuen. Zwar trifft es zu, dass im Rahmen des Kaduzierungsverfahrens ebenfalls Veräußerungsversuche des eingezogenen Geschäftsanteils stattfinden und diese zwangsläufig von Erfolglosigkeit bestimmt sein müssen, um überhaupt im Anschluss zu der Haftung nach § 24 GmbHG zu gelangen. Die der Erfolgslosigkeit zugrundeliegende Unattraktivität des kaduzierten Geschäftsanteils lässt aber keinen Rückschluss auf die Übertragbarkeit nicht kaduzierter Geschäftsanteile zu. Schließlich werden mit den verschiedenen Veräußerungen unterschiedliche Zwecke verfolgt. Während der

86 Begr. zum GmbHG, RT-Drs. 1890/1892, Nr. 660, 3730.

87 BGH Urteil v. 13.05.1996 – II ZR 275/94, BGHZ 132, 390, 394 = NJW 1996, 2306, 2307.

88 BGH Urteil v. 13.05.1996 – II ZR 275/94, BGHZ 132, 390, 394 = NJW 1996, 2306, 2307.

89 *Schütz*, in: MüKo-GmbHG, 2. Auflage, § 24 Rn. 30; *Ebbing* in: Michalski, GmbHG, 2. Auflage, § 24 Rn. 28 ff.; *W. Müller* in: Ulmer/Habersack/Löbbe, GmbHG, § 24 Rn. 29; *Emmerich* in: Scholz, GmbHG, 11. Auflage, § 24 Rn. 15 ff.

90 *Schütz*, in: MüKo-GmbHG, 2. Auflage, § 24 Rn. 30.

kaduzierte Geschäftsanteil nach § 23 Satz 1 GmbHG im Wege einer öffentlichen Versteigerung mit Einnahmeabsichten zur Deckung der geschuldeten Einlagesumme, veräußert werden muss, steht es jedem der übrigen Gesellschafter frei seinen eigenen Geschäftsanteil unabhängig von dessen Wert weiter zu übertragen. Letzteres stellt häufig nur eine Entledigung des Anteils zur Umgehung einer Haftung nach § 24 GmbHG dar. So ist an eine Abtretung an eine reine Holdinggesellschaft mit Sitz im Ausland ohne nennenswertes Vermögen[91] oder einen insolventen Mitgesellschafter zu denken. Anhand dieser Beispiele lässt sich zudem erkennen, dass nicht zwangsläufig ein neuer und vor allem solventer Schuldner in die Stellung des ursprünglichen Gesellschafters eintritt.

Historisch betrachtet sprechen für eine frühzeitige Bestimmung der Haftungsadressaten zudem auch die Ausführungen des Gesetzgebers zu der Übertragung von Geschäftsanteilen. Die kollektive Haftung – über das Maß des Kapitalaufbringungsschutzes in einer Aktiengesellschaft hinausgehend – wird als eine Vorschrift angesehen, die den Charakter der GmbH, nämlich den engen Zusammenhalt der Gesellschafter untereinander und gegenüber „ihrer" Gesellschaft ausmacht.[92] Die Übertragung von Geschäftsanteilen gilt als Ausnahmefall und wurde 1892 lediglich aus Praktikabilitätsgründen in das Gesetz aufgenommen. Den beteiligten Gesellschaftern sollte so die Möglichkeit des Austritts ohne Aufkündigung der gesamten Gesellschaft gegeben werden.[93]

Fest steht hiernach, dass der Gesellschafteraustritt für den historischen Gesetzgeber Seltenheitswert hatte. Dies muss erst recht für den Gesellschafterwechsel während eines Kaduzierungsverfahrens gelten. Die Verantwortung der vollständigen Kapitalaufbringung kann demnach aus dem historischen Blickwinkel als Gründerhaftung verstanden werden; jedenfalls sollte sie keine Möglichkeit zur Absenkung des Schutzniveaus der Kapitalaufbringung bedeuten.

c) Vorwurf der systemunstimmigen Rechtskonstruktion

Der Vorgehensweise des BGH, eine aufschiebend bedingte Haftung schon bei Einforderung der Stammeinlage zu begründen, sieht sich in der Literatur zudem der Kritik der systemunstimmigen Rechtskonstruktion ausgesetzt.[94]

---

91 OLG Köln, Urteil v. 23.06.1993 – 2 U 118/92, NJW-RR 1994, 1192, 1195.

92 Begr. zum GmbHG, RT-Drs. 1890/1892, Nr. 660, 3730.

93 Begr. zum GmbHG, RT-Drs. 1890/1892, Nr. 660, 3728 f.

94 Vgl. *W. Müller*, in: Ulmer/Habersack/Löbbe, GmbHG, § 24 Rn. 30; *Schütz*, in: MüKo GmbHG, 2. Auflage, § 24 Rn. 31.

Der von den Kritikern angeführte Binnenrechtsvergleich zu dem Gewinnanspruch der Gesellschafter nach § 29 Abs. 1 und Abs. 3 Satz 1 GmbHG geht aufgrund der unterschiedlichen Schutzrichtungen der Normen jedoch fehl.[95]

Vorgebracht wird, dass der Gewinnanspruch eines jeden Gesellschafters ebenfalls wie der Ausfallhaftungsanspruch zum Ende des Geschäftsjahres aufschiebend bedingt entstehe[96] und dennoch nur derjenige Gesellschafter Anspruch auf die Auszahlung des Gewinns hat, der bei Fassung des Gewinnverwendungsbeschlusses, ergo mit Eintritt der letzten Bedingung, die Gesellschafterstellung innehat.[97]

Dieser Handhabe liegt die Untrennbarkeit des Gewinnanspruchs von der Gesellschafterstellung zugrunde, weshalb ersterer zwangsläufig – und unabhängig von der Tatsache, dass der Anspruch bereits aufschiebend bedingt entstanden ist – bei der Übertragung der Geschäftsanteile mit übergeht.[98]

Übertragen auf die Frage des maßgeblichen Zeitpunktes zur Ermittlung der haftenden Gesellschafter im Rahmen des § 24 GmbHG wird deshalb eine gleichlaufende Handhabung verlangt. Danach sei bei einer Haftung nach § 24 GmbHG auch nur der Gesellschafter in Anspruch zu nehmen, der bei unbedingter Entstehung des Anspruchs, ergo nach erfolglos durchlaufenem Kaduzierungsverfahren, eine Stellung als Gesellschafter (noch) innehat.[99]

Der Kritik an einer unterschiedlichen Handhabe bei § 24 und § 29 GmbHG kann entgegengehalten werden, dass durch die jeweilige Bedingungsstellung unterschiedliche Ziele erreicht werden sollen. Allein die Tatsache, dass es sich in beiden Fällen um eine Bedingungskonstellation handelt, begründet keinen zwingenden Gleichlauf.

Das Abspaltungsverbot der Mitgliedschaftsrechte, welches der Handhabe im Rahmen der Gewinnanspruchsproblematik zugrunde liegt, dient dem Schutz der Einheit sowie den Interessen aller Gesellschafter vor Einflüssen außenstehender Dritter.[100] Würde der Gewinnanspruch in anderen Händen liege als die

---

95 *Lieder*, ZGR 2016, 760, 766.

96 Die Voraussetzungen eines Gewinnanspruchs bestehen in (1) dem Ablauf des Geschäftsjahres, (2) der Aufstellung eines ordnungsgemäßen Jahresabschlusses, (3) Die Feststellung des Jahresabschlusses durch die Gesellschafter, (4) dem Ausweis eines Jahresüberschusses oder Jahresgewinns, (5) die Verteilung dieses Gewinns durch einen Gewinnverwendungsbeschluss – *Emmerich*, in: *Scholz*, 10. Auflage, § 29 Rn. 25a.

97 *W. Müller*, in: Ulmer/Habersack/Löbbe, GmbHG, § 24 Rn. 30.

98 *Mock*, in: Michalski/Heidinger/Leible/J.Schmidt, GmbHG, 3. Auflage, § 29 Rn. 62, 64.

99 *W. Müller*, in: Ulmer/Habersack/Löbbe, GmbHG, § 24 Rn. 30.

100 *Enzinger*, in: MüKo-HGB, § 109 Rn. 12.

restlichen Mitgliedschaftsrechte, könnte dies zu einer starken Diskrepanz der Interessen führen.[101] Durch den Gleichlauf des Gewinnanspruchs mit den übrigen Mitgliedschaftsrechten wird somit nicht zuletzt die Handlungs- und Funktionsfähigkeit der Gesellschaft beibehalten.[102]

Anders verhält es sich jedoch bei dem aufschiebend bedingten Anspruch der Ausfallhaftung nach § 24 GmbHG. Ein nachteiliges Auseinanderfallen der Mitgliedschaftsrechte droht durch die Inanspruchnahme eines im Laufe des Kaduzierungsverfahrens ausgeschiedenen Gesellschafters nicht. Vielmehr dient die frühzeitige Haftungsbegründung den Interessen der Gesellschaft.[103] Die Heranziehung des ursprünglichen Gesellschafters begründen sich schließlich nicht zuletzt in der effektiven Umsetzung des Gläubigerschutzes, ergo der Umsetzung des Konzeptes der §§ 21 ff. GmbHG.[104]

Die Annahme, die Haftung aus § 24 GmbHG sei ebenso eine aus der Mitgliedschaft fließende Verpflichtung wie der Anspruch auf Gewinn und treffe deshalb lediglich den jeweiligen Inhaber der Mitgliedschaft bei Eintritt der letzten Bedingung,[105] ist folglich unzutreffend.[106]

II. Ergebnis

Die Bestimmung der „übrigen Gesellschafter" als Haftungsadressaten im Sinne des § 24 Satz 1 GmbHG hat mit Fälligstellung der (Rest-)Einlageleistung zu erfolgen. Um dem Schutz der Kapitalaufbringung und damit dem Normzweck hinreichend gerecht zu werden, bedarf es einer aufschiebend bedingten Anspruchsentstehung zu diesem „frühen" Zeitpunkt. Eine Bestimmung der Haftungsadressaten mit Fälligkeit der Ausfallhaftung birgt indes ein mit der Möglichkeit der Teileinzahlung nicht zu vereinbarendes Risiko der Gesellschafterflucht und wird auch darüber hinaus dem System nicht gerecht. Unabhängig von der Dauer des Kaduzierungsverfahrens geht mit einer frühzeitigen Haftungsbegründung kein untragbarer Nachteil der ausscheidenden Gesellschafter einher. Es realisiert sich einzig das bei Begründung der Gesellschafterstellung bereits mitschwingende Risiko, für die Aufbringung der nicht zu erzielenden Einlage von Mitgesellschaftern einzustehen zu müssen. Eine Verhaftung in

---

101 *Raiser/Veil*, Recht der Kapitalgesellschaften, § 11 Rn. 25.
102 *Lieder*, WuB 2015, 573, 575.
103 *Lieder*, ZGR 2016, 760, 766 f.
104 *Lieder*, WuB 2015, 573, 575.
105 *W. Müller*, in: Ulmer/Habersack/Löbbe, GmbHG, § 24 Rn. 30.
106 *Bayer/Scholz*, NZG 2015, 1089, 1094.

der Gesellschafterposition mit den dazugehörigen Rechten und insbesondere Pflichten bis zur Fälligkeit der Ausfallhaftung erfolgt dadurch jedoch nicht. Die tatsächliche Realisierung der Ausfallhaftung ist zudem von unterschiedlichen Gegebenheiten abhängig, weshalb ein zwingender Eintritt der Haftung nicht erfolgt und mithin auch nicht zwangsläufig Auswirkungen für die Veräußerung von anderen Geschäftsanteilen entstehen.

Hinzukommend ist bei der Diskussion um die frühzeitige Verhaftung der Mitgesellschafter zu bedenken, dass auch bei einer nach Haftungsbegründung erfolgten Abtretung keinesfalls eine alleinige Haftung des ursprünglichen Gesellschafters droht. Nach § 16 Abs. 2 GmbHG haftet der einstige Gesellschafter zusammen mit dem Erwerber als Gesamtschuldner für den auf diesen Geschäftsanteil entfallenden Betrag.[107]

Abschließend lässt sich der Kritik an der frühzeitigen Haftungsbegründung mit der Struktur der GmbH, welche auf der engen Verbundenheit der Gesellschafter und einer daraus resultierenden Verantwortung basiert, entgegentreten. Die zwischenzeitliche „Loslösung" von der Gesellschaft muss daher der generellen Verantwortung für die Aufbringung des gesamten Stammkapitals, welche die Gesellschafterstellung mit sich brachte, hintenanstehen.

III. Haftung eines Zwischenerwerbers

Zu den „übrigen Gesellschaftern" im Sinne des § 24 GmbHG sind nach jüngster Rechtsprechung des BGH vom 18.09.2018 auch solche zu zählen, die ihre Gesellschafterstellung erst nachträglich – nämlich in der Zeit zwischen Fälligkeit der Einlageforderung, derentwegen das Kaduzierungsverfahren betrieben wird, und Eintritt der Voraussetzungen der §§ 21–23 GmbHG – begründen, zu zählen.[108] Die Tatsache, dass der Erwerb des Geschäftsanteils erst im Nachgang zur Fälligkeit der Einlageleistung desjenigen, wegen dem eine Ausfallhaftung erforderlich wird, geschieht, sei irrelevant für die Eigenschaft als Haftungsadressat nach § 24 GmbHG. Schließlich sehe der Wortlaut des § 24 GmbHG keine Unterscheidung dahingehend vor, ob die übrigen Gesellschafter ihre Gesellschafterstellung vor oder erst nach Fälligkeit der dem Kaduzierungsverfahren zugrunde liegenden Forderung erworben haben.[109] Eine solche Unterscheidung spräche zudem

107 *Ebbing*, in: Michalski/Heidinger/Leible/J.Schmidt, GmbHG, 3. Auflage, § 24 Rn. 70; *Schütz*, in: MüKo-GmbHG, 3. Auflage, § 24 Rn. 62.

108 BGH Urteil v. 18.09.2018 – II ZR 312/16, ZIP 2018, 2018, 2021.

109 BGH Urteil v. 18.09.2018 – II ZR 312/16, ZIP 2018, 2018, 2019; für die gleichgelagerte Problematik der im Rahmen einer Kapitalerhöhung vgl. unten § 11 B II 1.

gegen den Schutzzweck der Norm und damit gegen die Sicherung der Kapitalaufbringung sowie gegen den Gläubigerschutz.[110] Mit dieser Entscheidung führt der BGH seine Rechtsauffassung zur Bestimmung des Haftungszeitpunktes der Ausfallhaftung konsequent weiter. Der BGH knüpft dabei nur konsequent an die subsidiäre Gesamtverantwortung zur vollständigen Kapitalaufbringung des Gesellschafterkollektives an. Diese Verantwortung bestehe grundsätzlich für alle Gesellschafter ab Fälligkeit der betreffenden Einlageleistung bis zu ihrer vollständigen Begleichung. Zu welchem Zeitpunkt sie in diesem Zeitraum ihre Gesellschafterstellung erlangt haben oder wie viele potentielle Ausfallhaftungsschuldner bereits vor dem Eintritt der neuen Gesellschafter in der Gesellschaft vorhanden waren, sei dabei nicht von Bedeutung.[111] Anknüpfungspunkt für eine Haftung muss der Eintritt in die Mitgliedschaft sein, durch welchen entsprechende Rechte und Pflichten übernommen werden.[112]

§ 8 Rechtsvorgängerhaftung

A. Haftung früherer Mitgesellschafter des Kaduzierten

Einhergehend mit der Festlegung des für die Bestimmung der Haftungsadressaten relevanten Zeitpunktes, liegt es auf der Hand, dass zuvor wirksam ausgeschiedene Gesellschafter keine Adressaten des § 24 GmbHG sind. Schließlich ist ein ausgeschiedener Gesellschafter durch die Abtretung seiner Geschäftsanteile, bereits vor Einforderung der Resteinlage des später Kaduzierten, von den Rechten und Pflichten, welche mit der Gesellschafterstellung einhergehen, frei geworden. Ein ohne zeitlichen Berührungspunkt zum Kaduzierungsverfahren ausgeschiedener Gesellschafter kann sich lediglich Ansprüchen bezüglich seines vormalig eigenen Geschäftsanteils im Rahmen des § 22 Abs. 1 GmbHG ausgesetzt sehen, wohingegen die Verantwortung zur Aufbringung des Stammkapitals und damit eine Haftung nach § 24 GmbHG für die Ansprüche gegen seine ehemaligen Mitgesellschafter mitsamt den Geschäftsanteilen an seinen Nachfolger übergegangen sind.

110 BGH Urteil v. 18.09.2018 – II ZR 312/16, ZIP 2018, 2018, 2019.

111 BGH Urteil v. 18.09.2018 – II ZR 312/16, ZIP 2018, 2018, 2019.

112 *Lieder/Jena*, WuB 2019, 81, 84; *Lieder*, ZGR 2016, 760, 767 f.; *Schütz*, in: MüKo-GmbH, 3. Aufl. § 24 Rn. 27.

I. Problemdarstellung

In bestimmten Fallkonstellationen scheint es jedoch unbillig und dem Zweck des § 24 GmbHG zuwiderlaufend, wenn ein Rückgriff auf einen bereits ausgeschiedenen Gesellschafter zur Haftung nach § 24 GmbHG nicht erfolgen kann.

Dieses Unbilligkeitsgefühl beschleicht den Rechtsanwender immer dann, wenn an die Stelle des ausgeschiedenen Gesellschafters kein solventer Haftungsadressat tritt und die Ausfallhaftung deshalb ins Leere läuft. Besonders eindrücklich gestaltet sich dies, sobald der ausgeschiedene Gesellschafter seine Geschäftsanteile an einen Mitgesellschafter übertragen hat, wegen welchem später das Kaduzierungsverfahren eröffnet wird. In letzter Konsequenz kann dann eine Aufbringung der Einlageleistung nicht erzielt werden, da es der Gesellschaft an weiteren solventen Haftungsadressaten mangelt oder neben dem übernehmenden und später kaduzierten Gesellschafter überhaupt kein weiterer Mitgesellschafter (mehr) vorhanden ist.[113]

II. Grundlage der Überlegung

Wird ein Geschäftsanteil vor Fälligstellung der Resteinlage an einen Mitgesellschafter abgetreten, geschieht hierdurch der ersatzlose Wegfall eines potentiellen Haftungsschuldners, wodurch sich der Kreis der potentiellen Haftungsadressaten verringert. Für sich genommen ist allein in der Reduktion des Gesellschafterkreises noch kein Grund für eine Rechtsvorgängerhaftung zu sehen. In Bezug auf die Ausfallhaftung erwächst den Gesellschaftsgläubigern kein schutzwürdiges Vertrauen auf die Anzahl von möglichen Ausfallschuldner oder gar auf die Haftung eines bestimmten Schuldners.[114] Ebenso wenig besteht ein schutzwürdiges Vertrauen auf die stetige Solvenz des einzelnen Gesellschafters.

Wird der Geschäftsanteil jedoch an einen Mitgesellschafter abgetreten, welcher seiner Einlageverpflichtung noch nicht vollumfänglich nachgekommen ist und wegen dem im weiteren Verlauf ein Kaduzierungsverfahren eingeleitet wird, ergibt sich aus der Reduktion des Gesellschafterkreises – auf einen Gesellschafter – eine erhebliche Reduktion des Kapitalaufbringungsschutzes.

Indem der ausgeschiedene Gesellschafter seinen Geschäftsanteil an einen Mitgesellschafter mit unerfüllter (Rest)Einlageverpflichtung abtritt, übernimmt dieser auch die dem Geschäftsanteil anhaftende kollektive Verantwortung zur Stammkapitalaufbringung. Handelt es sich bei dem später kaduzierten

113 BGH Urteil v. 19.05.2015 – II ZR 291/14, NJW 2015, 2731.
114 *Bayer/Scholz*, NZG 2015, 1089, 1096.

Gesellschafter jedoch um den letzten verbleibenden Gesellschafter, hat dieser die neben seiner ohnehin bestehenden Primärhaftung[115] zur Erbringung der Einlage auch noch die sekundäre Haftung zur Absicherung seiner eigenen Verpflichtung im Rahmen des § 24 GmbHG übernommen.[116]

Eine Absicherung der geschuldeten Resteinlage durch das Prinzip der kollektiven Haftung ist in dieser Konstruktion nicht mehr vorhanden. Schließlich ist die sekundäre Absicherung des primären Anspruchs durch ein und dieselbe Person ohne jeglichen Mehrwert.

III. Stellungnahme

Für die Einbeziehung des Rechtsvorgängers in die Haftung nach § 24 Satz 1 GmbHG ließe sich neben der Auslegung des Gesetzes auch eine Rechtsfortbildung in Betracht ziehen.

1. Einbeziehung des Rechtsvorgängers durch Normauslegung

Eine Subsumtion des bereits vor Einsetzen des Kaduzierungsverfahrens ausgeschiedenen Gesellschafters unter den Begriff „übrige Gesellschafter" gelingt nicht, da dieser zu dem entscheidungserheblichen Zeitpunkt seine Eigenschaft als Anteilseigner bereits aufgegeben hat.

Die Bestimmung der Haftungsadressaten anhand eines (noch) weiter zurückliegenden Zeitpunktes vornehmen zu wollen, um den „Rechtsvorgänger" mit zu erfassen, kann auch durch Normauslegung nicht gelingen. Schließlich hängt die Definition des Rechtsvorgängers unmittelbar mit der Qualifikation der „übrigen Gesellschafter" im Sinne des § 24 Satz 1 GmbHG zusammen.[117] Bei einer Ausweitung wäre der bis dato als „Rechtsvorgänger" bezeichnete sodann auch „übriger Gesellschafter".

Dogmatisch ist dies jedoch keinesfalls zu begründen. Anknüpfungspunkt für die Bestimmung des Adressatenkreises müsste dann die einmal innegehabte Gesellschafterstellung an sich sein, unabhängig von ihrer Aktualität oder Dauer. Hierdurch würde eine (Rechtsvorgänger-)Haftung begründet, welche § 24 Satz 1 GmbHG gerade nicht vorsieht. Eine haftungsfreie Anteilsübertragung wäre

115 Zunächst aus §§ 19 f. GmbHG i.V.m. dem Gesellschaftsvertrag zur Erbringung der übernommenen Einlage, sowie weiterhin im Rahmen des Kaduzierungsverfahrens nach § 21 GmbHG.

116 Vgl. OLG Köln, Urteil v. 23.06.1993 – 2 U 118/92, ZIP 1993, 1389, 1393; *Bayer/Scholz*, GmbHR 2016, 89, 91.

117 *Bayer/Scholz*, GmbHR 2016, 89, 90.

nicht mehr möglich, obwohl jeglicher Bezug zur Kaduzierung fehlt und somit nicht einmal ein aufschiebend bedingter Anspruch nach § 24 Satz 1 GmbHG entstanden wäre. Eine derart weiträumige Übersteigung der äußersten Wortlautgrenze ist daher abzulehnen.[118]

2. *Einbeziehung des Rechtsvorgängers durch teleologische Extension*

Eine Haftung des Rechtsvorgängers könnte trotz „rechtzeitiger" Übertragung der Geschäftsanteile durch eine teleologische Extension zu erzielen sein.

Die teleologische Extension stellt eine Erweiterung eines zu engen Wortsinnes im Rahmen des Gesetzeszwecks dar, ohne sich zugleich einer analogen Anwendung der Norm zu bedienen. Der Wortlaut eines Gesetzestextes wird dabei seinem Sinn und Zweck nach erweitert.[119]

Ähnlich einer Analogie bedarf es auch für die teleologische Extension einer Gesetzeslücke. Diese kann sodann durch Ausdehnung des Wortsinnes unter Berücksichtigung des Gesetzeszwecks geschlossen werden. Anders als bei einer herkömmlichen Analogie ist nicht die Vergleichbarkeit eines Sachverhalts im Zuge der Sach- und Interessenlage ausschlaggebend, sondern vielmehr ein abweichender Tatbestand, welcher nicht vom Gesetzestext umfasst ist, jedoch unter Berücksichtigung des Gesetzeszwecks vom Gesetzgeber in den Wortlaut der Norm mit einbezogen hätte werden müssen.[120]

In ihren Auswirkungen ist die teleologische Extension der Analogie ähnlich. In beiden Fällen wird die Regelung aufgrund ihres Zwecks auf einen Sachverhalt erstreckt, welchen die Norm eigentlich nicht umfasst.[121]

Angewendet auf die vorliegende Problematik ist somit zu prüfen, ob aufgrund des Normzwecks des § 24 GmbHG eine Haftung des Rechtsvorgängers bei Übertragung an den später kaduzierten Gesellschafter als letzten verbleibenden vom Tatbestand erfasst sein muss. Der Zweck der Ausfallhaftung müsste folglich die Erweiterung des Tatbestandes insoweit notwendig machen, als dass ein bereits ausgeschiedener Gesellschafter (dennoch) als Haftungsadressat anzusehen ist, sobald dessen Anteilsübertragung an den später kaduzierten und einzig verbleibenden Gesellschafter erfolgt ist.

---

118 *Bayer/Scholz*, GmbHR 2016, 89, 90.
119 *Larenz/Canaris*, Methodenlehre der Rechtswissenschaft, S. 216.
120 *Larenz/Canaris*, Methodenlehre der Rechtswissenschaft, S. 218.
121 *Larenz/Canaris*, Methodenlehre der Rechtswissenschaft, S. 218.

Unabhängig von der Frage, ob die vorliegende Regelungslücke überhaupt als planwidrig zu bezeichnen ist, sprechen bereits gewichtige Argumente gegen eine so weitreichende Zweckhaftigkeit der Ausfallhaftung.

a) Überdehnung des Schutzkonzeptes

Die Einbeziehung des Rechtsvorgängers in die Haftung nach § 24 Satz 1 GmbHG stellt eine Überbeanspruchung des Schutzsystems zur Aufbringung des Stammkapitals dar, welche den ihm zugedachten Zweck übersteigt. Zwar kann die Aufbringung des Stammkapitals durch die Übertragung an den später kaduzierten Gesellschafter erheblich gemindert werden, jedoch kann dies nicht zu Lasten des bereits ausgeschiedenen Gesellschafters erfolgen. Die finanzielle Situation der Gesellschaft sowie die Solvenz des übernehmenden Gesellschafters *nach* Austritt darf nicht entscheidungserheblich für die Frage sein, ob ein Rückgriff auf ehemalige Gesellschafter erfolgen kann.

Die Übertragung von Geschäftsanteilen auf Mitgesellschafter ist im Rahmen der freien Übertragbarkeit unproblematisch zu vollziehen. Häufig sieht der Gesellschaftsvertrag sogar Vorerwerbsrechte für Mitgesellschafter vor, um fremde und damit ungewollte Einflüsse auf die Gesellschaft zu vermeiden. Unbeachtlich ist dabei, ob die Geschäftsanteile bereits vollständig eingezahlt wurden oder wie es um die finanzielle Situation des übernehmenden Gesellschafters bestellt ist. Ein Nachweis, dass der übernehmende Gesellschafter zur Zahlung der ausstehenden Resteinlage fähig ist, ist gerade nicht erforderlich.

Gleiches gilt bei der Gesellschaftsgründung.[122] Schließlich haften die Gesellschafter bis zu der Höhe ihrer versprochenen Einlage persönlich. Die primäre Verpflichtung des Gesellschafters zur Einlageleistung darf dabei nicht mit der Funktion der Ausfallhaftung sowie ihrer Aufrechterhaltung vermischt werden und deshalb auch kein Argument für einen weitreichenderen Anwendungsbereich des § 24 GmbHG sein.

Zu einem solchen wird es jedoch, wenn man versucht den bereits ausgeschiedenen Gesellschafter nach § 24 Satz 1 GmbHG haften zu lassen, nur weil es sich bei dem übernehmenden Gesellschafter um den später kaduzierten und einzig verbleibenden Gesellschafter handelt. Die Tatsache, dass es überhaupt zu der Anwendung der Ausfallhaftung kommt, liegt darin begründet, dass von dem kaduzierten Gesellschafter *im Nachgang der Übertragung* keine Einlageleistung erzielt werden kann. Die Gewährleistung der Kapitalaufbringung und ggf. deren Absicherung müsste jedoch vielmehr vorher geschehen, nämlich zu dem

122 *Bayer/Scholz*, NZG 2015, 1089, 1096.

Zeitpunkt, in dem sich alle Anteile in einer Hand vereinigen. Später auf die Absicherung durch nicht mehr vorhandene Gesellschafter zurückgreifen zu wollen, ist verfehlt.

Dies zeigt sich insbesondere in Fallkonstellationen, in denen die Kaduzierung mit großem zeitlichen Abstand zu der Geschäftsanteilsübertragung stattgefunden hat. In einem solchen Fall kann es nicht mehr in den Verantwortungsbereich früherer Mitgesellschafter fallen, die nicht zu erzielende Einlage eines säumigen Gesellschafters zu ersetzen. Ein derartiges Haftungsrisiko wäre nicht zu rechtfertigen, zumal es von diversen zufälligen und sich ggf. erst ergebenden Variablen abhängen würde. Hauptsächlich muss eine Ablehnung dessen jedoch geschehen, da der Gesetzgeber die notwendige Absicherung des Stammkapitals im eigentlichen entscheidungserheblichen Zeitpunkt, nämlich dem Zusammenfallen aller Anteile in einer Hand, im Rahmen des MoMiG abgeschafft und ausdrücklich für nicht notwendig erklärt hat.[123]

b) Fungibilität der Geschäftsanteile und Loslösungsmöglichkeit von der Gesellschaft

Auch mit der Möglichkeit, sich von der Gesellschafterposition loslösen zu können, kollidiert eine so weitreichende Haftung eines ehemaligen und wirksam ausgeschiedenen Gesellschafters.

Die durch § 24 GmbHG ausgerufene, kollektive Haftung resultiert vorrangig aus der gemeinsamen Verantwortung der Gesellschafter für die Aufbringung des Stammkapitals. Ein bereits ausgeschiedener Gesellschafter hat gemeinsam mit seinen Mitgliedschaftsrechten auch die Möglichkeit zur Mitwirkung an den Geschicken der Gesellschaft aufgegeben. Es mangelt damit an der Möglichkeit zur Einflussnahme sowohl auf die weiteren Gesellschaftsgeschehnisse, als auch auf die Erbringung der Einlageleistung der Mitgesellschafter.[124] Die Heranziehung zur Haftung eines bereits ausgeschiedenen Gesellschafters für nicht aufzubringende Einlagen seiner ehemaligen Mitgesellschafter erscheint somit, an der Sache vorbei zu gehen.

Hinzukommend würde eine teleologische Extension bedeuten, dass selbst wenn das Kapitalerfordernis, welches zur Fälligstellung der Einlageleistung veranlasst, erst nach dem Ausscheiden des Gesellschafters eintritt, einen Rückgriff auf den bereits ausgeschiedenen Gesellschafter erlaubt. Der ehemalige

123 Begr. RegE zum MoMiG, BT-Drucksache 16/6140, 33, 39; siehe dazu die kommenden Ausführungen unter § 8 A III. 3. aa).

124 *Lieder*, ZGR 2016, 760, 764 f.

Gesellschafter müsste – obgleich er die Gesellschaft zu einem wirtschaftlich positiven Zeitpunkt verlassen hat – bei einer durch Fremdverschulden oder sogar zufällig eingetretenen Misswirtschaft weiterhin mit einer Haftung rechnen. Unter dieser Prämisse wäre eine Loslösung eines Gesellschafters von den gesellschaftlichen Verbindlichkeiten nicht möglich, obwohl eine dingliche Übertragung der Mitgliedschafts- sowie der Gewinnanspruchsrechte erfolgte.[125] Eine verfassungsrechtliche Rechtfertigung unter diesen Bedingungen für fremde Schulden einstehen zu müssen, wäre höchst fraglich.

Auch im Hinblick auf die Fungibilität von Geschäftsanteilen einer GmbH sowie deren Attraktivität hätte eine solche Ausweitung der Ausfallhaftung Auswirkungen. Mit der Gefahr, trotz Abtretung der Geschäftsanteile zu wirtschaftlich positiven Zeiten für rückständige Einlageleistungen aufkommen zu müssen, erschiene lediglich eine Übertragung unter Volleinzahlung aller Geschäftsanteile sicher. In Anbetracht des Kapitalaufbringungsschutzes mag dies zunächst positiv wirken, führe jedoch zu Einbußen der Praktikabilität und liefe dem gesetzgeberischen Ziel des möglichst geringen Gründungsaufwandes entgegen.

c) Systemstringenz

Weiterhin spricht die Ausweitung der Haftung eines bereits ausgeschiedenen Gesellschafters nach § 24 GmbHG gegen die Stringenz des Haftungssystems der §§ 21 ff. GmbHG.

Im Kaduzierungsverfahren ist ausdrücklich die Haftung ehemaliger Gesellschafter vorgesehen (§ 22 GmbHG). Wobei die Ausgangslage dabei eine gänzlich andere ist, als bei der Haftung nach § 24 GmbHG. Bei den im Rahmen des § 22 Satz 1 GmbHG angesprochenen früheren Gesellschaftern handelt es sich um solche, die vormals den nunmehr kaduzierten Geschäftsanteil inne hatten. Ihre Verantwortung für die Aufbringung der versprochenen Einlage resultiert folglich aus der ursprünglichen Inhaberschaft, wodurch ihnen weiterhin eine Finanzierungsverantwortung beigemessen wird.[126]

Würde für die Haftung nach § 24 GmbHG auf vormalige Gesellschafter zurückgegriffen, geschieht dies allein auf Basis ihrer einmal bestandenen kollektiven Verantwortung für die Aufbringung des Stammkapitals, wobei es jedoch an jeglichem persönlichen Bezug zu dem kaduzierten Geschäftsanteil fehlt.

Da infolge des Austritts des Gesellschafters auch die kollektive Verbundenheit der Gesellschafter untereinander sowie die damit einhergehende Verantwortung

---

125 Vgl. *Lieder*, ZGR 2016, 760, 770 f.

126 *Ebbing*, in: Michalski/Heidinger/Leible/J. Schmidt, GmbHG, 3. Auflage, § 22 Rn. 3.

für die Kapitalaufbringung aufgehoben ist, ist auch eine weitere Haftung nicht durch den Telos der Norm zu begründen.

Hinzukommend ist die Haftung aus dem Staffelregress gem. § 22 Abs. 3 Satz 1 GmbHG auf einen Zeitraum von fünf Jahre ab der Eintragung des Rechtsnachfolgers begrenzt. Eine Rechtsvorgängerhaftung im Rahmen des § 24 GmbHG wäre allerdings zeitlich unbegrenzt. Dies hätte zur Folge, dass eine Haftung für die Einlageschuld eines ursprünglich selbst gehaltenen Anteils nach fünf Jahren verjährt, wohingegen die sekundäre Haftung auf eine fremde Schuld, welche sich aus dem verantwortlichen Kollektiv begründet, dem der Gesellschafter einst angehört hat, auf unbestimmte Zeit bestehen bliebe. Eine solche einschneidende und langlebige Haftung ist nicht mit den Gesellschafterinteressen zu vereinbaren.

Auch die sich nach Leistung der Einlage abzeichnenden Eigentumsverhältnisse tragen zu einer Untermauerung der Zweifel bei. Während der Rechtsvorgänger, welcher im Wege des Staffelregresses zur Zahlung herangezogen wird, anschließend Inhaber des Geschäftsanteils wird,[127] geht der zur Zahlung nach § 24 GmbHG herangezogene Ausfallschuldner leer aus. Der Geschäftsanteil fällt der Gesellschaft zu.[128] Letzteres lässt sich nur solange rechtfertigen, wie der Ausfallschuldner auch Gesellschafter der Gesellschaft ist und darüber zumindest mittelbar – durch anteilige Erhöhung des Gewinnanteils – von seiner Zahlung partizipiert.[129]

d) Zwischenergebnis

Die Erweiterung des Wortsinns aufgrund des Gesetzeszwecks dahingehend, dass ein ausgeschiedener Gesellschafter zur Haftung nach § 24 Satz 1 GmbHG verpflichtet werden kann, gelingt nicht. Selbst für den Fall, dass die Übertragung der Anteile an den später kaduzierten Mitgesellschafter erfolgt und dieser dadurch zum Alleingesellschafter wird, kann nichts Abweichendes gelten.

Der Kapitalaufbringungsschutz und damit der von § 24 GmbHG verfolgte Zweck rechtfertigen ebenfalls keine derart weitgehende Haftung. Unabhängig von der vorgelagerten Frage nach der Planwidrigkeit der Regelungslücke ergibt

---

127 § 22 Abs. 4 GmbHG.

128 Begr. zum GmbHG, RT-Drs. 1890/1892, Nr. 660, 3742; *W. Müller*, in: Ulmer/Habersack/Löbbe, GmbHG, § 24 Rn. 61; *Ebbing*, in: Michalski/Heidinger/Leible/J. Schmidt, GmbHG, 3. Auflage, § 24 Rn. 87 ff.

129 *Ebbing*, in: Michalski/Heidinger/Leible/J. Schmidt, GmbHG, 3. Auflage, § 24 Rn. 89; *Altmeppen*, in: Roth/Altmeppen, GmbHG, § 24 Rn. 25.

sich dies insbesondere aus dem System zum Kapitalaufbringungsschutz und dem sich daraus ergebenden begrenzten Verantwortungsbereich des ausgeschiedenen Gesellschafters. Ein Staffelregress des ausgeschiedenen Gesellschafters für eine subsidiär angelegte Haftung kann gerade nicht begründet werden.

Der frühe Zeitpunkt zur Festlegung der Haftungsadressaten, mit Begründung des aufschiebend bedingten Haftungsanspruchs, trägt dem Zweck der Ausfallhaftung hinreichend Rechnung.[130]

3. *Einbeziehung des Rechtsvorgängers durch Analogie*

Im Wege der Analogie ließe sich die Norm auf einen Sachverhalt erstrecken, welcher dem Tatbestand lediglich ähnlich – jedoch wertungsmäßig vergleichbar – und einzig aufgrund einer planwidrigen Regelungslücke nicht erfasst ist.

Angesichts des gesetzgeberischen Willens, insbesondere unter Berücksichtigung der Änderungen im Zuge der Modernisierung des GmbH Rechts, ist die Annahme der Planwidrigkeit jedoch bereits fraglich.

a) Analogiefähigkeit einer Ausnahmevorschrift

Die Analogie als wissenschaftliche Methode der Rechtsfortbildung dient dazu, einen zu engen Wortlaut weiter auszugestalten, um auch Sachverhaltskonstellationen aufzunehmen, die nach dem gesetzgeberischen Plan erfasst werden sollten, sich jedoch nicht unter den konkreten Gesetzeswortlaut subsumieren lassen.[131] Durch die Analogie wird der Anwendungsbereich einer Norm somit auf einen Sachverhalt erstreckt, der dem Tatbestand lediglich ähnlich ist und eine direkte Subsumtion deshalb nicht gestattet.[132]

Um unter der Prämisse der Rechtsfortbildung den demokratischen und rechtsstaatlichen Anforderungen im Sinne des Art. 103 Abs. 2 GG und Art. 20 Abs. 3 GG gerecht zu werden, sind strenge Voraussetzungen an eine Analogie zu stellen. Gegen die analoge Anwendung einer Norm kann unter anderem ein Analogieverbot sprechen.[133]

So ist der Grundsatz singularia non sunt extendenda, wonach Ausnahmevorschriften eng auszulegen, jedenfalls aber nicht analogiefähig seien,[134] vom

---

130 Vgl. BGH Urteil v. 19.05.2015 – II ZR 291/14, NJW 2015, 2731, 2732.
131 *Meier/Jocham*, JuS 2016, 392, 394.
132 *Luther*, Jura 2013, 449.
133 *Luther*, Jura 2013, 449, 451.
134 Vgl. hierzu *Kramer*, Juristische Methodenlehre, S. 224 f.

BGH als Ausschlussgrund bezüglich einer analogen Anwendung des § 24 Satz 1 GmbHG im Hinblick auf die vorliegende Problematik angeführt worden.[135]

Die Annahme, dass Ausnahmevorschriften nicht analogiefähig seien, wurzelte darin, dass eine Ausnahmevorschrift andernfalls ihren spezifischen Charakter verlieren würde, sobald sie durch eine analoge Anwendung auf andere und damit vielfältigere Sachverhalte übertragen würde. Darin wird eine Gefahr für das Regel-Ausnahmeverhältnis gesehen.[136]

b) Ausnahmecharakter des § 24 GmbHG

Die Qualifikation einer Norm als Ausnahmevorschrift unterliegt mangels eindeutiger Erkennungsmerkmale erheblichen Problemen. Als Indikator können sprachliche Formulierungen, wie „ausnahmsweise" oder „nur", herangezogen werden. Jedoch könne hierdurch auch ein anderweitiges, gesetzgeberisches Ziel verfolgt werden, als einzig die Schaffung eines Regel-Ausnahmeverhältnisses. Weiterhin können Ausnahmevorschriften auch unabhängig von solchen Signalwörtern vorliegen, weshalb zur Kennzeichnung einer Ausnahme der Regelungsgehalt der Norm an sich zu betrachten sei.[137]

Ausnahmecharakter sei einer Norm dann beizumessen, wenn im materiellen Sinne von einem Grundsatz abgewichen werde.[138] Dies geschehe *„vornehmlich dort, wo das Gesetz eine Regel, der es in möglichst weitem Umfang Geltung zu verschaffen sucht, für bestimmte, meist eng umgrenzte Fälle durchbrochen hat, weil ihre Durchführung auch in diesen Fällen dem Gesetzgeber wenig praktikabel oder als unangebracht erscheint und er deshalb hier glaubt, darauf verzichten zu können"*.[139]

Sprachliche Ausgestaltungen, welche einen ersten Schluss bezüglich einer Ausnahmevorschrift zuließen, ergeben sich aus dem Wortlaut des § 24 GmbHG nicht. Anders verhält es sich mit dem Regelungsgehalt auf Ebene des Kapitalgesellschaftsrechts. Dieser statuiert die Übernahme fremder Verbindlichkeiten auf Basis einer kollektiven Verbundenheit, welcher sich von der allgemeinen Haftungsverantwortlichkeit im Kapitalgesellschaftsrecht unterscheidet. Zum einen ist die Haftung in Kapitalgesellschaften grundsätzlich davon geprägt, dass jeder

---

135 BGH Urteil v. 19.05.2015 – II ZR 291/14, NJW 2015, 2731, 2732; dem BGH folgend: *Herchen*, ZWH 2015, 362, 363; *Wösthoff*, DB 2015, 1950, 1951.

136 *Meier/Jocham*, JuS 2016, 392, 395.

137 *Larenz*, Methodenlehre der Rechtswissenschaft, S. 355.

138 *Rosenkranz*, Jura 2015, 783, 784.

139 *Larenz*, Methodenlehre der Rechtswissenschaft, S. 355 f.

Gesellschafter für die Aufbringung der eigenen Einlageverpflichtung einzustehen hat und nach ordnungsgemäßer Aufbringung von weiterer Haftung frei wird. Zum anderen ist die Ausfallhaftung Alleinstellungsmerkmal der GmbH und damit auch nicht *„zwingende Konsequenz aus dem Prinzip der realen Kapitalaufbringung“*[140]. Entsprechend kann in § 24 GmbHG eine Abweichung vom Grundsatz der Gesellschafterhaftung im Gesellschaftsrecht gesehen werden.

Eine Ausnahmevorschrift, welche dem Analogieverbot unterliegt, ist in § 24 GmbHG jedoch nicht zu sehen. Dies ergibt sich aus der Betrachtung des Regelungszwecks der Ausfallhaftung im System des GmbH-Gesetzes. Die erweiterte, subsidiäre Haftung der GmbH-Gesellschafter ist Bestandteil der Gesetzessystematik und begründet sich in dem vorherrschenden System des GmbH-Gesetzes zum Gläubiger- und Kapitalschutz.[141] Die Haftungserweiterung stellt damit gerade keine „Durchbrechung“ einer allgemein geltenden Regelung dar, sondern lediglich einen abweichenden Haftungsumfang im Gegensatz zu Gesellschaftern anderer Gesellschaftsformen. Diese Abweichung ist zudem auch nicht auf bestimmte Anwendungsbereiche oder Gesellschaftergruppen innerhalb der GmbH begrenzt, sie findet generelle Anwendung. Hinzukommend kann auch anhand des systematischen Hintergrundes nicht von einer Ausnahmevorschrift ausgegangen werden, da die Norm der Kompensation fehlender Schutzvorschriften dient und gerade nicht den Einzug in das GmbH-Gesetz gefunden hat, um aufgrund fehlender Praktikabilität oder Umsetzbarkeit vom „Normalfall“ abzuweichen.

c) Analogie auch bei Ausnahmevorschriften

Ungeachtet der hier vertretenden Einordnung des § 24 GmbHG, ist zudem, nach der herrschenden Ansicht in der Literatur, auch bei Annahme einer Ausnahmevorschrift die analoge Anwendung der Norm möglich. Der als Grundsatz betitelten Auffassung, eine Ausnahmevorschrift sei der Analogie nicht zugänglich,[142] sei danach nicht zu folgen.

Nach Ansicht der herrschenden Lehre sei vielmehr jede Norm im Rahmen ihres Zwecks einer analogen Anwendung zugänglich.[143] Entscheidend sei für die Heranziehung einer Analogie der Blick auf den Einzelfall, wodurch der

---

140 *Bayer/Scholz*, GmbHR 2016, 89, 97.

141 *Lieder* ZGR 2016, 760,772; *Lieder*, WuB 2015, 573, 576.

142 *Kramer*, Juristische Methodenlehre, S. 224 f.

143 *Larenz*, Methodenlehre der Rechtswissenschaft, S. 355; *Rosenkranz*, Jura 2015, 783, 787; *Kramer*, Juristische Methodenlehre, S. 225; *Zippelius*, Juristische Methodenlehre, S. 56.

Komplexität des Gesetzes, seiner Systematik und dem Willen des Gesetzgebers Rechnung getragen werde.[144] Unter Beachtung des Einzelfalls werde das Regel-Ausnahmeverhältnis lediglich in einer Art und Weise beeinträchtigt, welche eine interessengerechte Anwendung der Vorschrift zur Folge hätte. Darüber hinaus sei die gesetzliche Ausnahmevorschrift – sofern sich diese als solche ausmachen ließe – keinesfalls zwingend klarer gefasst, weshalb auch hier zur vollständigen Erfassung der Ratio eine über den möglichen Wortsinn hinausreichende Auslegung vorgenommen werden müsse.[145]

d) Planwidrige Regelungslücke

Die Planwidrigkeit der Regelungslücke wird mit einem gesetzgeberischen Versehen im Hinblick auf die Ausgestaltung des Tatbestandes einer Norm beschrieben. Wurde die Reichweite einer Norm vom Gesetzgeber erfasst und bewusst entsprechend ausgestaltet, fehle es an einer solchen.[146]

Die Annahme einer Planwidrigkeit ist jedoch nicht leichtfertig anzunehmen. Gerade unter der Beachtung des Art. 20 Abs. 3 GG und der Gefahr eines unzulässigen Eingreifens der Judikative in die Gesetzgebungskompetenz der Legislative bedarf es einer genauen Betrachtung sowie einem hohen Begründungsaufwand.[147]

aa) Historischer Gesetzgeber

Mit Blick in die Gesetzgebungsmaterialien zu § 24 GmbHG lässt sich erkennen, dass der Gesetzgeber weder Ausführungen zu einem Beurteilungszeitpunkt macht, in welchem die „übrigen Gesellschafter" – als Haftungsadressaten – zu bestimmen sein sollen, noch sind Ausführungen zu finden, die auf eine mögliche Rechtsvorgängerhaftung schließen lassen.[148]

Eine Auseinandersetzung mit dieser Thematik würde jedoch auch verwundern, da es aufgrund der allgemeinen Intention des Gesetzgebers im Hinblick auf die Gesellschaft mit beschränkter Haftung an der Notwendigkeit einer solchen Überlegung fehlte.[149]

---

144 *Rosenkranz*, Jura 2015, 783, 787; *Canaris*, Die Feststellung von Lücken im Gesetz, S. 181.

145 *Kramer*, Juristische Methodenlehre, S. 225 f.

146 *Meier/Jocham*, JuS 2016, 392, 396.

147 Vgl. *Kuhn*, JuS 2016, 104, 105; *Meier/Jocham*, JuS 2016, 392, 396.

148 Begr. zum GmbHG 1892, RT-Drucks. 1890/1892, Nr. 660, 3742.

149 Siehe hierzu § 7 C. I. 3. b.

Die GmbH wurde aufgrund einer fehlenden Alternative zur stark reglementierten Aktiengesellschaft ins Leben gerufen und sollte durch ihre personalisierte Struktur eine geeignete Gesellschaftsform für Unternehmungen mit vereinigtem Kapital und einer Mehrzahl von Teilnehmern bieten.[150] Der stetige – und hier problemauslösende – Wechsel von Gesellschaftern sowie die Beteiligung von nur wenigen (liquiden) Gesellschaftern gehörten nicht zu dem Vorstellungsbild des Gesetzgebers des 19. Jahrhunderts. Vielmehr sollte durch die Etablierung der neuen Gesellschaftsform die Möglichkeit geschaffen werden, ein Unternehmen zu gründen, welches sich durch seine begrenzte Anzahl von Teilnehmern, der Absicht einer dauerhaften Beteiligung sowie der beschränkten Haftung der Gesellschafter auszeichnete.[151] Das Bild der GmbH war geprägt von einer engen Verknüpfung der Gesellschafter mit „ihrer" Gesellschaft, als auch einer solchen Verknüpfung untereinander. Bei der Lektüre der Gesetzesbegründung wird deutlich, dass der Gesetzgeber einen Gesellschafterwechsel im Rahmen der freiwilligen Abtretung von Anteilen lediglich als ein vereinzelt vorkommendes Ereignis prognostizierte. Einzig zum Schutz des Fortbestehens einer Gesellschaft sah sich der Gesetzgeber gezwungen, eine Regelung über die Veräußerungsmöglichkeit von Anteilen mit in das Gesetz aufzunehmen.

So sollte durch die Möglichkeit der Anteilsveräußerung einer Gesellschaftsauflösung aufgrund von Kündigung vorgebeugt werden. Im Bedarfsfall konnte im Interesse der Mitgesellschafter sowie involvierter Dritter das eingelegte Vermögen wiedererlangt werden, ohne dadurch gleichsam die gesamte Gesellschaft auflösen zu müssen.[152] Wörtlich heißt es in der Gesetzesbegründung: „*Die Veräußerung wird aber nur unter den Gesichtspunkten zuzulassen und zu regeln sein, daß es sich dabei um ein Hülfsmittel handelt, welches zwar für den Bedürfnisfall den Gesellschaftern die Realisierung ihrer Anteilsrechte ermöglichen, den Karakter der Mitgliedschaft als eines der Regel nach dauernden Verhältnisses aber nicht beseitigen soll.*"[153]

Auch wenn der Gesetzgeber mit der Einführung der Möglichkeit des Gesellschafterwechsels grundsätzlich Risiken erkannt haben mag, ist dennoch davon auszugehen, dass jedenfalls eine Konstellation, in der kein Ausfallhaftungsschuldner mehr vorhanden ist, nicht in Betracht gezogen wurde.

150 Begr. zum GmbHG 1892, RT-Drucks. 1890/1892, Nr. 660, 3724.
151 Begr. zum GmbHG 1892, RT-Drucks. 1890/1892, Nr. 660, 3725.
152 Begr. zum GmbHG 1892, RT-Drucks. 1890/1892, Nr. 660, 3729.
153 Begr. zum GmbHG 1892, RT-Drucks. 1890/1892, Nr. 660, 3729.

Festzuhalten bleibt somit, dass eine Auseinandersetzung mit der Thematik der Rechtsvorgängerhaftung auf Basis der Gesetzesmaterialien nicht anzunehmen ist. Dies lässt jedoch nicht zweifelsohne auf eine bewusste Entscheidung des Gesetzgebers gegen eine solche Haftung schließen.[154]

bb) Heutiger Gesetzgeber

Trotz des seit der Verabschiedung des GmbH-Gesetzes im Jahre 1892 unveränderten Wortlauts des § 24 GmbHG sind für die Beurteilung der Planwidrigkeit auch zwischenzeitliche gesetzgeberische Einflüsse zu berücksichtigen. Erst anhand von Änderungen und großräumigen Reformen, welche sich im Laufe der Zeit über das Gesetz zur Gesellschaft mit beschränkter Haftung ergossen haben, ist eine vollständige Beurteilung möglich.

(1) Kapitalaufbringungsschutz in der Einmann-GmbH

In der Natur der Einpersonengesellschaft liegt es, dass keine weiteren Gesellschafter vorhanden sind, welche für die Absicherung der noch ausstehenden Einlageleistung einstehen könnten. Um den Gesellschaftsgläubigern dennoch einen Schutz – unter Zulassung der lediglich hälftigen Einlageverpflichtung – bieten zu können, entschied sich der Gesetzgeber im Jahre 1980 mit Einführung der Einpersonengesellschaft für ein Sicherungsmodell. Mit Einführung des § 7 Abs. 2 Satz 3 GmbHG a.F. musste der Alleingesellschafter bei Gesellschaftsgründung für den Fall der anteiligen Einbringung des Stammkapitals bei der Gesellschaftsanmeldung eine Sicherheit für die ausstehende Einlage leisten. Hierdurch sollte eine Kompensation für die fehlende Absicherung durch Mitgesellschafter im Sinne des § 24 GmbHG geschaffen werden.[155]

Im Rahmen der Modernisierung des GmbH-Gesetzes wurde diese Sicherungsmaßnahme jedoch ersatzlos gestrichen, da diese „*nach Auskunft der Praxis verzichtbar*“ sei und „*lediglich eine unnötige Komplizierung der GmbH-Gründung*“ darstelle.[156] Weitere Ausführungen erfolgten dazu nicht.

Dies verwundert insbesondere deshalb, da noch bei Einführung von Satz 3 des § 7 Abs. 2 GmbHG a.F. in der Regierungserklärung betont wurde, dass bei der Einmann-GmbH „*nur ein Gesellschafter vorhanden ist, also keine weiteren Gesellschafter für die Leistung aller Einlagen haften (§ 24 GmbHG),* [sodass] *die*

154 Vgl. Analogievoraussetzungen BVerfG, Beschluss v. 25.01.2011, Az. 1 BvR 918/ 10, Rn. 53 = BVerfGE 128, 193.

155 Begr. RegE zum Gesetz zur Änderung des Gesetzes betreffend die Gesellschaft mit beschränkter Haftung und anderen handelsrechtlichen Vorschriften, BT-Drucks. 8/1347, 32.

156 Begr. RegE zum MoMiG, BT-Drucks, 16/6140, 33.

Aufbringung des Stammkapitals dadurch gesichert werden [muss], *daß der einzige Gesellschafter* [...] *für den die* [...] *Einzahlung übersteigenden Teil der Geldeinlage eine Sicherung bestellen muß.*“[157]

Hieraus ist jedenfalls ersichtlich, dass der Gesetzgeber die durch die Streichung entstandene Lücke im Kapitalaufbringungsschutz der Einpersonengesellschaft kannte und ihm die Verknüpfung mit § 24 GmbHG bekannt war.[158] Bei der Streichung handelt es sich folglich um eine bewusste Herabsetzung des Gläubigerschutzes im Rahmen der Einpersonengesellschaft, was wiederum für die Frage der Planwidrigkeit bedeutet, dass der Gesetzgeber sich bewusst für die Streichung der gläubigerschützenden Vorschrift entschieden hat und eine Planwidrigkeit nicht vorliegt.

(2) Abschaffung des § 19 Abs. 4 a. F.

Auch im Hinblick auf die Streichung des § 19 Abs. 4 GmbHG a.F. zeichnet sich ein ähnliches Bild ab. § 19 Abs. 4 GmbHG a. F. sah für den Fall der nachträglichen Entstehung einer Einmann-GmbH Absicherungsmechanismen für das noch aufzubringende Stammkapital vor. Fielen die Gesellschaftsanteile in einer Hand zusammen, so musste – in Ermangelung weiterer Gesellschafter – entweder die Einzahlung der ausstehenden Einlagen oder die Bestellung entsprechender Sicherheiten erfolgen. Alternativ war die Übertragung von Anteilen an einen Dritten vorgesehen, wodurch die Ausfallhaftung wieder als Absicherung fungieren konnte. In der Regierungsbegründung wird die Streichung des § 19 Abs. 4 GmbHG a. F. lediglich als zwingende Folge der Abschaffung des § 7 Abs. 2 Satz 3 GmbHG a.F. begründet.[159] Somit ist auch an dieser Stelle von einer bewussten Deregulierung auszugehen.

Die fehlende Absicherung der ausstehenden Einlage bei nachträglicher Entstehung einer Einmann-GmbH stellt sogar eine noch weitreichendere Schutzlücke dar, als die zuvor angesprochene Änderung des § 7 GmbHG a. F.[160] Anders als bei der Gründung einer Einmann-GmbH ist die fehlende Absicherung des Stammkapitals für den (potentiellen) Gläubiger bei der nachträglichen Entstehung nicht ersichtlich.

---

157 Begr. RegE zum Gesetz zur Änderung des Gesetzes betreffend die Gesellschaft mit beschränkter Haftung und anderen handelsrechtlichen Vorschriften, BT-Drucks. 8/1347, 32.

158 Vgl. *Bayer/Scholz*, GmbHR 2016, 89, 96.

159 Begr. RegE zum MoMiG, BT-Drucks. 16/6140, 33, 39.

160 *Bayer/Scholz*, GmbHR 2016, 89, 96.

(3) Hin- und Herzahlen nach § 19 Abs. 5 GmbHG

Eine Aufweichung des Kapitalschutzes erfolgte auch durch die Ermöglichung des Hin- und Herzahlens gem. § 19 Abs. 5 Satz 1 GmbHG.[161] Der Gesetzgeber ermöglicht es dem Gesellschafter dabei, die versprochene Einlageleistung durch einen schuldrechtlichen Rückzahlungsanspruch zu ersetzen. Im Falle einer Bargründung leisten die Gesellschafter ihre Einlage an die Gesellschaft, erhalten diese jedoch aufgrund vorangegangener Vereinbarungen, beispielsweise in Form eines Gesellschafterdarlehens, zurück.[162]

Wirtschaftlich gesehen wird der Einlageanspruch schlicht durch eine bloße Forderung gegen den Gesellschafter ersetzt. Liegen dabei die Voraussetzungen des § 19 Abs. 5 Satz 1 GmbHG vor, gilt die Einlage jedoch – trotz fehlender realer Aufbringung des Kapitals – als erfüllt.[163] Dies hat zur Konsequenz, dass alle angedachten Sicherungsmaßnahmen zur Kapitalaufbringung aus den §§ 21–24 GmbHG nicht (mehr) greifen und kein Kapitalaufbringungsschutz für die Forderung gegen den Gesellschafter besteht.[164] Diese Art der Kapitalaufbringung als zulässig anzusehen, begründet der Gesetzgeber mit zunehmender Kritik aus Praxis und Wissenschaft, an der bis dahin vorgenommenen Handhabung.[165]

Die mit dem Hin- und Herzahlen einhergehende Erfüllungswirkung stellt einen klaffenden Bruch in der Systematik der Kapitalschutzvorschriften dar. Dass dem einfachen schuldrechtlichen Rückgewähranspruch keine weitreichendere Gewissheit in Bezug auf die tatsächliche Leistungserbringung beizumessen ist als dem ursprünglichen Einlageanspruch, räumt auch der Gesetzgeber ein.[166] Jedoch soll das Ausfallrisiko durch den Anspruch an Gleich- und Vollwertigkeit aufgefangen werden, wodurch ein angemessener Ausgleich der Gesellschafter- und Gläubigerinteressen erzielt werden könne.[167]

Zwar ist bei der Beurteilung der Solvenz des Schuldners auf die konkrete Vollwertigkeit des Rückzahlungsanspruchs abzustellen,[168] jedoch kann auch dadurch nur eine vage Einschätzung bezogen auf die zukünftige finanzielle Situation

---

161 *Bayer/Scholz*, GmbHR 2016, 89, 96.

162 *Roth*, in: Roth/Altmeppen, GmbHG, § 19 Rn. 95.

163 *Fastrich*, in: Baumbach/Hueck, GmbHG, § 19 Rn. 70; *Ebbing*, in Michalski/Heidinger/Leible/J.Schmidt, GmbHG, 3. Auflage, § 19 Rn. 171 f.; *Gummert* in: Priester/Mayer, MünchHdB GesR III, 3. Auflage, § 50, Rn. 34 f.

164 *Fastrich*, in: Baumbach/Hueck, GmbHG, § 19 Rn. 83.

165 Begr. RegE zum MoMiG, BT-Drucksache 16/6140, 40.

166 Begr. RegE zum MoMiG, BR-Drucksache 354/07, 79.

167 Begr. RegE zum MoMiG, BR-Drucksache 354/07, 79.

168 BGH Urteil v. 01.12.2008 – II ZR 102/07, BGHZ 179, 71, 78 = NZG 2009, 107, 108.

erfolgen. Im Hinblick auf den Schutz der Kapitalaufbringung ist in der Ermöglichung des Hin- und Herzahlens eine Absenkung des Niveaus zu sehen.

(4) Zwischenergebnis

Es zeigt sich, dass die allgemeinen Unstimmigkeiten des Kapitalaufbringungsschutzes keine zufälligen Begleiterscheinungen der Gesetzesänderungen sind, sondern vielmehr vom Gesetzgeber erkannt und hingenommen wurden. Folglich kann die Nichtberücksichtigung des Rechtsvorgängers nicht als planwidrig bezeichnet werden. Die Erweiterung des Adressatenkreises des § 24 Satz 1 GmbHG ist durch Anwendung einer Analogie nicht möglich.

cc) Einbeziehung des Rechtsvorgängers durch Anwendung des § 16 Abs. 2 GmbHG

Auch der Versuch des OLG Köln, eine erweiternde Auslegung des § 24 Satz 1 GmbHG über die Anwendung des § 16 Abs. 2 GmbHG zu erzielen, trägt nicht. Das OLG Köln vertrat die Ansicht, eine erweiternde Auslegung des § 24 Satz 1 GmbHG unter Heranziehung des dem § 16 Abs. 3 a. F. GmbHG[169] innewohnenden Rechtsgedankens erzielen zu können. Durch die Kombination dieser beiden Normen sollte eine Haftung des Rechtsvorgängers gelingen. Die Ausführungen des OLG Köln stützen sich hierbei vornehmlich auf die gänzliche Entfaltung des dem § 24 GmbHG beizumessenden Schutzzwecks. Hiernach sei schließlich gerade im Falle der Nichterlangung einer Einlage auf die Mitgesellschafter zurückzugreifen, welcher jedoch vereitelt werde, sobald bei Übertragung auf einen Mitgesellschafter mit unerfüllter (Rest)Einlageverpflichtung lediglich der Erwerber zur Haftung nach § 24 Satz 1 GmbHG herangezogen werden könne.[170]

§ 16 Abs. 2 GmbHG statuiert ausdrücklich eine „Weiterhaftung" des übertragenden Gesellschafters für rückständige Einlageverpflichtungen über die Zeit seiner Gesellschafterstellung hinaus. Jedoch trifft ihn diese Verantwortung lediglich dann, wenn die Verbindlichkeit bereits vor Abtretung eingefordert und mithin fällig war.[171] Bezweckt wird hierdurch sowohl die vereinfachte Durchsetzung des Anspruchs, indem kontinuierlich der anfängliche Schuldner zur Verfügung steht[172], als auch der Gläubigerschutz.[173]

---

169 Seit 01.11.2008 § 16 Abs. 2 GmbHG.

170 OLG Köln, Urteil vom 23.06.1993 – 2 U 118/92, NJW-RR 1994, 1192, 1195.

171 Begr. zum GmbHG 1892, RT-Drucks. 1890/1892, Nr. 660, S. 3739; BGH Urteil v. 19.05. 2015 – II ZR 291/14, NJW 2015, 2731, 2732; *Fastrich*, in: Baumbach/Hueck, GmbHG, § 16 Rn. 22.

172 Vgl. hierzu Begr. zum GmbHG 1892, RT-Drucks. 1890/1892, Nr. 660, S. 3739.

173 *Pentz*, in: Rowedder/Schmidt-Leithoff, GmbHG, 5. Auflage, § 16 Rn. 3.

Eine Haftung des Rechtsvorgängers für erst nachträglich begründete Ansprüche aus § 24 GmbHG lässt sich hierdurch allerdings nicht begründen. Dies muss auch dann gelten, wenn der Erwerber der später kaduzierte Gesellschafter ist. Mangels Fälligkeit der Resteinlageleistung war der Ausfallhaftungsanspruch bei Abtretung der Geschäftsanteile nicht aufschiebend bedingt begründet und folglich auch nicht entstanden. Ein Übergang der Verpflichtung mitsamt den Geschäftsanteilen erfolgte nicht. Vielmehr begründete sich der Anspruch erst in der Person des Erwerbers als neuen Anteilsinhaber.[174] Auch aus Wertungsgesichtspunkten ergibt sich aus der Betrachtung des § 16 Abs. 2 GmbHG keine andere Auffassung.

IV. Ergebnis

Die kollektive Haftung früherer, bereits ausgeschiedener „übriger Gesellschafter" für die Aufbringung nicht zu erzielender Einlagen ist auch für den Fall einer Übertragung an den letzten verbleibenden Gesellschafter als später Kaduzierten dogmatisch nicht zu begründen. Dies ist zwar unter Gläubigerschutzaspekten und dem sonstigen Schutzzweck des § 24 GmbHG misslich, entspricht aber neben den Gesellschafterinteressen insbesondere auch dem Willen des Gesetzgebers.[175]

Eine dogmatische Begründung einer solchen weiträumigen Haftung lässt sich weder über den Wortlaut der Norm, noch durch die Systematik des Kapitalaufbringungsschutzes begründen.

Die anfängliche Feststellung, wonach die sekundäre Absicherung der versprochenen Einlage bei Übertragung an den letzten verbleibenden und später kaduzierten Gesellschafter ohne Mehrwert für die Absicherung der Kapitalaufbringung ist, muss im Kontext eines allgemein lückenhaft ausgestalteten Kapitalaufbringungsschutzes hingenommen werden.

Dass es in Gesellschaftskonstellationen wie der hier zugrunde gelegten zu einem Leerlauf der Ausfallhaftung kommt, stellt lediglich den Gipfel der Problematik dar und rechtfertigt es nicht die Ausfallhaftung zu einer allgemeinen Absicherungsmethode für zahlreiche defizitäre Gegebenheiten ausweiten zu wollen.

Es wäre verfehlt in den Fällen, in denen es an einem solventen Gesellschafter mangelt, eine Rechtsvorgängerhaftung anzunehmen und einen Gesellschafter mit den damit einhergehenden Risiken zu belasten, wenn das Gesetz in weitaus

174 *Lieder*, ZGR 2016, 760, 770.

175 Im Ergebnis auch: *Bayer/Scholz*, GmbHR 2016, 89, 92; *Bayer/Scholz*, NZG 2015, 1089, 1095; *Lieder*, ZGR 2016, 760, 769; *Lieder*, WuB 2015, 574, 575 f.

vorhersehbareren Fällen des Leerlaufens des Kapitalaufbringungsschutzes gar keine Absicherungsmechanismen vorsieht. Das allgemein lückenhaft wirkende Schutzsystem zur Kapitalaufbringung kann nicht über § 24 GmbHG gedeckt werden.

B. Haftung des Rechtsvorgängers bei Rechtsmissbrauch

Ein anderes Ergebnis ließe sich jedoch gegebenenfalls für den Fall einer rechtsmissbräuchlichen Anteilsübertragung finden.

Die Frage, ob eine Haftung des Rechtsvorgängers nach § 24 GmbHG „*ausnahmsweise dann in Betracht kommt, wenn er seinen Geschäftsanteil rechtsmissbräuchlich an den später Kaduzierten übertragen hat*" hat auch der BGH in seinem letzten Urteil zu diesem Themenkomplex aufgeworfen.[176] Da der zu entscheidende Fall jedoch keinerlei Anhaltspunkt für ein rechtsmissbräuchliches Verhalten des übertragenden Gesellschafters bot, blieb eine Stellungnahme des Gerichts aus.[177]

Der Urteilsbegründung des BGH ist nicht eindeutig zu entnehmen, ob das Gericht eine Heranziehung des Rechtsvorgängers lediglich in den Fällen der rechtsmissbräuchlichen Übertragung *an den später Kaduzierten* für möglich erachtet oder ob eine *generelle rechtsmissbräuchliche Vorgehensweise* eine solche Haftung nach sich ziehen könnte.[178]

Unter Beachtung der Argumentation des BGH im Zusammenhang mit dem entscheidungserheblichen Zeitpunkt der Haftungsfrage und der weit gefassten Auslegung des § 24 Satz 1 GmbHG zur Vermeidung der „Fahnenflucht" ist – im Einklang mit *Bayer/Scholz* – letzteres anzunehmen.[179]

Die einschränkende Wortwahl des Senats ist danach auf die fallspezifische Auseinandersetzung mit der Thematik zurückführen und nicht für alle Fälle geltende Einschränkung zu verstehen.

Eine Betrachtung von Missbrauchsfällen ausschließlich im Zusammenhang mit der Übertragung auf den später kaduzierten Gesellschafter wäre zudem nicht zweckdienlich und ausreichend, um der „Fahnenflucht" eines Gesellschafters entgegenzuwirken. Nur wenn jegliche Fallkonstellationen, welche für eine missbräuchliche Anteilsübertragung in Betracht kommen, abgedeckt werden,

---

176 BGH Urteil v. 19.5.2015 – II ZR 291/14, NJW 2015, 2731, 2733.
177 BGH Urteil v. 19.5.2015 – II ZR 291/14, NJW 2015, 2731, 2733.
178 *Bayer/Scholz*, NZG 2015, 1089, 1095.
179 *Bayer/Scholz*, NZG 2015, 1089, 1095.

kann dem mit § 24 GmbHG verfolgten Zweck entsprechend Rechnung getragen werden.

I. Fragestellung

Die Formulierung des BGH, wonach eine „rechtsmissbräuchliche Übertragung“ ggf. eine Haftung des bereits ausgeschiedenen Gesellschafters nach sich zieht, wirft zwei Fragen auf. Zunächst ist zu untersuchen, welche Art der Vorgehensweise überhaupt als „rechtsmissbräuchlich“ zu verstehen ist, respektive welche Voraussetzungen eine missbräuchliche Übertragung erfüllen muss. Des Weiteren ist fraglich, wie eine Haftung des Rechtsvorgängers bei Vorliegen dieser „Ausnahme“ dogmatisch zu begründen ist.

II. Die missbräuchliche Anteilsübertragung

1. Definitionsversuch

Eine subsumtionsfähige Definition des Rechtsmissbrauchs findet sich im Gesetz nicht. Die Lehre vom Rechtsmissbrauch ist historisch gewachsen und basiert auf der Erkenntnis, dass jedes normierte Gesetz potentiell auch zweckwidrig eingesetzt werden kann.[180] Der Einwand des Rechtsmissbrauchs wird dem § 242 BGB entnommen, welcher als allgemeines Rechtsprinzip für die gesamte Rechtsordnung heranzuziehen ist.[181] So hat der BGH 1951 *Siebert*[182] folgend, den Rechtsmissbrauch als *„ein Handeln ohne Recht oder wider des Rechts“* definiert. Jedes Recht gehe danach nur so weit, wie die guten Sitten und Treu und Glauben es gestatten.[183] Eine unzulässige Rechtsausübung liege dann vor, wenn die Rechtsausübung als solche zu missbilligen sei. Begründet werden könne eine solche „Ungehörigkeit“ insbesondere durch die Art der Rechtsausübung bzw. die damit einhergehenden Begleitumstände.[184]

Um die Übertragung von Geschäftsanteilen als rechtsmissbräuchlich zu qualifizieren, bedarf es bei der Abtretung folglich eines Verstoßes gegen Treu und Glauben und damit gegen das darin verankerte Gebot der Rücksichtnahme. Dies kann nur dann gelingen, wenn sich die missbräuchliche Abtretung von der rechtskonformen Abtretung in einer zu missbilligenden Weise unterscheidet.

---

180 *Dommermuth-Alhäuser*, Arbeitsrechtsmissbrauch, S. 66, 69.

181 *Schulze*, in: Schulze, BGB, § 242 Rn. 4; *Mansel*, in: Jauernig, BGB, § 242 Rn. 2 f.

182 *Siebert*, Verwirkung und Unzulässigkeit der Rechtsausübung, S. 83 ff.

183 BGH Urteil v. 12.07.1951 – III ZR 168/50, BGHZ 3, 94, 103.

184 *Schubert*, in: MüKo-BGB, § 242 Rn. 243.

Angeknüpft werden muss hierbei an den Zweck der Ausfallhaftung und der dahinterstehenden Intention. Wird durch die Übertragung derart in das bestehende Schutzsystem der Kapitalaufbringung eingegriffen, dass das gesetzlich angelegte System zur Wahrung sowohl der Gläubiger- als auch der Gesellschafterinteressen eine untragbare Verschiebung zu Gunsten des austretenden Gesellschafters erfährt, liegt ein Missbrauch nahe. Mit anderen Worten muss durch die Geschäftsanteilsübertragung eine Vereitelung der Ausfallhaftung einhergehen und dem Gesellschafter dadurch die „Fahnenflucht" vor der Haftung gelingen.

Zuvorderst ist an Sachverhaltskonstellationen zu denken, in denen der Anteilseigner zwar „rechtzeitig", nämlich vor Begründung der Haftung nach § 24 Satz 1 GmbHG aus der Gesellschaft ausgeschieden ist, dieser Austritt jedoch eine Vorgehensweise implementierte, welche mit den beteiligten Interessen – unter Wahrung von Treu und Glauben sowie dem Zweck des § 24 GmbHG – nicht vereinbar ist.

Anders als im Regelfall muss auf die missbräuchliche Vorgehensweise der Übertragung eine Situation folgen, die es rechtfertigt den Anteilseigner – trotz dessen Austritts *vor* der nicht einmal aufschiebend bedingten Begründung des Anspruchs – in die Haftung zu nehmen.

Umstände dieser Art sind sowohl in den Gegebenheiten rund um die Übertragung, als auch in der Person des Erwerbers zu suchen.

In erster Linie ist dabei an die Übertragung an einen zahlungsunfähigen Gesellschafter, insbesondere den später kaduzierten Gesellschafter zu denken. Jedoch bedarf es für die Qualifikation als rechtsmissbräuchlich weiterer, kumulativ hinzutretender Umstände, durch welche die Wirkungsweise der Ausfallhaftung unterbunden wird. Zu nennen sind hier das Ausbleiben der Fälligstellung der Resteinlageforderung oder die zeitliche Nähe zwischen Anteilsübertragung und Haftungsbegründung. Gegebenheiten dieser Art werden im Folgenden auf ihre Tragfähigkeit hin geprüft.

2. *Beispiel zur rechtsmissbräuchlichen Übertragung: Urteil des OLG Köln*

Beispielhaft für eine rechtsmissbräuchliche Übertragung soll vorab das Urteil des OLG Köln aus dem Jahre 1993 herangezogen werden. Vielerorts wird dieses Urteil einzig als Negativbeispiel für eine zu weite Auslegung des Adressatenkreises im Rahmen des § 24 Satz 1 GmbHG angeführt.[185] Allerdings lässt sich der

185 *Bayer/Scholz*, NZG 2015, 1089, 1095; *Lieder*, ZGR 2016, 760, 769 f.; *Schütz*, in: MüKo-GmbH, 3. Auflage, § 24 Rn. 25.

Sachverhaltskonstellation ein Vorgehen der austretenden Gesellschafter entnehmen, welches unter Umständen als rechtsmissbräuchlich zu qualifizieren ist, und dadurch die Ausführungen des OLG in ein anderes Licht rücken.

a) Sachverhalt

Dem Urteil des OLG Köln lag folgender (verkürzter) Sachverhalt zugrunde:

Die S. Plastik GmbH wurde von den Gesellschaftern P, mit einer Einlage von 60.000 DM, D, mit einer Einlage in Höhe von 100.000 DM und der Beklagten A+CP GmbH, mit einer Einlage in Höhe von 40.000 DM, gegründet. Das Stammkapital von ursprünglich 200.000 DM wurde durch eine Kapitalerhöhung im Juli 1986 auf 500.000 DM erhöht.

Hierbei übernahm P eine Einlage in Höhe von 90.000 DM und die Beklagte eine Einlage in Höhe von 210.000 DM.

Im Dezember 1987 übertrugen die Beklagte und D ihre gesamten Geschäftsanteile an ihren Mitgesellschafter P. Im September 1988 wurde sodann das Konkursverfahren über die Gesellschaft eröffnet.

Im Rahmen dessen wurde festgestellt, dass die Einlagen, welche im Zuge der Kapitalerhöhung geschuldet waren, nicht wirksam erbracht wurden. Weiterhin stellte sich heraus, dass die Gesellschaft bereits im November 1987 – also bereits *vor* Übertragung der Geschäftsanteile – eindeutig verschuldet und spätestens im März 1988 bereits zahlungsunfähig war.

Das eingeleitete Kaduzierungsverfahren gegen P war nicht von Erfolg gekrönt, weshalb der Konkursverwalter die Beklagte gem. § 24 Satz 1 GmbHG für die ausstehende Stammeinlage in die Haftung nehmen wollte.

b) Die Herangehensweise des OLG Köln und dessen Kritik

Das OLG bejahte eine Haftung der Beklagten nach § 24 Satz 1 GmbHG. Die ablehnenden Stimmen gegenüber dieser Rechtsprechung resultieren aus der dogmatisch nicht haltbaren Argumentation des Oberlandesgerichts, wonach die Einbeziehung eines bereits vor Fälligstellung der Einlageleistung ausgeschiedenen Gesellschafters durch das Zusammenwirken von § 24 und § 16 Abs. 3 a. F. GmbHG begründet wurde.[186]

Beachtet werden sollte dabei jedoch, dass diese Begründung lediglich hilfsweise erfolgte und dem Grunde nach der hier gegenständlichen Untersuchung

---

186 OLG Köln, Urteil v. 23.06.1993 – 2 U 118/92, ZIP 1993, 1389, 1393; Siehe dazu auch § 11 B. I. 2. b) cc).

zur Frage der Haftung eines Rechtsvorgängers bei missbräuchlicher Anteilsübertragung zuzuordnen ist.

Die eigentliche Haftungsbegründung des Gerichts basierte auf der Feststellung, dass – entgegen der Auffassung der Vorinstanz – die Fälligkeit der Einlageforderung aus der Kapitalerhöhung und damit die Haftungsbegründung des § 24 Satz 1 GmbHG bereits durch die wirksam vorgenommene Kapitalerhöhung vorlag.[187] Zu diesem Zeitpunkt war die Beklagte unstreitig noch Anteilsinhaberin und somit „übrige Gesellschafter" im Sinne des § 24 Satz 1 GmbHG.

Erst im Nachgang zu dieser Feststellung und der damit schon bejahten Haftung der Beklagten führte das OLG sodann zusätzlich aus, dass eine Haftung der Beklagten ebenfalls bestehen würde, wenn die Fälligkeit der Einlageforderung nicht im unmittelbaren Zusammenhang mit der Kapitalerhöhung stattgefunden hätte, sondern erst durch den Konkursverwalter erfolgt wäre.[188]

Folgt man den hypothetischen Ausführungen des Gerichts und geht von einer Fälligstellung der ausstehenden Einlageleistung durch den Insolvenzverwalter aus, zeichnete sich zu diesem Zeitpunkt folgendes Bild: Die Beklagte hat „rechtzeitig", nämlich vor Fälligstellung und damit vor der Begründung der Haftung, die von ihr gehaltenen Geschäftsanteile übertragen; die Gesellschaft befand sich zum Zeitpunkt der Übertragung bereits in einer finanziell kritischen Situation; Einlageleistungen der Mitgesellschafter waren in beträchtlicher Summe offen; eine Inanspruchnahme nach § 24 Satz 1 GmbHG zeichnete sich ab.

Insgesamt liegt eine „Flucht" der Beklagten aufgrund der sich zunehmend verschlechternden Situation der Gesellschaft und der daraus stetig wachsenden Bedrohung einer potentiellen Inanspruchnahme nach § 24 Satz 1 GmbHG nahe.

Hinzukommend wurden die Geschäftsanteile auf einen Mitgesellschafter übertragen, welcher als allein verbleibender Gesellschafter und später Kaduzierter zurückblieb.

Eine Haftung nach § 24 Satz 1 GmbHG greift vorliegend aufgrund der frühzeitigen Abtretung vor Fälligstellung der ausstehenden Einlage nicht. Die Absicherung der Kapitalaufbringung liefe somit, ohne einen Rückgriff auf den Rechtsvorgänger vorzunehmen, gänzlich ins Leere.

3. *Würdigung*

Das Unterscheidungsmerkmal dieser Konstellation zu den Untersuchungen im vorherigen Kapitel liegt in den mit der Übertragung zusammenfallenden

---

187 OLG Köln, Urteil v. 23.06.1993 – 2 U 118/92, ZIP 1993, 1389, 1392 f.

188 OLG Köln, Urteil v. 23.06.1993 – 2 U 118/92, ZIP 1993, 1389, 1393.

Umständen, welche den Schluss auf eine bewusste Loslösung von der Gesellschaft zur Vermeidung einer Haftung nach § 24 GmbHG nahelegen. Während die Übertragung von Geschäftsanteilen auf den später Kaduzierten für sich genommen keine hinreichende Grundlage für eine dogmatische Begründung der Rechtsvorgängerhaftung bieten, kann hier von einer bewussten Umgehung der Ausfallhaftung zum eigenen Vorteil ausgegangen werden, was eine erhebliche Beeinträchtigung der Gläubigerinteressen nach sich zieht und damit eine signifikante Abweichung zu der bereits zuvor untersuchten Konstellation darstellt.

III. Indikatoren für missbräuchliche Übertragung

1. Zeitlicher Zusammenhang

Entscheidend für die Annahme einer missbräuchlichen Übertragung ist der zeitliche Zusammenhang zwischen der Abtretung der Geschäftsanteile und der Begründung der Haftung nach § 24 Satz 1 GmbHG. Dieser muss als grundlegendes Kriterium angesehen werden, unter dessen Schirm sich der Vorwurf des Rechtsmissbrauchs durch das Hinzutreten weiterer Aspekte verdichtet.

Durch das Erfordernis einer zeitlichen Verknüpfung der Abtretung mit der Begründung der Haftung nach § 24 Satz 1 GmbH scheiden frühzeitig Sachverhaltskonstellationen aus dem Anwendungsfeld des Missbrauchs aus, bei welchen, wie im Fall des BGH aus 2015,[189] der Geschäftsanteil bereits weit im Vorfeld der eigentlichen Haftung nach § 24 GmbHG an einen zahlungsunfähigen bzw. später kaduzierten Gesellschafter übertragen wurden. Fallkonstellationen, in denen sich die Zahlungsunfähigkeit des Erwerbers erst ergibt, sind damit genauso wenig in das Anwendungsfeld der missbräuchlichen Übertragung zu bringen wie solche, in denen die Inanspruchnahme der Ausfallhaftung erst in erheblich fernem Nachgang zur Anteilsübertragung steht.

2. Ausbleibende Fälligstellung trotz Kapitalbedarfs

Als weiteres Indiz für ein missbräuchliches Vorgehen kann das Ausbleiben der Fälligstellung der Einlageforderung angesehen werden.[190] Die Fälligstellung als entscheidungserheblicher Zeitpunkt für die Festlegung der Haftungsadressaten ist ausschlaggebend für die Möglichkeit, sich einer Haftung nach § 24 GmbHG entziehen zu können. Insbesondere in den Fallkonstellationen, in denen kein

---

189 BGH Urteil v. 19.05.2015 – II ZR 291/14, NJW 2015, 2731.

190 Vgl. auch *Bayer/Scholz*, GmbHR 2016, 89, 91.

gesellschaftsvertraglicher Fälligkeitszeitpunkt festgelegt ist und die Einforderung deshalb dem Ermessen der Gesellschafterversammlung obliegt, ermöglicht sich durch die Untätigkeit der Gesellschafterversammlung erst eine haftungsfreie Abtretung. Kann nachträglich festgestellt werden, dass die ausstehende Einlage bereits hätte eingefordert werden müssen oder dass jedenfalls zeitnah zur Abtretung – beispielsweise aufgrund der finanziellen Gegebenheiten der Gesellschaft – mit einer Einforderung hätte gerechnet werden müssen, ist von einer bewussten Verzögerung der Haftungsbegründung auszugehen. Findet die Einforderung der Resteinlagen erst nach Eintritt der Krise bzw. erst durch die Handlung des Insolvenzverwalters statt, kann dieser späte Zeitpunkt bereits wegen des Kapitalbedarfs der Gesellschaft nicht mehr als bewusste wirtschaftliche Entscheidung der Gesellschafterversammlung deklariert werden.

Diese Überlegungen decken sich auch mit den Ausführungen des BGH.[191] In dem bereits dargelegten Sachverhalt lag zwischen Übertragung der Geschäftsanteile und dem Eintritt der Insolvenz der Gesellschaft, bzw. der mit dieser einhergehenden Fälligstellung der Resteinlage, eine Zeitspanne von knapp zwei Jahren.[192] Eine vorherige Schieflage der Vermögensverhältnisse der Gesellschaft kann den Sachverhaltsdarstellungen nicht entnommen werden. Rückwirkend ist also nicht davon auszugehen, dass der Gesellschafter sich seiner Anteile entledigen wollte, da er Gefahr lief, andernfalls in absehbarer Zeit nach § 24 Satz 1 GmbHG in die Haftung genommen zu werden. Vielmehr zeugt diese Zeitspanne von einer Übertragung aus anderen Motiven.

Ganz anders verhält es sich hingegen im Sachverhalt zum angeführten Urteil des OLG Köln. Hier erfolgte die Übertragung der Geschäftsanteile erst nach dem Eintritt der Krise, zu welchem bei objektiver Betrachtung bereits das benötigte Kapital hätte eingefordert werden müssen.[193]

IV. Erwerberkonstitution

In Anbetracht des Ziels, eine „Fahnenflucht" der Gesellschafter zu vermeiden, sowie unter Berücksichtigung des Regelungszwecks der Ausfallhaftung erscheint die vorschnelle Festlegung, eine rechtsmissbräuchliche Übertragung lediglich dann annehmen zu wollen, wenn es sich bei dem Erwerber um den später kaduzierten Gesellschafter handelt,[194] als zu kurz gegriffen. In Bezugnahme auf

191 BGH Urteil v. 19.05.2015 – II ZR 291/14, NJW 2015, 2731, 2733.
192 BGH Urteil v. 19.05.2015 – II ZR 291/14, NJW 2015, 2731.
193 OLG Köln Urteil v. 23.06.1993 – 2 U 118/92, ZIP 1993, 1389.
194 *Bayer/Scholz*, GmbHR 2016, 89, 91.

die gerade dargelegten Indikatoren einer missbräuchlichen Anteilsübertragung kann neben der Übertragung an den später Kaduzierten auch eine Übertragung an einen anderen Mitgesellschafter oder Dritten Missbrauchspotential mit sich bringen.

Entscheidend für den missbräuchlichen Charakter der Übertragung muss im Hinblick auf den mit der Ausfallhaftung verfolgte Zweck die fehlende Absicherung der Kapitalaufbringung, bedingt durch die Haftungsentziehung, sein.

Ersteres hängt neben der Zahlungsunfähigkeit des Erwerbers auch von dem Vorhandensein weiterer Gesellschafter und deren Solvenz ab und lässt sich deshalb nicht einzig bei der Übertragung an den später Kaduzierten erkennen.

Für den Fall der Übertragung an den später Kaduzierten als gleichzeitig letzten verbleibenden Gesellschafter liegt die fehlende Absicherung der Kapitalaufbringung nach § 24 GmbHG mangels weiterer Gesellschafter auf der Hand. Ist bei der Abtretung der Geschäftsanteile zudem bereits ersichtlich, dass die einzufordernde Resteinlage auch im Rahmen des Kaduzierungsverfahren nicht zu erlangen sein wird, folgt daraus zwangsläufig das Ausbleiben der Kapitalaufbringung insgesamt.

Das gleiche Bild zeichnet sich jedoch auch bei der Abtretung an einen anderen zahlungsunfähigen Mitgesellschafter oder gesellschaftsfremden Dritten, sobald neben diesem kein weiterer solventer Gesellschafter vorhanden ist. Werden die Geschäftsanteile beispielsweise von einer mittellosen Gesellschaft übernommen, kann über diese ebenfalls keine Aufbringung der ausstehenden Mitgesellschafter-Einlage erfolgen. Mangels weiterer, neben dem Kaduzierten vorhandener Gesellschafter ergibt sich sodann das gleiche Ergebnis wie in der ersten Konstellation. Der übernehmende, zahlungsunfähige Dritte oder Mitgesellschafter dient sodann lediglich als *„Platzhalter"* in Bezug auf die Eigenschaft als Haftungsadressat nach § 24 Satz 1 GmbHG, während der ausgeschiedene, solvente Gesellschafter für die Aufbringung der ausstehenden Einlage nicht mehr einzustehen hat.

Gleichzeitig ist dieser Darstellung zu entnehmen, dass die Zahlungsunfähigkeit des Erwerbers für das Ausbleiben der Kapitalaufbringung durch § 24 GmbHG ohne jeden Belang ist, sobald auf einen anderen solventen Mitgesellschafter zurückgegriffen werden kann. Die Zahlungsunfähigkeit des Erwerbers allein führt somit nicht zwingend zum Leerlauf der Ausfallhaftung und damit der Kapitalaufbringung insgesamt. Vielmehr ergibt sich dies erst aus dem Zusammenspiel mit dem weiteren Gesellschafterbestand und der „Qualität" der einzelnen Ausfallschuldner.

Festzuhalten ist, dass die Übertragung an den später kaduzieren Gesellschafter unter gleichzeitiger Entstehung einer Einmanngesellschaft zwangsläufig eine fehlende Absicherung der Kapitalaufbringung über § 24 GmbHG zur Folge hat, weshalb die Erzielung der ausstehenden Stammeinlage allein von dem Erfolg des Kaduzierungsverfahrens abhängig ist.

Handelt es sich hingegen nicht um das nachträgliche Entstehen einer Einpersonengesellschaft, hängt die Kapitalaufbringung neben dem Kaduzierungsverfahren auch von der Solvenz der Mitgesellschafter ab.

Eine Übertragung, welche einen Leerlauf des Absicherungsmechanismus nach § 24 GmbHG nach sich zieht, ist somit grundsätzlich auch bei der Übertragung an andere Zahlungsunfähige möglich und nicht auf den später Kaduzierten zu beschränken.

1. Verantwortungsbereich des ausscheidenden Gesellschafters

Anders als bei der Übertragung an den später Kaduzierten als letzten verbleibenden Gesellschafter hängt das Ausbleiben der Kapitalaufbringung in Folge eines Leerlaufs der Absicherung nach § 24 GmbHG bei anderweitigen Übertragungskonstellationen von verschiedenen Gegebenheiten ab. Insbesondere sind die finanziellen Verhältnisse des Erwerbers und der Mitgesellschafter entscheidend. Je nach Gesellschaftskonstitution müssen zudem verschiedene, andere Umstände eintreten, woraus schlussendlich das Ausbleiben der Kapitalaufbringung entsteht. Nicht das Eintreten oder Ausbleiben eines jeden Umstandes, welcher im Ergebnis zum Leerlauf des § 24 GmbHG führt, kann jedoch den Rückgriff auf den Rechtsvorgänger zulassen. Somit darf nicht allein das Ergebnis entscheidend für die Deklaration einer Übertragung als rechtsmissbräuchlich sein. Dies darf erst dann erfolgen, wenn der Leerlauf der Kapitalaufbringung bereits zum Zeitpunkt der Abtretung ersichtlich war.[195]

Unter dem Vorhandensein weiterer Gesellschafter als potentielle Haftungsadressaten des § 24 GmbHG muss es deshalb bereits zum Zeitpunkt der Abtretung hinreichend wahrscheinlich sein, dass keiner der anderen Mitgesellschafter als Ausfallhaftungsadressat in Frage kommt und deshalb mit dem „Wegfall“ des ausscheidenden Gesellschafters auch der einzige adäquate Haftungsadressat wegfällt.

Den Rückgriff auf den Rechtsvorgänger in jeglicher Konstellation annehmen zu wollen, welche letztendlich zu einem Leerlauf der Ausfallhaftung führt, wäre mit einer Rechtsunsicherheit für den austretenden Gesellschafter verbunden, welche auch unter Gläubigerschutzgesichtspunkten nicht zu rechtfertigen wäre. Hinzukommend würde dies über die Vermeidung einer „Fahnenflucht“

195 *Lieder*, ZGR 2016, 760, 776.

hinausgehen und zu einer generellen Rechtsvorgängerhaftung führen. Schließlich dürfe die eventuell eintretende Zahlungsunfähigkeit von Mitgesellschaftern oder verdeckte Insolvenz des übernehmenden Gesellschafters nicht dazu führen, dass die Abtretung nachträglich als rechtsmissbräuchlich verstanden wird. Zudem ist es auch unter dem Aspekt der durchweg fehlenden Solvenzprüfung der Gesellschafter fragwürdig, die finanziellen Gegebenheiten anderer Gesellschafter als Kriterium für die Rechtsvorgängerhaftung anzusehen.[196] Weder bei der Gründung einer Gesellschaft noch in weiteren Verlauf haben die Gesellschafter ihre Fähigkeit zur Erbringung der versprochenen Einlage nachzuweisen.

In Folge dessen kann die fehlende Zahlungsfähigkeit des übernehmenden Gesellschafters lediglich dann als Argument für eine Haftung angeführt werden, wenn dieser bewusst als „*Platzhalter*" zum Zwecke der „Fahnenflucht" gewählt wurde. Zudem resultiert aus der Ausfallhaftung keine Garantie zur Aufbringung des Stammkapitals. Vielmehr ist darin ein Absicherungsmechanismus zu sehen, welcher jedoch keinen Anspruch auf einen bestimmten Haftungsschuldner begründet.[197] Dies implementiert auch dessen Solvenz.

Folglich bedarf es für den Fall der Abtretung an einen zahlungsunfähigen Erwerber unter Vorhandensein weiterer Gesellschafter der genauen Betrachtung der Gegebenheiten. Ist bei Abtretung ersichtlich, dass der übernehmende Gesellschafter kein adäquater Haftungsschuldner ist, und auch anderweitig eine Übernahme nach § 24 GmbHG nicht zu erwarten, kann auch diese Konstellation als Grundlage für den Vorwurf der Missbräuchlichkeit dienen.

Zu fragen ist dabei jeweils, ob die Abtretung der Geschäftsanteile zwangsläufig zum Leerlauf der Ausfallhaftung führen musste und deshalb die Absicherung der Kapitalaufbringung bewusst „ausgehebelt" wird; ergo, ob der austretende Gesellschafter offenkundig letzter Ausfallschuldner war.

2. *Ungleichbehandlung*

Diese Kriterien werfen auf den ersten Blick eine gewisse Ungleichbehandlung auf. Während in einer Zweipersonengesellschaft die Abtretung eines Geschäftsanteils an beispielsweise eine zahlungsunfähige Gesellschaft mangels weiterem haftenden Gesellschafter zwangsläufig ins Leere läuft und deshalb eine rechtsmissbräuchliche Übertragung in Betracht gezogen werden kann, ist diese Wahl des Erwerbers in einer Gesellschaft mit weiteren Gesellschaftern als reguläre

196 *Bayer/Scholz*, NZG 2015, 1089, 1096.

197 *Bayer/Scholz*, NZG 2015, 1089, 1096.

Möglichkeit der Anteilsabtretung anzusehen. Eine Flucht vor der Haftung nach § 24 GmbHG kann jedoch in beiden Konstellationen vorliegen.

Der Unterschied liegt allein in der Rückgriffsmöglichkeit auf weitere Ausfallhaftungsschuldner. Dass sich hieraus letztlich ein „Windhundrennen“ entwickeln könnte, ist unter Beachtung des Telos der Norm jedoch zu vernachlässigen, da einzig die Sicherstellung der Kapitalaufbringung von Bedeutung ist. Auf eine „gerechte“ Verteilung der Ausfallhaftungssumme unter den Mitgesellschaftern kommt es dabei gerade nicht an. Dies ergibt sich aus § 24 Satz 2 GmbHG. Hinzukommend stehen dem in Anspruch genommenen Mitgesellschafter Regressansprüche zur Verfügung.

3. *Zwischenergebnis*

Eine missbräuchliche Übertragung kann sowohl bei einer Abtretung an den später kaduzierten Gesellschafter als auch bei einer Übertragung an einen anderen zahlungsunfähigen Erwerber vorliegen. Entscheidend ist, ob zum Zeitpunkt der Abtretung der Geschäftsanteile zu erkennen war, dass es sich bei dem austretenden Gesellschafter um den letzten adäquaten Haftungsschuldner der Ausfallhaftung handelte und durch seinen Austritt keine Absicherung der Kapitalaufbringung mehr gelingen kann.

V. Ergebnis

Auf Basis der vorangegangenen Überlegungen stellt sich die Struktur von möglichen Missbrauchskonstellationen wie folgt dar:

Mindestens ein (Mit)Gesellschafter hat ausstehende Einlagen auf Geschäftsanteile, während ein anderer, solventer Gesellschafter vor der Fälligstellung der Resteinlageforderung, seine Geschäftsanteile auf einen zahlungsunfähigen Mitgesellschafter oder Dritten übertragen hat. Resultierend daraus sowie aus den finanziellen Gegebenheiten eventuell vorhandener weiterer Gesellschafter ist bei Geltendmachung der ausstehenden Einlage keine Erlangung der ausstehenden Summe über den Mechanismus des § 24 GmbHG (mehr) möglich. Die Kapitalaufbringung kann insgesamt nicht erfolgen.

Weiterhin ist für den Vorwurf einer missbräuchlichen Übertragung entscheidend, dass die Begründung und auch die Geltendmachung der Ausfallhaftung in einer zeitlichen Verknüpfung zu der Anteilsübertragung stehen, wodurch der Rückschluss auf eine Flucht vor der Haftungsverantwortung des ausscheidenden Gesellschafters naheliegt. Letzteres lässt sich insbesondere durch Ausbleiben der Fälligstellung ausstehender Einlageforderungen trotz Kapitalbedarfs der Gesellschaft annehmen.

§ 9 Sanktionierung einer missbräuchlichen Anteilsübertragung

Liegt eine missbräuchliche Anteilsübertragung vor, stellt sich die Frage nach deren Sanktionierung.[198] Die Haftung eines bereits ausgeschiedenen Gesellschafters könnte sowohl durch eine analoge Anwendung der Norm, als auch durch die Nichtigkeit der Anteilsübertragung erfolgen.

A. Analoge Anwendung des § 24 GmbHG

Unter Heranziehung einer Analogie des § 24 GmbHG könnte der vor Haftungsbegründung, unter missbräuchlichen Umständen ausgeschiedene Gesellschafter dennoch zur Aufbringung des ausstehenden Stammkapitals verpflichtet werden.

I. Planwidrige Regelungslücke

Die Planwidrigkeit der Regelungslücke ergibt sich bereits aus den missbräuchlichen Umständen der Abtretung. Während andernorts die Planwidrigkeit verneint werden musste, kann hier gerade nicht mit der nicht gewollten Erweiterung des Adressatenkreises argumentiert werden. Schließlich befindet sich der ausgeschiedene Gesellschafter nur deshalb in der privilegierten Situation kein Haftungsschuldner nach § 24 GmbHG zu sein, weil er die ihm grundsätzlich zustehende Möglichkeit der Anteilsübertragung in missbräuchlicher Weise ausgenutzt hat. Die Heranziehung zur Haftung eines ausgeschiedenen Gesellschafters dient in diesem Fall dazu die eigentliche Haftungssituation – bei rechtmäßigem Verhalten – wiederherzustellen. Dass die kollektive Haftung durch eine missbräuchliche Anteilsübertragung ausgehebelt werden kann, stellt eine unerwünschte und damit planwidrige Lücke dar.

II. Vergleichbare Sach- und Interessenlage

Wie richtig angeführt wird, kann eine Haftung des Rechtsvorgängers im Wege einer Analogie nur gelingen, wenn zum Zeitpunkt der Abtretung eine wertungsmäßig vergleichbare Situation zu der Anteilsabtretung *nach* Fälligstellung der Resteinlage gegeben ist.[199]

Von Bedeutung ist dabei die sich mit der Fälligstellung der Einlage ergebende Konkretisierung der Ausfallhaftung. Die Zahlungsbereitschaft des

---

198 *Lieder*, ZGR 2016, 760, 773.
199 *Bayer/Scholz*, NZG 2015, 1089, 1096; *Lieder*, ZGR 2016, 760, 775 f.

Einlageschuldners, sowie die Erfolgsaussichten bei einem Rückgriff auf vorhandene Rechtsvorgänger des betroffenen Geschäftsanteils ergeben sich grundsätzlich erst mit der Einforderung der ausstehenden Einlagen. Im Nachgang dessen zeichnet sich zunächst die Einleitung des Kaduzierungsverfahrens und sodann auch die Wahrscheinlichkeit einer Inanspruchnahme nach § 24 GmbHG ab.

Einem derartigen „Überblick" zur Wahrscheinlichkeit des Ausfallhaftungseintritts bedarf es ebenso auch zum Zeitpunkt der Abtretung vor der Einlageeinforderung, um die Annahme einer vergleichbaren Sach- und Interessenlage bejahen zu können. Erst wenn der potentielle Haftungsadressat der Ausfallhaftung einen derartigen „Überblick" über die Gesamtsituation gewinnen kann, kann die Abtretung der Geschäftsanteile als „Fahnenflucht" gewertet werden, welche es durch die analoge Anwendung zu verhindern gilt.

Hierfür muss dem potentiellen Haftungsadressaten der Ausfallhaftung zuvorderst die Zahlungsunfähigkeit des Einlageschuldners, sowie die Krisensituation der Gesellschaft[200] bekannt sein. Benötigt die Gesellschaft Kapital, liegt die Einforderung der vollen Einlage auf den jeweiligen Geschäftsanteil nahe, hinzukommend kann hierdurch eine Abschätzung zu den Erfolgsaussichten der Anteilsveräußerung im Sinne des § 23 GmbHG erfolgen.

Weiterhin muss der austrittswillige Gesellschafter die Solvenz vorhandener Mitgesellschafter für derart gering halten, dass er sich vor der Aufgabe einer alleinigen Aufbringung des ausstehenden Kapitals sieht.[201] Die Heranziehung zur Haftung nach § 24 GmbHG muss folglich bereits vor der Fälligstellung der ausstehenden Resteinlage überwiegend wahrscheinlich sein.[202] In Anbetracht der Tatsache, dass die Beschlussfassung zur Fälligstellung gerade zu Zwecken der Haftungsvermeidung hinausgeschoben wird, ist davon auszugehen, dass ein derartiger Überblick gewonnen werden kann.

B. Zwischenergebnis

Eine Haftung des unter missbräuchlichen Umständen ausgeschiedenen Gesellschafters kann unter Zuhilfenahme einer Analogie erfolgen, sobald sich die Inanspruchnahme nach § 24 GmbHG bereits vor der Einforderung der Resteinlage derart abgezeichnet hat, dass aufgrund wertungsmäßiger Vergleichbarkeit von einer „Fahnenflucht" ausgegangen werden kann.

---

200 *Bayer/Scholz*, GmbHR 2016, 89, 91.

201 *Bayer/Scholz*, NZG 2015, 1089, 1096; *Bayer/Scholz*, GmbHR 2016, 89, 91; *Lieder*, ZGR 2016, 760, 776.

202 *Lieder*, ZGR 2016, 760, 776.

C. Nichtigkeit der Anteilsübertragung

Als Sanktionierung für eine missbräuchliche Übertragung der Geschäftsanteile könnte ebenfalls eine Nichtigkeit der Anteilsübertragung angedacht werden.[203] Durch die ex tunc Wirkung der Nichtigkeit wäre der austrittswillige Gesellschafter seiner Gesellschafterposition zu keinem Zeitpunkt verlustig geworden und somit ohnehin Haftungsadressat nach § 24 Satz 1 GmbHG.

I. Nichtigkeit nach § 134 BGB

Das Verfügungsgeschäft der Abtretung durch Anwendung des § 134 BGB für nichtig zu erklären, scheitert bereits an der fehlenden Verbotsnorm zur Geschäftsanteilsübertragung.

Da § 134 BGB lediglich als Auslegungsvorschrift bezüglich der Rechtsfolge für Verbotsnormen dient, welche selbst keine eigene Rechtsfolgenanordnung treffen,[204] könnte § 134 BGB nur in Zusammenschau mit einer Verbotsnorm die Nichtigkeit der Anteilsübertragung zur Folge haben. Unter einer Verbotsnorm wird ein Gesetz verstanden, welches ein Rechtsgeschäft aufgrund seines Inhaltes, des bezweckten Erfolges oder anderer besonderer Umstände bei dessen Vornahme verbietet.[205]

Eine solche Verbotsnorm ist nicht ersichtlich. Grundsätzlich unterliegen die Geschäftsanteile der freien Verfügbarkeit und sind einzig durch in der Satzung festgelegte Abtretungsbeschränkungen in ihrer Fungibilität beschränkt. § 24 GmbHG selbst kann nicht als Verbotsgesetz herangezogen werden, da es sich lediglich um eine Haftungsnorm,[206] ohne jede Beschränkung für die Fungibilität der Geschäftsanteile handelt. Mangels Verbotsnorm scheidet auch eine Gesetzesumgehung aus.[207]

II. Nichtigkeit nach § 138 Abs. 1 BGB

Um die Haftung des übertragenden Gesellschafters durch die Nichtigkeit des Verfügungsgeschäfts der Abtretung gem. § 138 Abs. 1 BGB zu erzielen, müsste es

---

203 *Lieder*, ZGR 2016, 760, 773.

204 *Armbrüster*, in: MüKo-BGB, § 134 Rn. 1 f.; *Ahrens* in: Prütting/Wegen/Weinreich, BGB, § 134 Rn. 1.

205 Urteil OLG Hamburg v. 11.12.1992 – 11 U 154/92, NJW 93, 1335; *Ellenberger* in: Palandt, BGB, § 134 Rn. 2.

206 *Lieder*, ZGR 2016, 760, 773.

207 *Lieder*, ZGR 2016, 760, 773.

sich bei der Abtretung der Geschäftsanteile um ein sittenwidriges Rechtsgeschäft handeln. Anders als bei dem Missbrauchseinwand nach § 242 BGB kommt es für die Sittenwidrigkeit nur nachrangig auf die Handlung oder das Verhalten des Gesellschafters an, sondern vielmehr auf die Unsittlichkeit des Rechtsgeschäfts und dessen Rechtsfolgen an sich. Dieses muss gegen das „*Rechts- und Anstandsgefühl eines billig und gerecht denkenden Menschen*“[208] verstoßen. Anknüpfungspunkt ist dabei die Einhaltung eines „*Minimums von sittlicher Handlungsweise im Rechtsverkehr*“, dessen Definition wiederum von den Grundwerten der geltenden Rechtsordnung bestimmt werden.[209]

Zwar ist das Verfügungsgeschäft grundsätzlich als sittlich wertneutral anzusehen,[210] jedoch kann auch dieses nach § 138 Abs. 1 BGB nichtig sein, sobald gerade die Güterbewegung eine Unsittlichkeit begründet.[211] Entscheidend dafür ist nach *Flume*, „*ob die rechtsgeschäftliche Regelung, daß die Zuwendung dem Zuwendungsempfänger an Stelle des Zuwendenden zusteht, d.h. ob die mit dem abstrakten Rechtsgeschäft verfolgte Rechtsänderung als gegen die guten Sitten verstoßend von der Rechtsordnung nicht hingenommen werden darf.*“[212]

Die verfolgte Rechtsänderung, vorliegend der Wechsel der Gesellschafter, welcher durch die Abtretung der Geschäftsanteile vollzogen werden soll, ist – unter missbräuchlicher Vorgehensweise – unredlich und verstößt damit gegen die guten Sitten im Sinne des § 138 Abs. 1 BGB. Schließlich erfolgt im Rahmen einer missbräuchlichen Anteilsabtretung eine Flucht vor der Haftung nach § 24 GmbHG, welche im Ergebnis zur Benachteiligung, jedenfalls aber zur Gefährdung der Gläubigerinteressen führt. Ein solches Verhalten kann nicht als sittenkonform angesehen werden.

Entscheidend dafür ist nicht der Übertragungsakt an sich, welcher tatsächlich als wertneutral zu beurteilen ist, sondern vielmehr die Zusammenschau der Umstände unter der die Rechtsänderung geschieht, sowie die damit verbundenen Zwecke und Motive. Gerade die Entziehung aus der Gesellschafterposition unter Zuhilfenahme eines zahlungsunfähigen und damit von vorneherein ungeeigneten Ausfallschuldners, unter drohender Inanspruchnahme sowie allein mit

---

208 St. Rspr. s. RG Urteil v. 15.10.1912 – Rep. VII. 231/12, RGZ 80, 219; heute: BGH Urteil v. 06.02.2009 – V ZR 130/08, NJW 2009, 1346, 1347.

209 *Mansel*, in: Jauernig, BGB, § 138 Rn. 6.

210 *Bork*, Allgemeiner Teil des Bürgerlichen Gesetzbuches, 3. Auflage, § 27 Rn. 1200.

211 *Flume*, Allgemeiner Teil des Bürgerlichen Rechts, §18 8., S. 385; *Bork*, Allgemeiner Teil des Bürgerlichen Gesetzbuches, 3. Auflage, § 27 Rn. 1200.

212 *Flume*, Allgemeiner Teil des Bürgerlichen Rechts, §18 8., S. 384.

dem Ziel, sich von dieser freizumachen, läuft dem zugrundeliegenden Kapitalabsicherungsprinzip der GmbH entgegen.

Problematisch in diesem Zusammenhang ist jedoch die subjektive Komponente. Im Hinblick auf die subjektiven Voraussetzungen für die Annahme einer Sittenwidrigkeit besteht Uneinigkeit. Sowohl in der Literatur, als auch in der Rechtsprechung werden unterschiedliche Auffassungen vertreten. Während der BGH grundsätzlich eine Kenntnis oder zumindest ein bewusstes Verschließen oder Entziehen aller Beteiligten von den sittenwidrigen Tatumständen fordert,[213] wird dies in der Literatur dann nicht vorausgesetzt, wenn das Rechtsgeschäft bereits nach seinem objektiven Inhalt gegen sittenrechtliche Grundsätze verstößt.[214] Ungeachtet der zahlreichen Nuancen des Meinungsbildes muss für das hier diskutierte Verfügungsgeschäft der Abtretung festgestellt werden, dass die Wertwidrigkeit sich gerade nicht allein anhand der objektiven Betrachtung des Rechtsgeschäftes, sondern sich erst aus der Zielsetzung, nämlich der verwerflichen Entziehung aus der Haftungsposition, ergibt.

Dem folgend ist die Kenntnis des übertragenden Gesellschafters allein – welche bei Vorliegen der Indizien gegeben sein dürfte – nicht ausreichend. Ob eine solche Gesinnung bei dem Erwerber ebenfalls anzutreffen ist, ist fraglich und kann lediglich im konkreten Einzelfall beurteilt werden.

III. Legitimationswirkung der Gesellschafterliste

In Folge einer Nichtigkeit des Verfügungsgeschäfts, schließt sich das Problem der bereits erneuerten Gesellschafterliste und deren Legitimationswirkung an. Nach § 16 Abs. 1 Satz 1 GmbHG gilt gegenüber der Gesellschaft derjenige als Gesellschafter, der im Handelsregister als solcher eingetragen ist. Selbst wenn die Übertragung von Geschäftsanteilen im Rahmen des § 138 Abs. 1 BGB für nichtig erklärt würde und der Veräußernde materiell rechtlich zu keiner Zeit die Inhaberschaft der Geschäftsanteile verloren hätte, ist der (neu) Eingetragene durch die Legitimationswirkung des § 16 Abs. 1 Satz 1 GmbHG gegenüber der Gesellschaft grundsätzlich als (neuer) „Gesellschafter" und somit auch als Haftungsadressat der Ausfallhaftung anzusehen.[215]

---

213 BGH Urteil v. 19.01.2001 – V ZR 437/99, BGHZ 146, 298, 301 = NJW 2001, 1127; BGH Urteil v. 2.07.2004 – V ZR 213/03, BGHZ 160, 8 = NJW 2004, 2671; BGH Urteil v. 9.10.2009 – V ZR 178/08 = NJW 2010, 363.

214 *Medicus/Petersen*, Allgemeiner Teil des BGB, § 46 Rn. 690; *Flume,* Allgemeiner Teil des Bürgerlichen Rechts, § 18, S. 373; *Armbrüster*, in: MüKo-BGB, § 138 Rn. 129 f.

215 *Löbbe*, in: Ulmer/Habersack/Löbbe, GmbHG, § 16, Rn. 15; *Heidinger*, in: MüKo-GmbHG, 2. Auflage, § 16, Rn. 2.

Um den bereits von der Gesellschafterliste entfernten Veräußerer als Haftungsadressat in Anspruch nehmen zu können, müsste sich die Nichtigkeit des Rechtsgeschäftes und die daraus folgenden Konsequenzen für den Geschäftsanteil auch auf die Legitimationswirkung der Gesellschafterliste auswirken.[216]

Der BGH setzt in Bezug auf die Legitimationswirkung eine streng formalistische Betrachtung an und lehnte ein Durchschlagen der materiellen Rechtslage auf die Legitimationswirkung strikt ab. Der zu Unrecht in die Gesellschafterliste eingetragene „Gesellschafter" sei aufgrund der Legitimationswirkung wie der tatsächliche Gesellschafter zu behandeln, auf die materielle Rechtslage komme es dabei nicht an.[217] Entscheidend für eine Haftung auf rückständige Einlagen sei insbesondere die Ausübung und Wahrnehmung der mit der Mitgliedschaft einhergehenden Rechte. Nehme der Scheingesellschafter die Ausübung der Stimmrechte wahr und erfahre eine Beteiligung an den Gewinnen, so seien auch die damit einhergehenden Pflichten von ihm zu übernehmen.[218]

In der Literatur wird die durchschlagende Wirkung materieller Unwirksamkeit auf die Fiktion[219] der Gesellschafterliste unterschiedlich bewertet. Während einige Autoren unter keinen Umständen, nicht einmal bei Nichtigkeit der Anteilsübertragung aufgrund des Einwands eines Verstoßes gegen das Gesetz, ein Durchschlagen auf die Legitimationswirkung annehmen,[220] wollen andere zumindest bei gravierenden Mängeln eine Ausnahme zulassen.[221]

Die strikte Ablehnung der durschlagenden Wirkung von materiell rechtlichen „Fehlern" basiert auf einer strengen Trennung des formellen Aktes der Anmeldung beim Registergericht von der eigentlichen Wirksamkeit der Rechtsänderung.

Einzig durch diese Entkoppelung könne die Legitimationswirkung den mit ihr verfolgten Zweck erfüllen, weshalb Mängel der Rechtsänderung für die

---

216 Vgl. *Lieder*, ZGR 2016, 760, 774.

217 BGH Urteil v. 15.04.1991 – II ZR 209/90, GmbHR 1991, 311 (noch zu § 16 GmbHG a.F.).

218 BGH Urteil v. 10.05.1982 – II ZR 89/81, NJW 1982, 2822.

219 Hier handelt es sich um eine *Fiktion* und nicht um eine *unwiderlegliche Vermutung*, weil die materielle Rechtslage gerade nicht zutreffend wiedergegeben wird.

220 *Bayer*, in: Liber amicorum Winter, S. 9, 33; *Heidinger*, in: MüKo-GmbHG, 3. Auflage, § 16 Rn. 46 f; die Nichtigkeitsgründe können aber bei der Zurechnung der Position auf der Gesellschafterliste für die fehlende Legitimationswirkung sorgen.

221 *Ebbing*, in: Michalski/Heidinger/Leible/J.Schmidt, GmbHG, 3. Auflage, § 16 Rn. 86; *Löbbe*, in: Ulmer/Habersack/Löbbe, GmbHG, § 16 Rn. 81, 82; s. dazu auch: *Heidinger* in: MüKo-GmbHG, 3. Auflage, § 16 Rn. 51 ff.

Legitimationswirkung der Gesellschafterliste keinerlei Bewandtnis haben sollen.[222] Ein Durchschlagen von Mängeln, welche die Wirksamkeit der Rechtsänderung beeinflussen, hält *Bayer* deshalb für verkürzt und missverständlich. Es werde dabei die Zurechnung der Mitteilung mit der Ebene der Wirksamkeit der Rechtänderung in unzulässiger Weise vermengt.[223] Allein wenn sich der Mangel der Rechtsänderung auch im Rahmen der Zurechnung der Mitteilung bemerkbar mache, könne sich dies auf die Legitimationswirkung der Gesellschafterliste auswirken.[224] Nach Darlegung von *Bayer* ist bei einer solch streng formalistischen Handhabe keine Schlechterstellung des zu Unrecht von der Gesellschafterliste gestrichenen Gesellschafters anzunehmen, da es in den meisten Fällen zu einem Gleichlauf, also einer „Fehleridentität" bezüglich der Rechtsänderung als auch der Zurechnung der Mitteilung an das Registergericht komme.[225]

Ausgehend von einer aktienrechtlichen Fallgestaltung ist dies nachvollziehbar, da das Tätigwerden des Vorstandes für eine Änderung des Aktienregisters der Mitteilung des Aktionärs bedarf (§ 67 Abs. 3 AktG),[226] welche bei Geschäftsunfähigkeit oder Zwang ebenso wenig rechtliche Wirkung entfaltet,[227] wie die Erklärung im Rahmen des Übertragungsaktes.

Bei der GmbH hingegen wird die erneuerte Gesellschafterliste von Amtswegen durch den tätigen Notar an das Registergericht weitergeleitet,[228] wodurch es im Nachgang der Anteilsübertragung[229] an einer zur Tätigkeit veranlassenden Mitteilung des ausscheidenden Gesellschafters – welche auf Zurechnungsfehler hin zu untersuchen wäre – fehlt.

---

222 *Bayer*, in: Liber amicorum Winter, S. 9, 20 f.

223 *Bayer*, in: Liber amicorum Winter, S. 9, 33.

224 *Bayer*, in: Liber amicorum Winter, S. 9, 33 f., 35.

225 *Bayer*, in: Liber amicorum Winter, S. 9, 33 f., 33 f.

226 *Lutter/Drygala*, in: KK-AktG, § 67, Rn. 90; *Bezzenberger*, in: Schmidt/Lutter, AktG, § 67 Rn. 34; *Bayer*, in: MüKo-AktG, 3. Auflage, § 67 Rn. 72; zumindest Zustimmung zur Löschung, damit Neueintragung erfolgen kann.

227 *Bezzenberger*, in: Schmidt/Lutter, AktG, § 67, Rn. 35.

228 *Seibt*, in: Scholz, GmbHG, 11. Auflage, § 40, Rn. 28; *Walter G. Paefgen*, in: Ulmer/Habersack/Löbbe, GmbHG, § 40, Rn. 107.

229 Bei Änderungen der Gesellschafterliste, welche keiner notariellen Mitwirkung bedürfen, fällt die Anmeldung in den Zuständigkeitsbereich des Geschäftsführers, wobei ggf. eine Mitteilung des Altgesellschafters in Betracht kommt, vgl. hierzu: *Bayer*, in: Liber amicorum Winter, S. 9, 33 f., 32; anders: *Uwe H. Schneider*, in: Scholz, GmbHG, 10. Auflage, § 40, Rn. 18 wonach sichere Kenntnis des Geschäftsführers ausreicht, unabhängig wodurch er diese erlangt hat.

Zurückgegriffen werden könnte hier einzig auf die Veranlassung des Notars zu der zugrundeliegenden Rechtsänderung und dem darin implizierten Willen der Parteien auch die Änderung der Gesellschafterliste vornehmen zu wollen. Schließlich kann auch bei der Übertragung von GmbH-Geschäftsanteilen eine Handelsregisteränderung lediglich dann erfolgen, wenn dafür eine Grundlage – durch das Zutun von den beteiligten Parteien –besteht. Andernfalls könnte die Gesellschafterliste ohne jegliches Zutun eines Gesellschafters zu dessen Lasten verändert werden, dessen mitgliedschaftsrechtliche Konsequenzen er hinzunehmen hätte.[230] Zu denken ist insbesondere an ein Versehen des Notars oder das Handeln durch einen falsus procurator.

Im Rahmen der rechtsmissbräuchlichen Anteilsübertragung liegt eine Veranlassung des Notars zur Einreichung der neuen Gesellschafterliste allerdings explizit vor. Das primäre Anliegen des ausscheidungswilligen Gesellschafters besteht gerade darin seine Gesellschafterstellung aufzugeben. Folglich bleibt nach dieser Sichtweise die Legitimationswirkung der Gesellschafterliste ungeachtet der materiellen Unwirksamkeit des Rechtsgeschäftes erhalten, wodurch der neu eingetragene Gesellschafter als Haftungsadressat des § 24 GmbHG anzusehen ist.

Folgt man dieser streng formalistischen Auffassung, ist die Beurteilung der Gesellschafterstellung unabhängig von der tatsächlich vorherrschenden materiellen Rechtslage vorzunehmen, wodurch es gegenüber der Gesellschaft zu einer Abspaltung der Mitgliedschaftsrechte von der tatsächlich bestehenden Inhaberschaft kommt. Die mit der Wirklichkeit nicht übereinstimmende Inanspruchnahme des zu Unrecht eingetragenen Gesellschafters erscheint in dem hier problematisierten Kontext, der missbräuchlichen Übertragung, fragwürdig. Schließlich ist dem Zweck der Legitimationswirkung nach § 16 Abs. 1 Satz 1 GmbHG, welcher insbesondere den Schutz der Gesellschaft vor unklaren Verhältnissen zum Ziel hat,[231] vorliegend bereits hinreichend Rechnung getragen. Spätestens bei Geltendmachung eines Ausfallhaftungsanspruchs gegen den bereits ausgeschiedenen Gesellschafter besteht von Seiten der Gesellschaft Kenntnis darüber, dass die materielle Rechtslage nicht mit der eingetragenen Gesellschafterliste übereinstimmt.[232] Ist festgestellt, dass der fälschlicherweise eingetragene Gesellschafter materiell rechtlich kein Gesellschafter ist, ist auch

---

230 *Altmeppen*, in: Roth/Altmeppen, GmbHG, § 16 Rn. 11, 17.

231 *Ebbing*, in: Michalski/Heidinger/Leible/J.Schmidt, GmbHG, 3. Auflage, § 16 Rn. 6; *Fastrich*, in: Baumbach/Hueck, GmbHG, § 16 Rn. 1.

232 Vgl. hierzu *Altmeppen*, ZIP 2009, 345, 352.

der Legitimationstatbestand aufgelöst.[233] Schließlich besteht in diesem Moment Rechtssicherheit und einer Fortführung des Rechtsscheins bedarf es gerade nicht mehr. Andernfalls würde durch die Vorschrift des § 16 Abs. 1 Satz 1 GmbHG eine „Ordnung" festgesetzt, welche in allseitigem Bewusstsein falsch ist.

Hinzukommend kann auch der Argumentation der eingangs dargestellten Rechtsprechung des BGH entgegengehalten werden, dass eine Wahrnehmung der Mitgliedschaftsrechte durch den zu Unrecht eingetragenen „Gesellschafter" nur beschränkte Auswirkungen entfalten wird. Charakteristisch für die Annahme einer missbräuchlichen Übertragung ist ein enger zeitlicher Zusammenhang zwischen Anteilsübertragung und Geltendmachung der Ausfallhaftung, wodurch die Ausübung der Gesellschafterrechte lediglich begrenzt möglich ist. Eine Partizipation von möglichen Gewinnen ist bei der im Zweifel vorherrschenden heiklen finanziellen Lage der Gesellschaft nicht zu erwarten. Die Stellung als „Gesellschafter" dient in erster Linie der eines „Platzhalters".

IV. Zwischenergebnis

Die Nichtigkeit der Anteilsübertragung aufgrund missbräuchlicher Vorgehensweise muss sich folglich auch auf die Legitimationswirkung der Gesellschafterliste auswirken. Somit hat die Geltendmachung der Ausfallhaftung – bei eindeutiger Rechtslage gegenüber der Gesellschaft – nicht gegenüber dem zu Unrecht eingetragenen zu erfolgen, sondern vielmehr gegenüber dem eigentlichen Gesellschafter.[234] Allein durch dieses Vorgehen kann die „Wirklichkeit" der Rechtslage in interessengerechter Weise abgezeichnet werden.[235]

Die Unrichtigkeit der Gesellschafterliste stellt somit kein Hindernis bei der Inanspruchnahme des auf dem Papier ausgeschiedenen Gesellschafters dar.

D. Zusammenfassung

In Folge der Anwendung des § 138 Abs. 1 BGB kann die Haftung des unter missbräuchlichen Umständen ausgeschiedenen Gesellschafters erfolgen. Während es für die Anwendung des § 134 BGB an einer einschlägigen Verbotsnorm mangelt, ist die für § 138 Abs. 1 BGB erforderliche Sittenwidrigkeit durch die

233 *Altmeppen*, in: Roth/Altmeppen, GmbHG, § 16, Rn. 37 ff; *Altmeppen*, ZIP 2009, 345, 352 f.

234 *Altmeppen*, in: Roth/Altmeppen, GmbHG, § 16, Rn. 37 ff; *Altmeppen*, ZIP 2009, 345, 352 f.

235 *Altmeppen*, ZIP 2009, 345, 350; im Ergebnis auch OLG Hamm Urteil v. 12.12.2005 – 27 U 43/05, NZG 2006, 268 bei wirksamer Anfechtung.

missbräuchliche Übertragung der Geschäftsanteile gerade für das Verfügungsgeschäft anzunehmen. Der handelnde Gesellschafter ist sodann, unter Vorliegen der subjektiven Komponente, zu keinem Zeitpunkt von seiner Gesellschafterstellung frei geworden und damit weiterhin Haftungsadressat nach § 24 Satz 1 GmbHG. Eine bereits veränderte Gesellschafterliste ist für die Haftung nicht von Relevanz.

E. Zusammenfassende Würdigung und Ergebnis

Neben der Haftung der „übrigen Gesellschafter" ist auch die Haftung eines – vor aufschiebend bedingter Entstehung des Anspruchs – ausgeschiedenen ehemaligen Gesellschafters nach § 24 GmbHG möglich, sobald die Anteilsübertragung unter rechtsmissbräuchlichen Umständen erfolgte.

Mit der Einbeziehung des unter missbräuchlichen Umständen ausgeschiedenen Rechtsvorgängers in den Adressatenkreis des § 24 Satz 1 GmbHG wird die eigentlich vorherrschende Ausgangssituation des Gesellschafterkollektivs und damit auch des Haftungskollektivs wiederhergestellt. Auf diese Weise kann eine „Fahnenflucht" der für die Stammkapitalaufbringung kollegial verantwortlichen Gesellschafter vermieden werden und somit eine hinreichende Absicherung gelingen.

Ein unzumutbarer Rückgriff ist darin deshalb nicht zu sehen, weil die Lossagung von den Geschäftsanteilen unter missbräuchlichen Umständen erfolgte.

Während eine Aufgabe der Gesellschafterstellung, ohne nachgelagerte Gefahr einer Haftung möglich sein muss, darf dies jedoch nur unter Einhaltung und Beachtung der gesellschaftsrechtlichen Regelungen geschehen. Eine Haftungsentziehung im letzten Moment, unter offensichtlicher Benachteiligung der Gläubiger kann darunter nicht zu verstehen sein. Schließlich ist der betroffene Gesellschafter für die Geschehnisse unmittelbar mitverantwortlich und entzieht sich schlicht seiner Verantwortung unter Ausnutzung treuwidriger Methoden.

Die Haftung eines unter missbräuchlichen Umständen Ausgeschiedenen ließe sich, wie aufgezeigt, grundsätzlich sowohl durch eine analoge Anwendung des § 24 GmbHG, als auch durch eine Nichtigkeit des Verfügungsgeschäftes im Rahmen der Anteilsübertragung vornehmen. Beide Konstellationen sind von Begründungsaufwand und Beweisproblematiken getragen und bedürfen der Beurteilung im konkreten Einzelfall.

Während es für die Annahme einer vergleichbaren Sach- und Interessenlage im Zuge einer analogen Anwendung der vollumfassenden Übersicht des ausscheidenden Gesellschafters bedarf, ist die Nichtigkeit des Rechtsgeschäftes nach

§ 138 Abs. 1 BGB insbesondere unter den Gegebenheiten der subjektiven Komponenten zu beurteilen.

§ 10 Vermeidung der missbräuchlichen Übertragung durch Fälligstellung von Gesetzeswegen

A. Die Fälligstellung als begründender Faktor des Rechtsmissbrauchs

Die Möglichkeit, sich der kollektiven Haftung überhaupt im Wege der missbräuchlichen Anteilsübertragung entziehen zu können, liegt in der Tatsache begründet, dass es nach der h.M.[236] – bei fehlendem Fälligkeitstermin in der Satzung – allein dem Ermessen der Gesellschafterversammlung obliegen soll, wann die Fälligkeit der ausstehenden Einlage erfolgt. Da die Fälligkeit der ausstehenden Einlage gleichzeitig den Zeitpunkt der Haftungsbegründung der Ausfallhaftung darstellt, ist dem Missbrauchspotential Tür und Tor geöffnet.

Kommt es zu einem Kapitalbedarf der Gesellschaft bei welchem zu befürchten ist, dass die ausstehende Resteinlage weder über den primär verpflichteten Gesellschafter, noch über die Kaduzierungsmechanismen zu erlangen ist und deshalb eine Ausfallhaftung droht, kann der nötige Beschluss zur Fälligstellung hinausgezögert werden, um zuvor die eigenen Anteile übertragen zu können und sich damit der Gesellschafterverantwortung, ergo der drohenden Haftung, entziehen zu können.

Der Haftungsentziehung durch missbräuchliche Übertragung von Geschäftsanteilen könnte ein Riegel vorgeschoben werden, wenn die Fälligkeit der ausstehenden Einlageforderungen und damit die Begründung der Haftung nach § 24 Satz 1 GmbHG nicht allein der Entscheidungsgewalt der Gesellschafterversammlung unterliegen würde.

I. Problemaufriss

Wie bereits angeklungen, wird die Einlageleistung nicht bereits mit Eintragung der Gesellschaft vollumfänglich fällig, sondern bedarf für die ausstehenden Resteinlagen, bei fehlendem Fälligkeitstermin in der Satzung, der Fälligstellung

---

236 BGH, Urteil v. 08.12.1986 – II ZR 55/86, WM 1987, 208, 209; *Fastrich*, in: Baumbach/Hueck, GmbHG, § 19 Rn. 6; *Ebbing*, in: Michalski/Heidinger/Leible/J.Schmidt, GmbHG, 3. Auflage, § 19 Rn. 12 f.; *Schwandtner*, in: MüKo-GmbHG, 3. Auflage, § 19 Rn. 16; *Veil*, in: Scholz, GmbHG, 12. Auflage, § 19 Rn. 13; *Ulmer/Casper*, in: Ulmer/Habersack/Löbbe, GmbHG, § 19 Rn. 13.

durch die Gesellschafter.[237] Letztere werde durch den Einforderungsbeschluss nach § 46 Nr. 2 GmbHG erzielt. Der Zeitpunkt der Einforderung soll als „unternehmerische Entscheidung“ allein dem Ermessen der Gesellschafterversammlung als oberstem Organ unterstellt sein.[238] Eine Kompetenzübertragung an die Geschäftsführung der GmbH könne lediglich durch eine ausdrückliche gesellschaftsvertragliche Ermächtigung geschehen.[239] Ohne das Zutun der Gesellschafterversammlung könne die Einforderung einzig nach Eintritt des Insolvenzverfahrens unter Tätigwerden des Insolvenzverwalters erfolgen.[240]

Zu diesem Zeitpunkt ist eine Abtretung der Geschäftsanteile im Zweifel jedoch bereits vollzogen und eine Geltendmachung der Ausfallhaftung gegenüber dem Rechtsvorgänger begegnet den im vorangegangenen Kapitel erörterten Problemen.

In der Literatur finden sich auch anderweitige Auffassungen. So plädiert *Gummert* bei dringendem Kapitalbedarf für einen zwingenden Fälligkeitseintritt von Gesetzeswegen ohne Zutun der Gesellschafterversammlung.[241]

Anknüpfend an die Rechtsprechung des Reichsgerichts aus dem Jahre 1911[242] sehen *Hüffer/Schürnbrand*[243] sowie *Frey*[244] und *Cavin*[245] die Fälligkeit der Einlageleistungen bereits als eingetreten, sobald die Gesellschaft in das Handelsregister eingetragen ist, ohne dass es dafür eines Beschlusses bedarf. Davon zu unterscheiden sei die *Einforderung* der ausstehenden Einlagen, welche nach § 46 Nr. 2 GmbHG weiterhin der Entscheidungsgewalt der Gesellschafterversammlung unterliege. Der Beschlussfassung wird dabei jedoch keine materiell rechtliche Bedeutung zugemessen, sie stelle lediglich die Befähigung des Geschäftsführers zur Einforderung dar.[246] Zur Begründung wird angeführt, dass die gesamte

---

237 BGH Urteil v. 29.06.1961 – II ZR 39/60, WM 1961, 855; BGH Urteil v. 19.05.2015 – II ZR 291/14, NJW 2015, 2731.

238 *Schwandner*, in: MüKo-GmbHG, 3. Auflage, § 19 Rn. 20; *Ebbing* in: Michalski/Heidinger/Leible/J.Schmidt, GmbHG, 3. Auflage, § 19 Rn. 13 f.; *Fastrich* in: Baumbach/Hueck, GmbHG, § 19 Rn. 6; *Veil*, in: Scholz, GmbHG, 12. Auflage, § 19 Rn. 13.

239 *Römermann*, in: Michalski/Heidinger/Leible/J. Schmidt, GmbHG, 3. Auflage, § 46 Rn. 3 ff., 131; *Hüffer/Schürnbrand*, in: Ulmer/Habersack/Löbbe, GmbHG, § 46 Rn. 2.

240 *Schwandner*, in: MüKo-GmbHG, 3. Auflage, § 19 Rn. 17.

241 *Gummert*, in: MünchHdB GesR III, 3. Auflage, § 50 Rn. 13.

242 RG Urteil v. 23.06.1911 – II 601/10, RGZ 76, 434, 438; RG Urteil v. 12.11.1935 – II 48/35, RGZ 149, 293, 301.

243 *Hüffer/Schürnbrand*, in: Ulmer/Habersack/Löbbe, GmbHG, § 46 Rn. 33.

244 *Frey*, Einlagen in Kapitalgesellschaften, S. 20 f.

245 *Cavin*, Kapitalaufbringung in GmbH und AG, S. 59 ff.

246 *Hüffer/Schürnbrand*, in: Ulmer/Habersack/Löbbe, GmbHG, § 46 Rn. 33; *Frey*, Einlagen in Kapitalgesellschaften, S. 21.

Einlageleistung bereits im Gesellschaftsvertrag versprochen wurde und es lediglich im Ermessen der Gesellschafter liege, in welcher Höhe eine anfängliche Kapitalausstattung, über das Mindeststammkapital hinaus, vorgenommen wird. Bekräftigt wird dies zudem mit dem Verständnis außenstehender Dritter. Der Rechtsverkehr vertraue darauf, dass das festgelegte Stammkapital effektiv aufgebracht werde und dies nicht in Abhängigkeit von Fälligkeitsterminen stehe, welche gänzlich dem Ermessen der Gesellschafterversammlung unterliegen und hinzukommend nicht dem Handelsregister zu entnehmen seien.[247]

Das Tätigwerden der Gesellschafterversammlung nach § 46 Nr. 2 GmbHG könne daher nur eine interne Wirkung in Bezug auf den konkreten Einforderungstermin entfalten, da sich andernfalls die Untätigkeit der Gesellschafterversammlung als Verkürzung der Haftungszusage darstellen würde, welche die Beteiligten zu ihrem Nachteil hinzunehmen hätten.[248]

Unterstützt wird diese Argumentation auch vom Wortlaut des § 46 Nr. 2 GmbHG, welcher lediglich eine Kompetenzzuweisung im Hinblick auf die „*Einforderung* der Einlage" vornimmt und keine Aussage zur Fälligkeit selbst trifft. Hieraus hat auch das Reichsgericht geschlossen, dass die Stammeinlageforderungen grundsätzlich nach § 271 BGB mit ihrer Entstehung, ergo mit ihrer Eintragung, sofort fällig sei und die Gesellschafterversammlung als Organ der Gesellschaft im Rahmen des § 46 Nr. 2 GmbHG lediglich den Einziehungswillen geltend mache.[249] Auf den Entschließungswillen der Gesellschaftsversammlung könne es nur insoweit ankommen, als dass nicht zwingende Gesetzesvorschriften die Befriedigung der Gläubiger erreichen wollen.[250] Eine uferlose Entscheidungsfreiheit der Gesellschafterversammlung besteht danach auch im Hinblick auf den bloßen Einforderungswillen nicht.

Zwar lag dem Urteil des Reichsgerichts ein spezieller Sachverhalt zugrunde, in dem die Einlageforderung an einen Dritten abgetreten wurde und gegen die Geltendmachung dessen der ausstehende Fälligkeitsbeschluss vorgebracht wurde. Jedoch kann die Darstellung auch für die Krise der Gesellschaft allgemein herangezogen werden, in welcher die ausstehende Forderung nur mittelbar der Gläubigerbefriedigung dient. Schließlich wird das im Gesellschaftsvertrag versprochene Stammkapital in seinem ganzen Umfang zugesichert und dient im

247 *Roth*, in: Roth/Altmeppen, GmbHG, § 19 Rn. 9.
248 *Roth*, in: Roth/Altmeppen, GmbHG, § 19 Rn. 9.
249 RG Urteil v. 23.06.1911 – II 601/10, RGZ 76, 434, 437 f.
250 RG Urteil v. 23.06.1911 – II 601/10, RGZ 76, 434, 438 f.

Rahmen der zwingenden Kapitalaufbringungs- und Kapitalerhaltungsvorschriften nicht zuletzt der Vermeidung einer Insolvenz.

II. Stellungnahme

Sowohl der herrschenden Meinung, als auch der Mindermeinung folgend, bedarf es grundsätzlich einem Zutun der Gesellschafterversammlung in Form einer Beschlussfassung, um die ausstehende Einlage von den Gesellschaftern einzufordern. Erstere sieht in der Beschlussfassung zugleich die Fälligstellung, wohingegen letztere darin „nur" die Bestimmung des tatsächlichen Einforderungszeitpunktes, ergo die „Begründung" der Durchsetzbarkeit sieht.[251]

Für die Begründung einer Haftung nach § 24 GmbHG hingegen ist nach Rechtsprechung des BGH die *Fälligstellung* der Einlageleistung von Bedeutung, welche jedoch gleichlaufend mit der *Einforderung* (§ 46 Nr. 2 GmbHG) geschieht.[252] Somit ist – unter Zugrundelegung des Fälligkeitserfordernisses der h.M., als auch der reinen Durchsetzbarkeitsauffassung – in jedem Fall eine Beschlussfassung der Gesellschafterversammlung erforderlich.

Ob die Beschlussfassung nur die Durchsetzbarkeit oder gar die Fälligkeit zur Folge hat, soll und kann an dieser Stelle dahinstehen, da die Haftungsbegründung des § 24 GmbHG in jedem Fall den Einforderungsbeschluss nach § 46 Nr. 2 GmbHG, also ein Tätigwerden der Gesellschafterversammlung, erforderlich macht.

Selbst für den Fall, dass mit der Mindermeinung angenommen werde, dass eine Fälligkeit der Resteinlage bereits bei Eintragung der Gesellschaft in das Handelsregister erfolge, kann die Begründung der Ausfallhaftung erst mit dem Einforderungsbeschluss erfolgen, da andernfalls ein exorbitant früher und nicht zu rechtfertigender Zeitpunkt ausgemacht würde, welcher dazu führe, dass jeder Gesellschafter seit Gründung Haftungsadressat des § 24 GmbHG wäre. Hinzukommend wird das „Einforderungsverfahren" erst im Nachgang des Beschlusses eingeleitet.

Zu fragen ist also, ob im Einklang mit der herrschenden Meinung die Fälligstellung und damit die Haftungsbegründung nach § 24 Satz 1 GmbHG auch ohne eine Beschlussfassung entstehen kann.

Einigkeit besteht bei beiden Ansichten insoweit, dass ein Untätigbleiben der Gesellschafterversammlung bei dringendem Kapitalbedarf nicht grenzenlos erfolgen kann. Während die Mindermeinung – wie bereits angeklungen – bei

---

251 *Hüffer/Schürnbrand*, in: Ulmer/Habersack/Löbbe, GmbHG, § 46 Rn. 36.
252 Vgl. BGH Urteil v. 19.05.2015 – II ZR 291/14, NJW 2015, 2731.

dringendem Kapitalbedarf eine Ermessensreduktion auf Null annimmt und deshalb eine Beschlussfassung für überflüssig hält, will die h.M.[253] die Gesellschafter, resultierend aus ihrer Treuepflicht, zu einer positiven Beschlussfassung anhalten.

Zu untersuchen ist demnach, ob die Ermessensreduktion auf Null nur in dem Konzept der Mindermeinung aufgeht, weil die Fälligkeit danach schon besteht, oder ob sich dies auch auf die Fälligkeit durch Beschlussfassung übertragen lässt.

Unter dem Begriff der *Fälligkeit* wird im Allgemeinen der Leistungszeitpunkt verstanden, von welchem an die Leistung durch den Gläubiger gefordert werden kann.[254] Zugleich beginnt damit der Lauf der Verjährungsfrist. Die daraus resultierende Gefahr des Verjährungseintritts ist zugleich Argument der h.M. gegen eine mit Eintragung entstehende Fälligkeit. Die Gesellschafter hätten es sodann selbst in der Hand, durch Untätigkeit den Verjährungseintritt herbeizuführen, wodurch einer späteren Geltendmachung die Einrede der Verjährung entgegenstehen würde.[255] Davon abzugrenzen ist die Entstehung des Einlageanspruchs, welcher bereits mit Eintragung der Gesellschaft oder der Kapitalerhöhung entsteht.

Grundsätzlich steht die Bestimmung der Leistungszeit und damit des Fälligkeitszeitpunktes zur Disposition der beteiligten Parteien und kann individuell nach den Gegebenheiten des jeweiligen Schuldverhältnisses vereinbart werden. Je nach Art der Leistungsbeziehung kann eine entsprechende Ausgestaltung erfolgen, wodurch der Charakter der Fälligstellung deutlich wird. Erst für den Fall, dass es an einer gesetzlichen oder rechtsgeschäftlichen Bestimmung über die Leistungszeit fehlt, greift die sofortige Fälligkeit nach § 271 Abs. 1 BGB.[256] Ein gesetzlich festgeschriebener Zeitpunkt ergibt sich aus § 46 Nr. 2 GmbHG nicht. Jedoch erfolgt hierdurch eine Kompetenzzuweisung an die Gesellschaftsversammlung, wodurch die Bestimmung des Leistungszeitpunktes der Gesellschaft als Gläubigerin des Einlageanspruchs unterliegt.

Der Kompetenzzuweisung aus § 46 Nr. 2 GmbHG wohnt ein Ermessensspielraum der Gesellschafterversammlung über den Einforderungszeitpunkt inne,[257] welcher es den Gesellschaftern ermöglicht, je nach finanzieller Lage oder generellem Bedarf der Gesellschaft das ausstehende Kapital einzufordern. Aufgezeigt

---

253 Vgl. dazu unter § 10 A. II 2.

254 *Grüneberg*, in: Palandt, BGB, § 271 Rn. 1; *Krüger*, in: MüKo-BGB, § 271 Rn. 2.

255 BGH Urteil v. 08.12.1986 – II ZR 55/86, WM 1987, 208, 209.

256 *Nastelski*, JuS 1962, 289.

257 *Römermann*: in: Michalski/Heidinger/Leible/J.Schmidt, GmbHG, 3. Auflage, § 46 Rn. 110; *K. Schmidt*, in: Scholz, GmbHG, 10. Auflage, § 46 Rn. 53.

wird dies nicht zuletzt durch die im Falle des Insolvenzeintritts übergehende Kompetenzverteilung an den Insolvenzverwalter. Dem Insolvenzverwalter wird ab diesem Zeitpunkt, ohne die Zustimmung der Gesellschafterversammlung einholen zu müssen, die Kompetenz zugesprochen, die ausstehende Einlage einzufordern, da der Kapitalbedarf nunmehr in einer Weise vorhanden ist, welche keine anderweitige Ermessensentscheidung mehr zulässt.[258]

Da es sich bei der Fälligstellung der Einlageleistung durch die Gesellschafterversammlung nach § 46 Nr. 2 GmbHG um eine Ermessensentscheidung handelt, liegt zudem auch ein Blick in die Vorschriften des allgemeinen Schuldrechts nahe. § 315 Abs. 1 BGB bestimmt für den Fall, dass die Bestimmung der Leistungszeit einer Vertragspartei überlassen ist, dass die Fälligstellung nach billigen Ermessen zu erfolgen hat.[259] Unterbleibt eine Bestimmung oder wird diese unbillig verzögert, kann die Fälligstellung durch Urteil gem. § 315 Abs. 3 BGB herbeigeführt werden. Zwar ist die Anwendbarkeit der schuldrechtlichen Vorschriften auf die bereits entstandene Gesellschaft strittig,[260] jedoch ist dies vorliegend nur von geringer Bedeutung, da die noch nicht vollständig geleistete Einlage problemauslösend ist. Die Pflicht zur Einlageleistung entsteht bereits mit der Aufnahme des Nennbetrags des jeweiligen Geschäftsanteils in die Satzung[261] und somit vor der Eintragung der Gesellschaft und damit ihrer eigentlichen Entstehung.

Eine gänzliche Entscheidungsfreiheit der Gesellschafter, welche eine willkürliche Bestimmung der Fälligkeit nach sich zöge, ergibt sich somit aus der Kompetenzzuweisung nicht, weshalb die zugunsten der Gesellschafterversammlung eingeräumte Entscheidungsprärogative über den Fälligkeitszeitpunkt folglich kein Hindernis für eine davon unabhängige, ggf. zwangsläufig eintretende Fälligkeit durch eine Ermessensreduktion auf Null darstellt.

1. Ermessensreduktion auf Null

Der dem einseitigen Leistungsbestimmungsrecht des Gläubigers sowie der von der herrschenden Meinung als gewichtig empfundenen Entscheidungsfreiheit in Finanzierungsfragen innewohnende Ermessensspielraum implementiert

---

258 BGH Urteil v. 15. 10. 2007 – II ZR 216/06, NZG 2008, 73; *Zöllner/Noack*, in: Baumbach/Hueck, GmbHG, § 46 Rn. 27; *Römermann*, in: Michalski/Heidinger/Leible/J. Schmidt, GmbHG, 3. Auflage, § 46 Rn. 109.

259 *Krüger*, in: MüKo-BGB, § 271 Rn. 10; *Nastelski*, JuS 1962, 289.

260 Vgl. dazu die Ausführungen von *Heinze*, in: MüKo-GmbHG, 3. Auflage, § 2 Rn. 5 ff.

261 *Bayer*, in: Lutter/Hommelhoff, GmbHG, 19. Auflage, § 3 Rn. 14.

notwendigerweise eine Abwägung über den Bedarf des noch ausstehenden Kapitals.[262] Bei dringendem Kapitalbedarf der Gesellschaft, nämlich zu Liquidationszwecken, wird der Ermessensspielraum verneint, was eine „automatische" Fälligkeit der Resteinlage zur Folge hat.[263]

Diese Sichtweise muss auch bei der Beurteilung über den Ermessensspielraum der Gesellschafter bei identischem Kapitalengpass in einem der Insolvenz vorgelagertem Stadium bedacht werden und schon hier zu einer Ermessensreduktion auf Null führen.[264] Erst den Insolvenzeintritt als starre Grenze für fehlendes Ermessen ausmachen zu wollen, greift in Anbetracht des damit einhergehenden Missbrauchspotentials zu kurz.

Dagegen wird im Rahmen der Unzulässigkeit einer Einlagestundung vorgebracht, dass eine Einforderung im Stadium der Insolvenz ausreichend sei, da die Belange der Gesellschaftsgläubiger auch bei Untätigkeit der Gesellschafter durch die Handlung des Insolvenzverwalters hinreichend geschützt wären, wodurch der Zugriff auf die versprochene Einlage insgesamt nicht verwehrt werde.[265]

Dieser Argumentation kann vorliegend nicht gefolgt werden. Gerade in Anbetracht der kollektiven Haftung nach § 24 GmbHG und der Diskussion um die Missbrauchsgefahr, als auch in Anbetracht des Zwecks des Insolvenzverfahrens greift diese Ansicht zu kurz. Die Tatsache, dass eine Einforderung der ausstehenden Einlage mit Beginn des Insolvenzverfahrens auch ohne die Zustimmung der Gesellschafterversammlung erfolgen kann, stellt kein tragfähiges Argument für das Aufrechterhalten einer gänzlich autonomen Entscheidungsgewalt der Gesellschafterversammlung in Krisenzeiten dar. Die Kompetenzübertragung an den Insolvenzverwalter dient schließlich zuvorderst der adäquaten und ordentlichen Abwicklung der Gesellschaft – zu einem Zeitpunkt, in dem die Gesellschaft bereits ohnehin insolvent ist – und gerade nicht der Korrektur von überfälligen Entscheidungen.

Verkannt wird zudem, dass die unternehmerische Entscheidungsfreiheit und die damit verbundene Eigenständigkeit der Gesellschafter in Finanzierungsfragen durch eine „automatische" Fälligstellung nur marginal beschnitten würde. Lediglich in Ausnahmefällen, in denen die Kapitalzufuhr einen zwingend notwendigen Schritt darstellt, ergo im Falle der Untätigkeit der Gesellschafter, sollte

---

262 *K. Schmidt*, in: Scholz, GmbHG, 10. Auflage, § 46 Rn. 53.

263 *K. Schmidt*, in: Scholz, GmbHG, 10. Auflage, § 46 Rn. 53.

264 Vgl. hierzu, allerdings im Rahmen der Diskussion zur Stundung der Einlage: *Roth*, in: Roth/Altmeppen, GmbHG, § 19 Rn. 8 f.; *Schwandtner*, in: MüKo-GmbHG, 3. Auflage, § 19 Rn. 20 ff.

265 *Ulmer/Casper*, in: Ulmer/Habersack/Löbbe, GmbHG, § 19 Rn. 66.

eine Fälligstellung ohne Beschluss geschehen. Der Gesellschaft in einer solchen Situation die notwendige Kapitalzufuhr, welche ohnehin bereits gesellschaftsvertraglich zugesichert wurde, zu verweigern, ist keineswegs mit unternehmerischen Strategien zu rechtfertigen.

Gerade bei dringendem Kapitalbedarf der Gesellschaft kann die den Gesellschaftern zugesprochene unternehmerische Entscheidungsfreiheit nicht so weit reichen, als dass die Gesellschafter, statt einen Einforderungsbeschluss zu fassen, die Gesellschaft untätig in die Insolvenz laufen lassen können.

Unabhängig davon, ob die ausstehende Einlage lediglich eingefordert werden muss, oder ob sie fällig gestellt werden muss, ist der jeweilige Ermessensspielraum der den Gesellschaftern bei dieser Entscheidung zukommt bei dringendem Kapitalbedarf auf Null reduziert.

2. *Fälligstellung durch Treuepflicht*

Ein ewiges Hinauszögern der Fälligstellung in Krisensituationen sieht auch die h.M., in Anbetracht der Konsequenzen für die Gesellschaft und Gesellschaftsgläubiger, als nicht zielführend an. Für den Fall des dringenden Kapitalbedarfs sollen die Gesellschafter deshalb – resultierend aus ihrer Treuepflicht – dazu angehalten sein, eine positive Beschlussfassung herbeizuführen.[266] Bei dringendem Finanzierungsbedarf soll die Gesellschafter eine Pflicht zur Kapitalzuführung treffen, welche durch eine Verpflichtung zur positiven Stimmabgabe erzielt werden soll.[267]

Die Fälligstellung der Einlage allein auf Basis der gesellschaftlichen Treuepflicht erzielen zu wollen, kann eine nachteilige Herauszögerung der Fälligstellung jedoch nicht zwingend verhindern, weshalb einer „automatischen" Fälligstellung der Vorzug einzuräumen ist.

a) Treuepflicht der Gesellschafter

Die gesellschaftsrechtliche Treuepflicht ist ein gewohnheitsrechtlich anerkanntes und für die GmbH anzuwendendes Institut, welches den Gesellschafter anhält „*ein redliches und loyales Verhalten, wie es von dem Verpflichteten auf Grund seines – auf Gegenseitigkeit angelegten – Versprechens auf Unternehmenszweckförderung*

---

266 *Veil*, in: Scholz, GmbHG, 12. Auflage, § 19 Rn. 15; *Ebbing*, in: Michalski/Heidinger/Leible/J. Schmidt, GmbHG, 3. Auflage, § 19 Rn. 13; *Fastrich*, in: Baumbach/Hueck, GmbHG, § 19 Rn. 8, *Schwandtner*, in: MüKo-GmbHG, 3. Auflage, § 19 Rn. 21 ff.

267 *Veil*, in: Scholz, GmbHG, 12. Auflage, § 19 Rn. 15; *K. Schmidt*, in: Scholz, GmbHG, 11. Auflage, § 46 Rn. 55.

und seiner Teilhabe an dem zur Verfolgung des statuarischen Zwecks bestehenden Gemeinschaftsverhältnis erwartet werden muss"[268], zu vollziehen. Dabei ist das gesellschaftstreue Verhalten sowohl in vertikaler Schutzrichtung, zugunsten der Interessen der Gesellschaft, als auch in horizontaler Richtung gegenüber den Mitgesellschaftern verpflichtend.[269] Die verschiedenen Ausprägungen der Treuepflicht sowie ihre Anwendung ist stark einzelfallabhängig und kann unter anderem einen Gesellschafter in seinem Abstimmungsverhalten dazu verpflichten, dem Eigeninteresse der Gesellschaft gerecht zu werden.[270]

Grundsätzlich ist jeder Gesellschafter in seinem Abstimmungsverhalten frei. Eine Beschränkung des Abstimmungsverhaltens aus Treuepflichtaspekten ist, insbesondere aufgrund des damit einhergehenden Eingriffs in die Mitgliedschaftsrechte, als Ausnahme mit hohen Voraussetzungen zu qualifizieren.[271] Sie kann nach der Rechtsprechung des BGH nur dann gefordert werden, wenn „*die zu beschließende Maßnahme zur Erhaltung wesentlicher Werte, die die Gesellschafter geschaffen haben, oder zur Vermeidung erheblicher Verluste, die die Gesellschaft bzw. die Gesellschafter erleiden könnten, objektiv unabweisbar erforderlich ist und den Gesellschaftern unter Berücksichtigung ihrer eigenen schutzwürdigen Belange zumutbar ist, also wenn der Gesellschaftszweck und das Interesse der Gesellschaft gerade diese Maßnahme zwingend gebietet und der Gesellschafter seine Zustimmung ohne vertretbaren Grund verweigert*".[272]

Diese hohen Anforderungen sind sowohl für Beschlussfassungen im Rahmen von Veränderungen des Gesellschaftsvertrages als auch bei zustimmungsbedürftigen Maßnahmen der Geschäftsführung anzuwenden.[273] Die „*Grundlage solcher Treuepflichten eines Gesellschafters kann jedoch stets nur die auf dem konkreten Gesellschaftsverhältnis beruhende Erwartungshaltung der übrigen Gesellschafter sein. Der Gesellschaftsvertrag bildet die Grundlage der gesellschaftsrechtlichen Treuepflicht und bestimmt damit auch deren Inhalt und Umfang* [...]".[274]

Angewandt auf die Beschlussfassung zur Fälligstellung der ausstehenden Einlage bei dringendem Kapitalbedarf ist wohl bereits die gesellschaftsvertragliche

---

268 *Seibt*, in: Scholz, GmbHG, 11. Auflage, § 14 Rn. 51; OLG Düsseldorf Urteil v. 14.03.1996 – 6 U 119/94, ZIP 1996, 1083,1087.

269 *Seibt*, in: Scholz, GmbHG, 11. Auflage, § 14 Rn. 52.

270 Vgl. *Seibt*, in: Scholz, GmbHG, 11. Auflage, § 14 Rn. 56, 60.

271 *Lieder*, in: Michalski, Heidinger/Leible/J.Schmidt, GmbHG, 3. Auflage, § 13 Rn. 183.

272 BGH Urteil v. 12.04.2016 – II ZR 275/14, NJW 2016, 2739.

273 Vgl. BGH Urteil v. 12.04.2016 – II ZR 275/14, NJW 2016, 2739; BGH Urteil v. 24. 01.1972 – II ZR 3/69, WM 1972, 489.

274 BGH Urteil v. 25.01.2011 – II ZR 122/09, GmbHR 2011, 529, 532 m.w.N.

Verpflichtung zum Umfang der Einlageleistung ausreichende Grundlage um eine Verpflichtung zur positiven Stimmabgabe, abgeleitet aus der Treuepflicht, annehmen zu können. Gerade die Einforderung der ohnehin versprochenen Einlage fordert kein neues Vermögensopfer von den Gesellschaftern, wie beispielsweise eine umfangreiche Kapitalerhöhung zu Sanierungszwecken. Vielmehr steht nur die tatsächliche Aufbringung des ohnehin versprochenen Kapitals zur Debatte. Der Eingriff in die privatautonome Entscheidung des einzelnen Gesellschafters über sein Abstimmungsverhalten kann deshalb unter Berücksichtigung des verfolgten Ziels als angemessen angesehen werden. Objektiv betrachtet ist im Stadium des dringenden Kapitalbedarfs ein abweichendes Abstimmungsverhalten nicht mit den Interessen der Gesellschaft vereinbar. Dies hat auch zu gelten, wenn grundsätzlich auf alternative Kapitalbeschaffungsmethoden zurückgegriffen werden soll, da in der Einforderung der ausstehenden Einlagen ein kurzweiliges Kapitalbeschaffungsinstrument zu sehen ist.

Trotz bestehender Verpflichtung der Gesellschafter eine positive Beschlussfassung herbeiführen zu müssen, eignet sich die Beschlussfassungsmethode zur Vermeidung einer „Fahnenflucht" vor der Haftung nach § 24 GmbHG nicht. Bereits das Interesse eines einzelnen Gesellschafters, die zeitnahe Beschlussfassung hinauszögern zu wollen, kann ausreichend sein, um hinreichend Zeit für eine Geschäftsanteilsübertragung zu erzielen. Liegt die Fokussierung eines Gesellschafters auf der „rechtzeitigen" Abtretung seiner Geschäftsanteile, um eine Haftung nach § 24 GmbHG zu umgehen, wird dieser Möglichkeiten finden, die zeitnahe Einberufung oder den reibungslosen Ablauf einer Gesellschafterversammlung unter Verfolgung eigener Interessen zu verhindern.

b) Würdigung

Unstreitig ist, dass ein Untätigbleiben der Gesellschafter bei dringendem Kapitalbedarf der Gesellschaft nicht hingenommen werden kann. Eine Lösung über die Treuepflicht der Gesellschafter, welche zur positiven Beschlussfassung verpflichten soll, ist wie aufgezeigt nicht zielführend. Bleibt das Handeln der Gesellschafterversammlung aus, darf dies – unter Berücksichtigung des Missbrauchspotentials – nicht dazu führen, dass die Gesellschaft ohne Fälligstellung der Resteinlage in die Insolvenz laufen kann. Vielmehr muss sich die Einforderungskompetenz nach § 46 Nr. 2 GmbHG bei dringendem Kapitalbedarf zu einer Einforderungspflicht verdichten.

Unter Beachtung des eigentlichen Schutzmechanismus des Stammkapitals, die Gläubiger sowohl vor dem Insolvenzeintritt zu schützen, als auch vor dem aufgezeigten Missbrauchspotential zu schützen, kann die Fälligkeit der

Resteinlage nicht allein von dem Tätigwerden der Gesellschafterversammlung abhängen. Eine diesbezügliche „Kompetenzübernahme" durch den Insolvenzverwalter *nach* Eintritt des Insolvenzverfahrens ist nicht ausreichend. Vielmehr muss die Ermessensausübung tatsächlich auch vorab praktiziert werden und bei einer Ermessensreduktion auf Null eine „automatische" Fälligstellung erfolgen.

Die Argumentation von *Fastrich*, wonach eine von der Entscheidung der Gesellschafterversammlung unabhängig eintretende Fälligkeit die Gesellschafter bereits im Vorfeld dazu anhalten könnte, anderweitige, weitaus weniger gläubigerschützende, Finanzierungsformen für die Erbringung der Einlage zu wählen,[275] ändert daran nichts, auch wenn tatsächlich eine im Hinblick auf die Ausfallhaftung nach § 24 GmbHG weniger gläubigerschützende Finanzierungsform, beispielsweise unter Vornahme des „Hin- und Herzahlen", getätigt würde.

Diese befürchtete Vorgehensweise muss als legitim angesehen werden. Es handelt sich um eine gesetzlich zulässige Methode, weshalb dies kein tragendes Argument gegen die Verhinderung einer, in Anbetracht der bevorstehenden kollektiven Haftung vollzogenen Herauszögerung der Fälligstellung sein kann.

Wird die Erbringung der Stammeinlage in dieser Weise zu Beginn der Gesellschaftsgründung gewählt, ist die mangelnde Absicherung der Kapitalaufbringung ebenfalls hinzunehmen. Dass hierin allgemein ein Systembruch des Kapitalaufbringungsschutzes liegt, darf nicht zu einer generellen Ablehnung anderweitiger, gläubigerschützender Maßnahmen führen.

B. Ergebnis

Durch die Einschränkung der Entscheidungsgewalt der Gesellschafterversammlung über den Zeitpunkt der Fälligstellung der ausstehenden Einlageleistung kann dem Missbrauchspotential zur Haftungsentziehung nach § 24 GmbHG wirkungsvoll entgegentreten werden. Anders als bei einem durch die Treuepflicht beeinflussten Abstimmungsverhalten würden die Haftungsadressaten des § 24 GmbHG in Abhängigkeit zur gesellschaftlichen Situation ausgemacht werden und dadurch die Gesellschafts- und Gläubigerinteressen gewahrt bleiben. Ein unangemessener Eingriff oder gar negative Auswirkungen auf die Entscheidungsgewalt über die Finanzierung der Gesellschaft ist darin nicht zu sehen, vielmehr wird der Schutz der Gesellschaftsgläubiger in einer Situation generiert, in der das notwendige Handeln der Gesellschafter ausbleibt. Gleichzeitig wird dem Gesellschafter, welcher zur Ausfallhaftung herangezogen werden soll, durch

275 *Fastrich*, in: Baumbach/Hueck, GmbHG, § 19 Rn. 8.

eine solche Fälligstellung die Möglichkeit entzogen, sich durch Abtretung der Geschäftsanteile auf die fehlenden Haftungsvoraussetzungen, nämlich die Fälligkeit vor der Abtretung, zu berufen.

§ 11 Haftungsfolgen

Liegen die Voraussetzungen des § 24 Satz 1 GmbHG vor, haften die „übrigen Gesellschafter" der GmbH anteilig, im Verhältnis ihrer jeweiligen Beteiligung, auf den ausstehenden Fehlbetrag. Durch das Kaduzierungsverfahren bereits erlangte Zahlungen sind hierbei zu berücksichtigen und auf die ausstehende Summe anzurechnen.[276]

Um die Absicherung der Kapitalaufbringung vollumfänglich zu gewährleisten, sind von dem Gesellschafterkollektiv neben der ausstehenden und anfänglich haftungsbegründenden Einlage eines Mitgesellschafters auch weitere Einlageverpflichtungen zu tragen, die erst nach der Kaduzierung fällig wurden. Beispielhaft lassen sich hier Einlageverpflichtungen durch eine zwischenzeitlich beschlossene Kapitalerhöhung anführen.[277]

Nicht von der Ausfallhaftung umfasst sind hingegen Kosten, welche unmittelbar aus der Kaduzierung selbst erwachsen oder solche Ansprüche, denen sich der Kaduzierte über den Einlagebetrag hinaus verpflichtet hat. Letzteres umfasst insbesondere Vertragsstrafen, Agio-Ansprüche oder anfallende Zinsen.[278] Dieser Art von Kosten bleibt der Kaduzierte allein verhaftet,[279] da sie nicht unmittelbar dem Einlageversprechen entspringen.

A. Der Grundsatz der anteiligen Haftung

Die Mitgesellschafter haben nach § 24 Satz 1 GmbHG anteilig für den ausstehenden Fehlbetrag aufzukommen. Gesetzlich vorgeschrieben ist somit gerade keine gesamtschuldnerische Haftung, sondern vielmehr eine Haftung im Verhältnis der jeweiligen Geschäftsanteile.[280] Haftungsverschärfungen in Form

---

276 *Ebbing*, in: Michalski/Heidinger/Leible/J.Schmidt, GmbHG, 3. Auflage, § 24 Rn. 56.

277 *Emmerich*, in: Scholz, GmbHG, 12. Auflage, § 24 Rn. 3a.

278 *W. Müller*, in: Ulmer/Habersack/Löbbe, GmbHG, § 24 Rn. 17; *Emmerich*, in: Scholz, GmbHG, 12. Auflage, § 24 Rn. 3a.

279 *W. Müller*, in: Ulmer/Habersack/Löbbe, GmbHG, § 24 Rn. 17; *Emmerich*, in: Scholz, GmbHG, 12. Auflage, § 24 Rn. 3a.

280 Anstatt vieler: *Ebbing*, in: Michalski/Heidinger/Leible/J. Schmidt, GmbHG, 3. Auflage, § 24 Rn. 64; *Fastrich*, in: Baumbach/Hueck, GmbHG, § 24 Rn. 7.

einer gesamtschuldnerischen Haftung, können durch explizite gesellschaftsvertragliche Bestimmungen festgelegt werden.[281]

Ohne jede Bedeutung für die Haftungsverteilung ist mithin auch, wie viel auf die jeweiligen Geschäftsanteile der einzelnen Mitgesellschafter bereits eingezahlt wurde oder ob die Mitgesellschafter sich zu einer Bar- oder Sacheinlageleistung verpflichtet haben. Auch die Form der Einlageverpflichtung des kaduzierten Gesellschafters ist für den Haftungsfall irrelevant. Die ausstehende Einlageleistung ist in jedem Fall als Geldzahlung zu erbringen.[282] Im Übrigen sind die Vorschriften zur Kapitalaufbringung, insbesondere die des § 19 GmbHG, anzuwenden und zu beachten.[283]

I. § 24 Satz 1 GmbHG

Durch die in § 24 Satz 1 GmbHG angelegte pro rata Haftung haften die übrigen Gesellschafter jeweils in der Höhe, welche sich für ihren eigenen Geschäftsanteil aus dessen Verhältnis zu den übrigen Geschäftsanteilen ergibt.[284] Bei der Berechnung der Gesamthaftungshöhe sind die Geschäftsanteile des Kaduzierten sowie Geschäftsanteile, die von der Gesellschaft selbst gehalten werden, außen vor zulassen bzw. in der Höhe der jeweiligen Nennbeträge von der Stammkapitalziffer abzuziehen.[285] Die verbleibende Stammkapitalziffer, ergo die Summe der Geschäftsanteile der verbleibenden Mitgesellschafter, bilden sodann die Bezugsgröße, von welcher die jeweilige Haftungssumme der einzelnen Gesellschafter zu bestimmen ist.[286]

II. § 24 Satz 2 GmbHG

Für den Fall, dass bei einem Ausfallschuldner der auf ihn entfallende Betrag nicht erzielt werden kann, wird dieser Betrag gem. § 24 Satz 2 GmbHG wiederum auf die übrigen Mitgesellschafter umgelegt. Die Umlegung erfolgt entsprechend des Satzes 1 im Verhältnis der Nennbeträge der Geschäftsanteile.[287]

---

281 *Ebbing*, in: Michalski/Heidinger/Leible/J. Schmidt, GmbHG, 3. Auflage, § 24 Rn. 64.

282 anstatt vieler: *Ebbing*, in: Michalski/Heidinger/Leible/J. Schmidt, GmbHG, 3. Auflage, § 24 Rn. 56; *W. Müller*, in: Ulmer/Habersack/Löbbe, GmbHG, § 24 Rn. 44.

283 *Altmeppen*, in: Roth/Altmeppen, GmbHG, § 24 Rn. 20.

284 *W. Müller*, in: Ulmer/Habersack/Löbbe, GmbHG, § 24 Rn. 42.

285 *W. Müller*, in: Ulmer/Habersack/Löbbe, GmbHG, § 24 Rn. 44; *Schütz*, in: MüKo-GmbHG, 3. Auflage, § 24 Rn. 61.

286 *W. Müller*, in: Ulmer/Habersack/Löbbe, GmbHG, § 24 Rn. 44; *Schütz*, in: MüKo-GmbHG, 3. Auflage, § 24 Rn. 61.

287 *Ebbing*, in: Michalski/Heidinger/Leible/J.Schmidt, GmbHG, 3. Auflage, § 24 Rn. 75.

Durch die weitere Umlegung der einzelnen Ansprüche auf die jeweiligen solventen Gesellschafter wird die Aufbringung des Stammkapitals entsprechend dem System der §§ 21–24 GmbHG bis ins Letzte ausgeschöpft. Dieses Vorgehen dient einerseits der effektiven Aufbringung des Stammkapitals, andererseits birgt es erhebliche Haftungsrisiken für die oder den verbleibenden solventen Mitgesellschafter. Im Extremfall kann sich die Ausfallhaftung derart zuspitzen, dass ein einzelner – wenn auch nur gering beteiligter – Gesellschafter für die Aufbringung der gesamten noch ausstehenden Stammeinlage aufzukommen hat.[288]

III. Haftungsadressat

Wie bereits im vorangegangenen Kapitel[289] dargestellt, sind die Gesellschafter, welche zum Zeitpunkt der Fälligstellung der ausstehenden Einlageleistung in der Gesellschafterliste eingetragen sind, als Haftungsadressaten des § 24 GmbHG anzusehen. Zuvor rechtmäßig ausgeschiedene Gesellschafter sind von der Ausfallhaftung nicht betroffen. Allein der Erwerber der Geschäftsanteile hat für die Ausfallhaftung aufzukommen. Findet eine Veräußerung von Geschäftsanteilen *nach* Eintritt der Fälligkeit und damit *nach* Begründung der Haftung statt, greift § 16 Abs. 2 GmbHG, wodurch der Erwerber neben dem Veräußerer für die ausstehenden Einlagen haftet.[290]

B. Umfang der Haftung

Die Ausfallhaftung umfasst, wie sich aus dem Gesetzestext entnehmen lässt, die ausstehende Einlage des kaduzierten Gesellschafters. Unmittelbar nach der Eintragung beläuft sich das Risiko eines einzelnen Gesellschafters, neben seiner eigenen Verpflichtung auch für fremde Schulden im Sinne des § 24 GmbHG aufkommen zu müssen, maximal auf ¾ der gesamten Stammeinlage, da bei Eintragung der Gesellschaft gem. § 7 Abs. 2 GmbHG mindestens ¼ des gesamten Stammkapitals bereits aufgebracht sein muss.[291] Abzuziehen ist hiervon, wie *Bayer* richtig anführt, die eigene Einlageverpflichtung des zahlungsfähigen Gesellschafters, da dieser seine Einlage bereits nach §§ 3 Abs. 1 Nr. 4, 19 Abs. 1

---

288 *Bayer/Scholz,* GmbHR 2016, 89; *Emmerich*, in: Scholz, GmbHG, 12. Auflage, § 24 Rn. 2a; Beispiel: OLG Hamm Urteil v. 26.01.2011 – I-8 U 142/10, GmbHR 2011, 588, 590.

289 § 7 C.

290 *Bayer/Scholz*, GmbHR 2016, 89, 92; *Ebbing*, in: Michalski/Heidinger/Leible/J.Schmidt, GmbHG, 3. Auflage, § 24 Rn. 34.

291 *Ebbing*, in: Michalski/Heidinger/Leible/J.Schmidt, GmbHG, 3. Auflage, § 24 Rn. 59.

GmbHG in Verbindung mit dem Gesellschaftsvertrag schuldet und nicht erst nach § 24 GmbHG.[292]

Die Haftungsgefahr auf eine maximale Summe von ¾ der gesamten Stammeinlage zu begrenzen ist jedoch schon dann nicht mehr unstreitig möglich, sobald es zu einer vorzeitigen Geschäftsaufnahme der Gesellschaft gekommen ist und in Folge dieser Verbindlichkeiten der Vorgesellschaft entstanden sind.[293]

Ausgangspunkt dieser Unsicherheit ist die in der Literatur umstrittene Frage, ob die Ausfallhaftung in ihrer Höhe zu begrenzen ist, oder ob eine unbegrenzte Haftung – ggf. auch weit über die Stammkapitalziffer hinaus – möglich ist.

Neben der gerade angeführten Konstellation, in der gegen die Gesellschaft bereits Ansprüche im Rahmen der Vorbelastungs- oder Unterbilanzhaftung bestehen, wird die Frage einer Haftungsbegrenzung auch im Fall einer zwischenzeitlichen Kapitalerhöhung diskutiert.[294]

Besondere Brisanz erfährt die Diskussion der Haftungsbeschränkung allerdings im Rahmen einer Sacheinlagepflicht des Kaduzierten. Hat der Kaduzierte eine überbewertete oder gar eine wertlose Sacheinlage in die Gesellschaft eingebracht, ist höchst umstritten, ob die daraus entstehende Differenzhaftung des Inferenten nach § 9 Abs. 1 GmbHG in voller Höhe von dem oder den Ausfallschuldnern zu tragen ist, oder ob eine Begrenzung dessen auf die anfänglich versprochene Einlageschuld im Rahmen einer telelogischen Reduktion vorzunehmen ist.[295]

I. Erfordernis einer Haftungsbegrenzung?

Den Stein des Anstoßes findet die Diskussion nicht allein in der Gefahr einer ausufernden Haftung für den oder die Ausfallschuldner, sondern ebenso im Vergleich zu der Parallelvorschrift des § 31 Abs. 3 GmbHG. Nach der bei § 31 Abs. 3 GmbHG herrschenden Meinung in der Literatur[296] und der sie bestätigenden Rechtsprechung des Bundesgerichtshofs[297] ist für die Kapitalerhaltungsvorschrift

---

292 *Bayer*, in: FS Röhricht, S. 25, 31; vgl. auch *K. Schmidt*, BB 1985, 154, 155 ff.

293 *Emmerich*, in: Scholz, GmbHG, 12. Auflage, § 24 Rn. 2a.

294 *W. Müller*, in: Ulmer/Habersack/Löbbe, GmbHG, § 24 Rn. 19.

295 Vgl. *Bayer*, in: FS Röhricht, S. 25, 31.

296 *Ekkenga* in: MüKo-GmbHG, 3. Auflage, § 31 Rn. 63; *Altmeppen* in: Roth/Altmeppen, GmbHG, § 31 Rn. 23; *Altmeppen*, ZIP 2002, 961, 963; *Fastrich* in: Baumbach/Hueck, GmbHG, § 31 Rn. 24; *Bayer*, in: FS Röhricht, S. 25, 37 f.; *Ulmer* in: FS 100 Jahre GmbHG, S. 363, 372.

297 BGH Urteil v. 25.02.2002 – II ZR 196/00, BGHZ 150, 61 = NZG 2002, 549, 550; BGH Urteil v. 22.09.2003 – II ZR 229/02, NJW 2003, 3629.

von einer Haftungsobergrenze in Höhe der Stammkapitalziffer auszugehen. Anders verhält sich dies jedoch im Rahmen des § 24 GmbHG, wo die Meinungen divergieren und eine klärende Rechtsprechung des BGH nicht existiert.

Der Versuch, diesen Widerspruch auszuräumen[298] und einen Gleichlauf der Normen zu generieren, lässt die bereits über Jahrzehnte andauernde Diskussion weiter fortbestehen.

1. Problemdarstellung

Zu einer ausufernden Haftung über die Stammkapitalziffer hinaus, kommt es – wie bereits angeklungen – insbesondere dann, wenn der Kaduzierte eine Sacheinlage in die Gesellschaft eingebracht hat, deren Wert mit „weniger als nichts" zu beziffern ist, oder die Gesellschaft aufgrund vorzeitiger Geschäftsaufnahme Ansprüche aus der Vorbelastungs- oder Unterbilanzhaftung gegen sich gelten lassen muss.

2. Überbewertete Sacheinlage

Hat ein Gesellschafter sich zur Leistung einer Sacheinlage verpflichtet, ist der einzubringende Gegenstand und der Betrag der Stammeinlage, auf den sich die Sacheinlage bezieht, im Gesellschaftsvertrag gem. § 5 Abs. 4 Satz 1 GmbHG bzw. im Kapitalerhöhungsbeschluss gem. § 56 Abs. 1 GmbHG festzusetzen.[299] Hält die Sacheinlage der Prüfung des Registergerichts anschließend nicht stand und kann eine Deckung des übernommenen Nennbetrags durch die Sacheinlage nicht erreicht werde, stellt dies bei einer nicht unwesentlichen Überbewertung ein Eintragungshindernis gem. § 9 c Abs. 1 GmbHG dar. Überwunden werden kann dieses Hindernis mit Erbringung des Differenzbetrages gem. § 9 Abs. 1 GmbHG, woraufhin die Eintragung erfolgt. Regelmäßig wird die Überbewertung jedoch erst *nach* Eintragung der Gesellschaft festgestellt – mit der Folge, dass der Fehlbetrag bereits seit Eintragung der Gesellschaft fällig ist.[300]

Die Höhe der Ausfallhaftung nach § 24 GmbHG ergibt sich für diesen Fall – gleichlautend mit dem Anspruch aus der Differenzhaftung – aus der zwischen der übernommenen Einlage und dem eigentlichen Wert der eingebrachten Sacheinlage entstandenen Differenz.[301]

---

298 Vgl. *Emmerich*, in: Scholz, GmbHG, 11. Auflage, § 24 Rn. 2a.

299 *Gätsch*, BB 1999, 701, 702.

300 *Roth*, in: Roth/Altmeppen, GmbHG, § 9 Rn. 7.

301 *Fastrich*, in: Baumbach/Hueck, GmbHG, § 9 Rn. 3.

Eine die Stammeinlageverpflichtung in ihrer Höhe weit überschreitende Forderung ergibt sich jedoch erst, sobald die eingebrachte Sacheinlage tatsächlich mit keinem positiven Wert zu beziffern ist und darüber hinaus noch weitere Zahlungen erforderlich macht. Das zur Veranschaulichung vielerlei herangezogene Beispiel eines überschuldeten Unternehmens als eingebrachte Sacheinlage soll auch hier der Illustration dienen[302]:

Die Einlagefähigkeit eines Unternehmens ist in § 5 Abs. 4 S. 2 GmbHG ausdrücklich angelegt. Hiernach sind zum Nachweis der Werthaltigkeit unter anderem die Jahresergebnisse der letzten beiden Geschäftsjahre beizubringen. Anhand dieser sowie der nach § 8 Abs. 1 Nr. 5 GmbHG regelmäßig beizubringenden Einbringungsbilanzen[303] erfolgt die Werthaltigkeitsprüfung durch das Registergerichts, mittels der im Verwaltungshandeln geltenden Wahrscheinlichkeitsregeln.[304] Danach ist eine Verpflichtung zu weitergehenden Prüfung, über das eigentliche Prozedere hinaus, erst vorzunehmen, wenn sich nach den Umständen des Einzelfalls begründete Zweifel an der Werthaltigkeit ergeben.[305]

Die wirtschaftliche Situation eines eingebrachten Unternehmens kann auf Basis der beizubringenden Unterlagen nicht derart hinreichend bestimmt werden, als dass eine Überschuldung in jedem Fall sicher auszuschließen wäre.[306] Regelmäßig stellt sich somit erst im Nachgang der Eintragung heraus, dass die Verbindlichkeiten des eingebrachten Unternehmens – entgegen der Annahmen zum Zeitpunkt der Eintragung – nicht durch hinreichend Aktivvermögen gedeckt waren.

Tritt dieser Fall ein, liegt zum einen eine Überbewertung der Sacheinlage vor und zum anderen ist das eingebrachte Unternehmen in seinem Wert für die GmbH – auf Grund der Tatsache, dass auch für dessen Verbindlichkeiten einzustehen ist[307] – mit „weniger als nichts" zu bewerten.[308]

---

302 *Gätsch*, BB 1999, 701, 702, *W. Müller*, in: Ulmer/Habersack/Löbbe, GmbHG, § 24 Rn. 23; Beispiel: *K. Schmidt*, Gesellschaftsrecht § 37 II 5., Beispiel 18; vgl. auch *Bayer*, in: FS Röhricht, S. 25, 32.

303 *Ulmer/Casper*, in: Ulmer/Habersack/Löbbe, GmbHG, § 8 Rn. 14.

304 *Ulmer/Habersack*, in: Ulmer/Habersack/Löbbe, GmbHG, § 9c Rn. 13.

305 *Ulmer/Habersack*, in: Ulmer/Habersack/Löbbe, GmbHG, § 9c Rn. 14, *Gätsch*, BB 1999, 701, 702.

306 *Gätsch*, BB 1999, 701, 702 f.

307 Firmenfortführung nach § 25 Abs. 1 HGB, Betriebsübergang nach § 613 a BGB, 75 AO vgl. hierzu *K. Schmidt*, BB 1985, 154, 155.

308 *Gätsch*, BB 1999, 701, 702 f; *W. Müller*, in: Ulmer/Habersack/Löbbe, GmbHG, § 24. Rn. 23; Beispiel: *K. Schmidt*, Gesellschaftsrecht § 37 II 5., Beispiel 18, vgl. auch *Bayer*, in: FS Röhricht, S. 25, 32.

Auf die Überbewertung der eingebrachten Sache folgt keine Nichtigkeit der Sacheinlagevereinbarung, sondern eine Kompensation über die Einlageverpflichtung des Inferenten.[309]

Bei nicht erzielbarer Leistung durch den Primärschuldner stellt sich nunmehr die Frage, ob die sodann greifende Ausfallhaftung nach § 24 GmbHG eine summenmäßige Begrenzung erfährt, oder ob auch die Unterdeckung des eingebrachten Unternehmens als „Fehlbetrag“ im Sinne des § 24 Satz 1 GmbHG anzusehen ist. Wird letzteres angenommen, liegt die zu erbringende Haftsumme im Zuge einer Ausfallhaftung ggf. weit über der eigenen Verpflichtung, mithin sogar weit über der gesamten Stammkapitalziffer der Gesellschaft, wodurch die Gesellschafterstellung in einer GmbH ein enormes finanzielles Risiko für den einzelnen Gesellschafter darstellen würde.

Weder dem Wortlaut des § 24 GmbHG noch den Gesetzesmaterialien aus dem Jahre 1892 ist eine diesbezügliche Auslassung zu entnehmen,[310] weshalb es nicht verwundert, dass das Meinungsbild in der Literatur auseinandergeht.

Eine Untersuchung der Gesetzesmaterialen ist schon deshalb nicht zielführend, da die Figur der überbewerteten Sacheinlage und die damit einhergehende Differenzhaftung des Inferenten dem damaligen Gesetzgeber unbekannt war. Die Bewertung der eingebrachten Sacheinlagen konnte zu damaliger Zeit in beliebiger Höhe und allein nach Maßgabe der Gesellschafter geschehen.[311] Sanktionen für das Vorliegen von überbewerteten Sacheinlagen sah das Gesetz nicht vor. Erst als das damit einhergehende Missbrauchspotential erkannte wurde, statuierte der Gesetzgeber – im Nachgang eines BGH Grundsatzurteils aus dem Jahre 1977[312] – im Zuge der Gesetzesnovelle 1980 zum einen eine verschuldensunabhängige Haftung auf den Differenzbetrag zwischen angesetztem und tatsächlichem Wert der eingebrachten Sache und zum anderen eine Wertkontrolle der Sacheinlage durch das Registergericht als Voraussetzung einer Sacheinlageleistung.[313]

Dieser Gesetzesbegründung ist ausdrücklich zu entnehmen, dass eine Nachzahlung des Differenzbetrages in Geld zu geschehen habe und diese als „Einlage“

---

309 *Ulmer/Casper*, in: Ulmer/Habersack/Löbbe, GmbHG, § 5 Rn. 102.

310 *Bayer*, in: FS Röhricht, S. 25, 32.

311 Vgl. Ausführungen zur Wertermittlung einer Sacheinlage in RG Urteil v. 12.06.1913, JW 1913, 1040 f.; *Bayer*, in: FS Röhricht, S. 25, 32.

312 BGH Urteil v. 14.03.1977 – II ZR 156/75, BGHZ 68, 191 = NJW 1977, 1196.

313 Begr. RegE zum Gesetz zur Änderung des Gesetzes betreffend die Gesellschaft mit beschränkter Haftung und anderen handelsrechtlichen Vorschriften, BT-Drucks. 8/1347, S. 35.

zu verstehen sei, damit „*notfalls auch die übrigen Gesellschafter nach den Vorschriften über die Mithaftung über die Zahlung von Geldeinlagen (§ 24) aufzukommen haben*".[314]

Unzweifelhaft soll die Ausfallhaftung somit auch Anwendung auf die Differenzhaftung des Inferenten nach § 9 Abs. 1 GmbHG finden. Nicht beantwortet ist damit jedoch die Frage nach dem Umfang dieser Haftung.

a) Meinungsstand

In der Literatur finden sich sowohl Stimmen für als auch gegen eine Haftungsbegrenzung. Während für die unbeschränkte Haftung der Mitgesellschafter im Rahmen einer überbewerteten Sacheinlage insbesondere das Schutzbedürfnis der Gesellschaftsgläubiger hervorgehoben wird,[315] verweist die Gegenansicht auf das damit einhergehende Haftungsrisiko für die Mitgesellschafter und dessen Unvereinbarkeit mit der haftungsbeschränkten Gesellschaftsform[316].

Ausschlaggebend für eine unbeschränkte Haftung der Ausfallschuldner sei die von den Gesellschaftern bewusst getroffene Wahl der Einlageleistung. Wird die Einbringung einer besonders risikobehafteten Sacheinlage zugelassen, haben die Gesellschafter nach der kollektiven Aufbringungsverantwortung auch den gesamten Umfang zu tragen.[317] Eine Durchbrechung der beschränkten Haftung nach § 13 Abs. 2 GmbHG wird darin bereits deshalb nicht gesehen, weil die Haftungsbeschränkung erst mit einer wirksamen Kapitalaufbringung einhergehe, welche bei überbewerteten Sacheinlagen gerade (noch) nicht gegeben sei. § 13 Abs. 2 GmbHG könne somit bei einem Verstoß gegen die Gründungs- bzw.

---

314 Begr. RegE zum Gesetz zur Änderung des Gesetzes betreffend die Gesellschaft mit beschränkter Haftung und anderen handelsrechtlichen Vorschriften, BT-Drucks. 8/1347, S. 35.

315 *Bayer*, in: Lutter/Hommelhoff, GmbHG, § 24 Rn. 8; *Bayer*, in: FS Röhricht, S. 25, 34; *Bayer/Scholz*, GmbHR 2016, 89, 93; *Ebbing*, in: Michalski/Heidinger/Leible/J.Schmidt, GmbHG, 3. Auflage, § 24 Rn. 63; *Schütz*, in: MüKo-GmbHG, 3. Auflage, § 24 Rn. 71; *Gätsch*, BB 1999, 701, 703; *Wilhelm*, in: FS Flume II, S. 337, 361; *Pentz*, in: Rowedder/Schmidt-Leithoff, GmbHG, 5. Auflage, § 24 Rn. 24; *Raiser/Veil*, Recht der Kapitalgesellschaften, § 28 Rn. 26; *W. Müller*, in: Ulmer/Habersack/Löbbe, GmbHG, § 24 Rn. 23.

316 *K. Schmidt*, BB 1985, 154; *Joost*, GmbHR 1983, 285, 288 ff; *Altmeppen*, in: Roth/Altmeppen, GmbHG, § 24 Rn. 19; *Verse*, in: Henssler/Strohn, GmbHG, 3. Auflage, § 24 Rn. 8; *Fastrich*, in: Baumbach/Hueck, GmbHG, § 24 Rn. 8; *Grunewald*, in: FS Lutter 2000, 413, 416, *Priester*, in: FS 100 Jahre GmbHG S. 159, 183 f.

317 *Bayer*, in: FS Röhricht, S. 25, 33; *W. Müller*, in: Ulmer/Habersack/Löbbe, GmbHG, § 24 Rn. 23; *Bayer*, in: Lutter/Hommelhoff, GmbHG, § 24 Rn. 8.

Kapitalerhöhungsvorschriften (§ 9 ff. GmbHG) nicht zum Schutz der Gesellschafter herangezogen werden.[318]

Die damit einhergehende Gefahr einer ausufernden Haftung wird als fehlende Absicherung auf gesellschaftsvertraglicher Ebene abgetan und als dem Zweck des § 24 GmbHG entsprechend angesehen.[319]

K. Schmidt hatte allen voran, *„ohne äußeren Anstoß, aus rein rechtssystematischem Interesse, vor 20 Jahren eine andere Position herausgearbeitet*[320] *und diese vor zehn Jahren vor dem Hintergrund einer sich konsolidierenden Rechtsprechung bekräftigt*[321]*"*.[322] In diesen Ausführungen plädiert *K. Schmidt* für eine Begrenzung der Ausfallhaftung auf den Betrag der Einlage, welcher summenmäßig auf den säumigen Gesellschafter entfällt.[323] Diese Ansicht hat in der Kommentarliteratur große Zustimmung gefunden.[324]

Ebenfalls eine summenmäßige Begrenzung der Ausfallhaftung fordert *Joost*, wobei die Obergrenze der Haftsumme – abweichend zu *K. Schmidt* – mit der eingetragenen Stammkapitalziffer der Gesellschaft einhergehen soll.[325] Diese prinzipielle Begrenzung findet in der jüngeren Literatur keinen weiteren Unterstützer. Ihr wird entgegengehalten, dass es an einer Verknüpfung der ausstehenden Einlagepflicht zu der zu leistenden Ausfallhaftungssumme fehle, wodurch trotz bereits eingezahlter Einlagen (anderer Gesellschafter) die komplette Stammkapitalsumme noch einmal aufzubringen wäre.[326] Jedoch ist der von *K. Schmidt* und *Joost* herangezogene Ausgangspunkt identisch. Beide stützen ihre Argumentation auf einen Gleichlauf der §§ 24 und 31 Abs. 3 GmbHG und die vom Gesetzgeber gewollte Risikobegrenzung.[327]

Höchstrichterliche Rechtsprechung zu der Frage des Haftungsumfangs ist nicht existent. Im Rahmen der „Schwesterproblematik" (§ 31 Abs. 3 GmbHG)

---

318 *Gätsch*, BB 1999, 701, 703.

319 *W. Müller*, in: Ulmer/Habersack/Löbbe, GmbHG, § 24 Rn. 23.

320 *K. Schmidt*, BB 1985, 154 ff; Anlass war die Notwendigkeit, ein Konzept für die Erstauflage des Lehrbuchs „Gesellschaftsrecht" zu entwickeln.

321 *K. Schmidt*, BB 1995, 529 ff.; Ausgangspunkt war die Verschärfung der Rechtsprechung zu § 31 GmbHG.

322 Vgl. *K. Schmidt*, in: FS Raiser, S. 312.

323 *K. Schmidt*, BB 1985, 154, 158; *K. Schmidt*, in: FS Raiser, S. 312, 316.

324 *Verse*, in: Henssler/Strohn, GmbHG, 3. Auflage, § 24 Rn. 8; *Roth*, in Roth/Altmeppen, GmbHG, § 9 Rn. 6.

325 *Joost*, GmbHR 1983, 285, 289.

326 *K. Schmidt*, BB 1985, 154, 157.

327 *K. Schmidt*, BB 1985, 154, 157; *Joost*, GmbHR 1983, 285, 289 f.

hält der BGH jedoch generell eine Beschränkung der Ausfallhaftung für geboten.[328] Zur Begründung werden die fehlenden Nachschuss- und Übernahmepflichten der GmbH-Gesellschafter, sowie die andernfalls unkalkulierbare Haftungsausweitung angeführt.[329] Anzumerken ist jedoch, dass eine gerichtliche Auseinandersetzung mit der Frage, auf welchen Betrag die Haftung genau zu begrenzen ist, aufgrund fehlender Relevanz durch die Bestandsfähigkeit des Berufungsurteils explizit nicht vorgenommen wurde.[330]

b) Stellungnahme

Die Ausfallhaftung nach § 24 GmbHG ist summenmäßig auf die Höhe der mit der Geschäftsanteilsübernahme entstandenen Verpflichtung des säumigen Gesellschafters zu begrenzen. Für einen darüber hinausreichenden Differenzbetrag, welcher sich aus einer überbewerteten Sacheinlage ergibt, ist allein der primäre Haftungsschuldner heranzuziehen.

Eine kollektive Verantwortung über den eigentlichen Einlagebetrag hinaus kann weder durch die vereinfachten Gründungsvorschriften noch durch die personalisierte Struktur gerechtfertigt werden. Zudem scheint es befremdlich gerade Gesellschaftern einer haftungsbeschränkten Kapitalgesellschaft einer unbeschränkten und zugleich unkalkulierbaren Haftung aussetzen zu wollen, welche hinzukommend verschuldensunabhängig, subsidiär und allein aus der Stellung als Gesellschafter selbst begründet wird.

aa) Beschränkte Haftung der Gesellschafter

Nach dem Prinzip der Kapitalgesellschaften beschränkt sich die Haftung des einzelnen Gesellschafters grundsätzlich auf die von ihm einzubringende Einlage, zu welcher er sich durch die Übernahme von Geschäftsanteilen verpflichtet hat. Die darüberhinausgehende subsidiäre Verantwortung, für die Aufbringung der Mitgesellschaftereinlagen aufkommen zu müssen, stellt eine Besonderheit sowie ein zusätzliches finanzielles Risiko dar. Bereits aus diesem Grund muss die möglicherweise anfallende Ausfallhaftung, als zusätzliche Verpflichtung des GmbH-Gesellschafters für diesen kalkulierbar sein.[331]

---

328 BGH Urteil v. 25.02.2002 – II ZR 196/00, BGHZ 150, 61, 64 f. = DNotZ 2002, 472, 473 f.

329 BGH Urteil v. 25.02.2002 – II ZR 196/00, BGHZ 150, 61, 64 ff. = DNotZ 2002, 472, 473 ff.

330 BGH Urteil v. 25.02.2002 – II ZR 196/00, BGHZ 150, 61, 66 = DNotZ 2002, 472, 475.

331 Vgl. auch BGH Urteil v. 25.02.2002 – II ZR 196/00, BGHZ 150, 61, 64 = DNotZ 2002, 472, 475; *Joost*, GmbHR 1983, 285, 289.

Der Einwand, auf die Haftungsbeschränkung nach § 13 Abs. 2 GmbHG könne sich nicht gestützt werden, solange die Aufbringung der Einlage nicht ordnungsgemäß erfolgt ist,[332] trägt nicht. Nach § 11 Abs. 2 GmbHG greift die Haftungsbeschränkung bereits mit Eintragung der Gesellschaft. Ab diesem Zeitpunkt gilt die Gesellschaft als entstanden und die Stammeinlage – zumindest in der vom Gesetz vorgeschrieben Form – als erbracht. Auch die Aufbringung der Sacheinlage ist zum Zeitpunkt der Eintragung als erbracht und in ihrer Werthaltigkeit als zutreffend anzusehen, da es andernfalls nicht zur Eintragung gekommen wäre. Mit der späteren Feststellung einer Überbewertung der Sacheinlage geht gerade keine unwirksame Aufbringung der Einlage einher, sondern vielmehr der Anspruch der Gesellschaft gegen den Inferenten auf Zahlung des Differenzbetrages. Eine unzureichende Aufbringung der Einlage, welche eine „Aushebelung" der Haftungsbeschränkung rechtfertigen würde, ist darin nicht zu sehen.

Weiterhin ist auch die Argumentation, mit Zulassung einer Sacheinlage gehe insgesamt eine erhöhte Risikobereitschaft der Mitgesellschafter einher, welche sich auf die Verantwortlichkeit der damit einhergehenden Verbindlichkeiten erstrecken soll,[333] abzulehnen. Schließlich ist die Möglichkeit der Sacheinlage explizit im Gesetz vorgesehen und von einer registergerichtlichen Überprüfung begleitet. Die Negativbewertung der Sacheinlage, sowie die daraus resultierenden gesellschaftlichen Ansprüche sind folglich keineswegs als zwangsläufig zu beurteilen. Wird eine eingebrachte Sacheinlage sodann negativ bewertet, kann durch die Ausfallhaftung lediglich die erneute Aufbringung der Einlageverpflichtung erzielt werden. Die dabei entstehenden Differenzansprüche der Gesellschaft müssen allein den Inferenten treffen, soweit sie über die eigentliche Einlageverpflichtung hinausreichen.

Für eine kollektive Verantwortung der Mitgesellschafter besteht kein Raum. Dies ergibt sich auch aus der für die Gesellschaft mit beschränkter Haftung charakteristische Erkennbarkeit des finanziellen Risikos einer GmbH-Beteiligung.[334] Schon der Gesetzesbegründung von 1891 ist zu entnehmen, dass die *„Mitglieder mit der Einzahlung ihrer Einlage von jeder weiteren Verbindlichkeit frei werden"*[335] und die Absicherung dieses Stammkapitals dadurch zu schaffen ist, *„daß den Gesellschaftern eine Gesamthaftung dafür auferlegt wird, daß das im Gesellschaftsvertrag bestimmte Stammkapital vollständig zur Einzahlung gelangt*

332 *Gätsch*, BB 1999, 701, 703.
333 *Bayer*, in: FS Röhricht, 25, 33; *Bayer/Scholz*, GmbHR 2016, 89, 93.
334 Vgl. *K. Schmidt*, in: FS Raiser, S. 312, 322.
335 Begr. zum GmbHG, RT-Drucks. 1890/1892, Nr. 660, S. 3727.

und daß auch nicht später eine Verminderung dessen durch unberechtigte Auszahlungen an die Gesellschafter stattfindet (§§ 24, 31).“[336] Die Ausfallhaftung zielt danach auf die Sicherstellung der einmaligen Aufbringung des Stammkapitals ab. Hierfür bedarf es jedoch gerade der Orientierung an der jeweiligen nicht zu erzielenden Einlageverpflichtung des primär verpflichteten Schuldners.[337] Möchte man die Mitgesellschafter nach § 24 GmbHG darüber hinaus haften lassen – ob durch eine Orientierung an der Stammkapitalziffer als Obergrenze oder eine generelle Einstandspflicht für alle mit der Einlageverpflichtung einhergehenden Verbindlichkeiten – würde dies zu einer die Stammkapitalziffer übersteigenden Kapitalaufbringung führen und damit die gesellschaftsvertragliche Verpflichtung überlaufen.

Es kann dabei keinen Unterschied machen, ob sich die ausstehende Leistung aus der Differenzhaftung im Zuge einer überbewerteten Sacheinlage ergibt oder aus einer lediglich anteilig aufgebrachten Geldleistung. § 24 GmbHG zielt in beiden Fällen einzig auf die Sicherstellung der einmaligen Aufbringung des Stammkapitals ab und gewährleistet gerade keine darüber hinausreichende unbegrenzte akzessorische Haftung für alle sich aus der Einlage des säumigen Gesellschafters ergebenden Verpflichtungen.[338]

bb) Vereinfachte Gründungsvorschriften

Zutreffend ist, dass die Gründungsvorschriften der GmbH in Bezug auf die Prüfung der Werthaltigkeit von Sacheinlage deutlich geringer sind als jene der Aktiengesellschaft. Diese Vereinfachung findet jedoch gerade durch die Haftung nach § 24 GmbHG ihren Ausgleich. Diese Haftung hinzukommend in ihrer Höhe unbegrenzt ausgestalten zu wollen, ist überzogen und durch das Argument der vereinfachten Gründung – bei welcher dennoch eine Prüfung stattfindet – nicht zu rechtfertigen. Schließlich besteht die Intention dieser Haftung gerade darin das Defizit an Werthaltigkeitsprüfung aufzufangen und nicht jeden mit der Sacheinlage einhergehenden „Mangel“ aufzuwiegen.

Zieht man zu Vergleichszwecken die Aktiengesellschaft heran, ist festzustellen, dass diese trotz der strengeren Werthaltigkeitsprüfung ebenfalls nicht gänzlich vor einer überbewerteten Sacheinlage gefeit ist.[339] Dennoch hat der Gesetzgeber auf Basis der umfangreicheren Gründungsprüfung von einer

336 Begr. zum GmbHG, RT-Drucks. 1890/1892, Nr. 660, S. 3730.

337 Vgl. *K. Schmidt*, in: FS Raiser, S. 312, 326.

338 *K. Schmidt*, BB 1985, 154, 155.

339 Beispielhaft: BGH Urteil v. 06.12.2011 – II ZR 149/10, BGHZ 191, 364 = DNotZ 2012, 623; BGH Urteil v. 12.03.2007 – II ZR 302/05, BGHZ 171, 293 = NZG 2007, 513.

kollektiven Verpflichtung der Aktionäre Abstand genommen. Für den Fall der Zahlungsunfähigkeit des Aktionärs bedeutet dies, dass die Leistung der Einlage schlicht ausbleibt und die Gesellschaftsgläubiger gänzlich das Nachsehen haben.

Aufgrund des verringerten Prüfungsverfahrens kann folglich kein exorbitant höheres Haftungsrisiko der GmbH-Gesellschafter begründet werden.

cc) Personalisierte Struktur der GmbH

Auch mit der Verbundenheit der Gesellschafter untereinander lässt sich keine unbegrenzte Haftung begründen. Angeführt für eine unbeschränkte Haftung wird an dieser Stelle insbesondere die Nähe der Gesellschafter zueinander und die damit einhergehende Einwirkungsmöglichkeit auf die Erbringung der Einlage, welche den Gesellschaftsgläubigern gerade nicht möglich sei.[340] Die dabei viel bemühte personalisierte Struktur der GmbH wird in der vorliegenden Diskussion jedoch erheblich überstrapaziert. Zwar ist die Struktur der GmbH, anders als die der AG, grundsätzlich durch einen engeren Gesellschafterkreis, mit einer persönlicheren Ebene geprägt; jedoch ist dies erst Resultat der konzeptionellen Eigenheiten der Organisationsform. Die der Argumentation zugrunde gelegte Annahme, dass die GmbH-Gesellschafter sich gegenseitig zur effektiven Aufbringung des Stammkapitals anhalten können und sollen[341], begründet sich nicht in der personellen Struktur, sondern vielmehr in der kollektiven Verantwortung für die Aufbringung des Stammkapitals selbst. Die bestehende Gefahr, für nicht zu erzielende Einlagen der Mitgesellschafter aufkommen zu müssen, trägt sicherlich in gewissen Gesellschaftskonstellationen zu einer umsichtigen und regelkonformen Kapitalaufbringung bei, indem ein wechselseitiges Augenmerk auf der Leistungserbringung liegt. Hieraus eine unbeschränkte Haftung als interessengerecht folgern zu wollen, übersteigt jedoch die tatsächlichen Gegebenheiten.

Zutreffend ist, dass den Gründungsgesellschaftern Einfluss auf die Art der zu erbringenden Einlagen zukommt. Sie können die Möglichkeit der Sacheinlage grundsätzlich unterbinden, was jedoch sowohl wirtschaftlich als auch in der praktischen Umsetzung nicht gewünscht sein dürfte.

Nicht zwingend ist schließlich der Einwand, eine Beschränkung der Ausfallhaftung auf die Einlageverpflichtung des zahlungsunfähigen Gesellschafters würde eine ungerechtfertigte Bevorteilung der Gesellschafter im Verhältnis zu den Gesellschaftsgläubigern mit sich bringen.[342]

---

340 *Bayer*, in: FS Röhricht, S. 25, 33; *Gätsch*, BB 1999, 701, 706 insbesondere in Bezug auf § 31 GmbHG.

341 *Bayer*, in: FS Röhricht, S. 25, 33.

342 *Bayer*, in: FS Röhricht, S. 25, 32 f.

Dies trifft bereits deshalb nicht den Kern der Sache, da den Gläubigern einzig das im Gesellschaftsvertrag versprochene Stammkapital als Bezugsgröße offengelegt wird und sie mithin auch nur diese Summe als aufgebrachtes Kapital verlangen und erwarten können. Eine Haftung, welche auf die Höhe des Einlageversprechens des zahlungsunfähigen Gesellschafters beschränkt ist, wird sowohl den Erwartungen der Gläubiger, als auch deren Schutzbedürfnis hinreichend gerecht. Durch die Erbringung der ausstehenden Einlageleistung im Rahmen der begrenzten Ausfallhaftung wird das im Gesellschaftsvertrag ausgewiesene Stammkapital im Ergebnis in voller Höhe aufgebracht. Lediglich darüber hinausreichende Verpflichtungen und Unkosten, welche der Gesellschaft durch die Art des Einlageversprechens entstehen, werden nicht erfasst. Letztere sind jedoch auch unter einem anderen Licht zu bewerten. Zwar ergeben sich daraus insgesamt Auswirkungen auf die Vermögenssituation der Gesellschaft, nicht aber auf die effektive Aufbringung des Stammkapitals.

dd) Gesetzesentwicklung

Eine unbeschränkte Haftung der Mitgesellschafter bei überbewerteten Sacheinlagen ist auch unter dem Gesichtspunkt der dogmatischen Fortentwicklung des Kapitalaufbringungsschutzes anzuzweifeln. Führt man sich vor Augen, dass die Differenzhaftung bei überbewertete Sacheinlagen erst eine Erscheinung der neueren Gesetzgebung darstellt und eine Umfassung dieser durch die Ausfallhaftung ohne Veränderungen des Wortlautes ausgekommen ist, drängt sich die Annahme auf, dass die damit einhergehenden Konsequenzen für eine mit „weniger als nichts“ bewerteten Einlage nicht bedacht wurden.[343] Bereits mangels Thematisierung in der Gesetzesbegründung ist naheliegend, dass dem Gesetzgeber das Problembewusstsein für diesen Sonderfall fehlte. Während im „Standartfall“ der überbewerteten Sacheinlage entweder ein zumindest geringer positiver Wert der eingebrachten Einlage zu verzeichnen ist,[344] oder schlicht eine Wertlosigkeit festzustellen ist, erstreckt sich die Höhe der Differenzhaftung zu keiner Zeit über die eigentliche Einlageverpflichtung des Inferenten. Lediglich in Ausnahmefällen ergibt sich ein solcher Negativwert.

ee) Vergleich zu § 31 Abs. 3 GmbHG

Im Rahmen der Diskussion zur Haftungsbeschränkung der Ausfallhaftung im Geltungsbereich der Kapitalerhaltungsvorschrift nach § 31 Abs. 3 GmbHG, sprach sich der BGH[345] für eine grundsätzliche Begrenzung der Ausfallhaftung

---

343 *Bayer*, in: FS Röhricht, 2005, S. 25, 32

344 *Gätsch*, BB 1999, 701, 702.

345 BGH Urteil v. 25. 02. 2002 – II ZR 196/00, BGHZ 150, 61 = DNotZ 2002, 472.

aus. Diese Auffassung ist gleichlaufend mit der herrschenden Literaturmeinung.[346]

Der zweite Zivilsenat stützt seine Begründung zur Haftungsbeschränkung im Wesentlichen auf die Fehlvorstellung des historischen Gesetzgebers über die Gegenständlichkeit des gesellschaftlichen Stammkapitals, auf die Grundsätze der Haftungsstruktur der GmbH, sowie auf die fehlenden Nachschuss- und Übernahmepflichten der Gesellschafter.[347]

Angesichts der Parallelität sowie dem gleichlaufenden Zweck des § 31 Abs. 3 und des § 24 GmbHG erscheint es verwunderlich, dass die Vergleichbarkeit der Normen, rund um die Problematik der Haftungsbeschränkung angezweifelt wird.[348] Jedenfalls muss die Argumentation der Haftungsbeschränkung im Fall des § 31 Abs. 3 GmbHG auch für § 24 GmbHG Geltung finden, als dass es sich dabei um grundlegende – sich auf die Organisationsstruktur der Gesellschaft im Allgemeinen beziehende – Aussagen handelt. So verweist der Senat neben der Betonung einer angemessenen Interessenabwägung zwischen Gläubiger und Gesellschafter auf die Besonderheiten der Haftungsstruktur der GmbH, insbesondere auf die fehlende Nachschusspflicht eines Gesellschafters.[349]

Dem Einwand von *Gätsch*, bei der Nachschusspflicht handle es sich um ein mit der Ausfallhaftung nicht in Verbindung zu bringendes Prinzip, welches für die Argumentation gegen eine unbeschränkte Haftung ungeeignet sei,[350] muss entgegengehalten werden, dass dem bereits zu Vergleichszwecken sowie der Darstellung der Haftungsstruktur nicht so ist.

Unter Nachschüssen sind weitere, von den Gesellschaftern über die eigentliche Einlageleistung hinausreichende Geldleistungen zu verstehen, welche lediglich Eigenkapitalcharakter aufweisen und keine Auswirkungen auf das Beteiligungsverhältnis haben.[351] Eine gesetzliche Nachschusspflicht besteht für die Gesellschafter einer GmbH gerade nicht. Hiervon hat der Gesetzgeber bewusst Abstand genommen, um die Haftung der Gesellschafter auf die versprochene Einlageleistung zu beschränken und den Gläubigerschutz – zum Nachteil

---

346 *Hommelhoff*, in: Lutter/Hommelhoff, GmbHG, § 31 Rn. 22; *Ekkenga*, in: MüKo-GmbHG, 3. Auflage, § 31 Rn. 63; *Verse*, in: Scholz, GmbHG, 12. Auflage, § 31 Rn. 61; *Joost*, GmbHR 1983, 285, 288 ff.; *Ulmer*, in: FS 100 Jahre GmbHG, S. 363, 371 ff.; *Altmeppen*, ZIP 2002, 961 ff.; *Cahn*, ZGR 2003, 298.

347 BGH Urteil v. 25. 02. 2002 – II ZR 196/00, BGHZ 150, 61, 65 = DNotZ 2002, 472, 474.

348 *Gätsch*, BB 1999, 701, 705.

349 BGH Urteil v. 25. 02. 2002 – II ZR 196/00, BGHZ 150, 61, 64 f. = DNotZ 472, 474.

350 *Gätsch*, BB 1999, 701, 705.

351 *Verse*, in: Henssler/Strohn, GmbHG, 3. Auflage, § 26 Rn. 3.

der Gesellschafter – nicht zu überspannen.[352] Gesellschaftsvertraglich kann eine Zahlungspflicht über die Einlage hinaus nur unter Berücksichtigung der §§ 26 ff. GmbHG erfolgen, wobei jedoch die Kalkulierbarkeit der Haftung gegeben sein muss. Ist eine summenmäßige Beschränkung nicht festgelegt, ist dies zwingend durch die Möglichkeit der Geschäftsanteilpreisgabe zu relativieren.[353] Hierdurch wird abermals deutlich, dass eine unbeschränkte Ausfallhaftung mit der grundlegenden Konzeption der GmbH und dem damit einhergehenden Haftungskonzept der Gesellschafter nicht zu vereinbaren ist.

c) Ergebnis

Die Haftung der Mitgesellschafter im Rahmen des § 24 GmbHG ist nach dem gerade Ausgeführten auch bei der Einbringung einer überbewerteten Sacheinlage, welche mit „weniger als nichts" zu bewerten ist, teleologisch zu reduzieren und auf die Höhe der Einlageverpflichtung des Primärschuldners zu begrenzen. Die Verantwortung des Gesellschafterkollektivs kann nur soweit gehen, wie das ursprüngliche Einlageversprechen des säumigen Gesellschafters reicht. Eine anderweitige summenmäßige Begrenzung der Haftung auf die Höhe des Stammkapitals insgesamt, ist unter dem Gesichtspunkt der Notwendigkeit für die reale Kapitalaufbringung nicht zu befürworten. Während eine solche Obergrenze für die „Schwesterproblematik" im Rahmen der Kapitalerhaltung zielführend sein mag, führt dies vorliegend zu einer die eigentliche Verantwortung übersteigenden Verpflichtung.

Die Absicherung der Differenzhaftung durch die Ausfallhaftung ist grundsätzlich als konsequent und richtig einzuordnen. Jedoch kann dies nur im Rahmen der allgemein geltenden und die GmbH in ihren Grundpfeilern ausmachenden Regelungen erfolgen. Eine über die Primärpflicht des säumigen Gesellschafters hinausreichende Haftung ist mit den Grundsätzen der Haftungsstruktur nicht zu vereinbaren.

3. *Haftung bei/durch vorzeitige(r) Geschäftsaufnahme*

Zu diskutieren ist die Frage einer summenmäßigen Beschränkung der Ausfallhaftung nach § 24 GmbHG ebenfalls im Rahmen der Vorbelastungs-/Unterbilanzhaftung sowie in Fällen der Verlustdeckungshaftung. Einer erneuten Analyse bedarf es deshalb, weil es sich hier, anders als bei der zuvor dargelegten

---

352 Begr. zum GmbHG, RT-Drucks. 1890/1892, Nr. 660, S. 3730.

353 Vgl. hierzu die Ausführungen *H. Jaeger*, in: BeckOK-GmbHG, 34. Edition, § 26 Rn. 1.

Problematik, um eine gänzlich abweichende Anwendungskonstellation der Ausfallhaftung handelt.

Bei der Primärverpflichtung, welche von dem Gesellschafterkollektiv im Rahmen der Ausfallhaftung zu übernehmen ist, handelt es sich nicht um eine ausstehende, persönlich begründete Verbindlichkeit eines Mitgesellschafters, sondern um eine anteilig auf ihn entfallende Gesamtverbindlichkeit. Hinzukommend resultiert diese Verbindlichkeit aus einer Geschäftstätigkeit, welche im Stadium der Vor-GmbH – und somit noch vor Entstehung des Haftungsträgers selbst – entstanden ist.

a) Vorbelastungs-/Unterbilanzhaftung

Die Vorbelastungshaftung, auch Unterbilanzhaftung genannt, ist als eine nicht kodifizierte Haftung der Gründungsgesellschafter durch die Rechtsprechung des BGH entwickelt worden. Sie ist als Teil eines Haftungsregimes entwickelt worden, welches das zuvor geltende, aber als wirtschaftlich untauglich empfundene Vorbelastungsverbot ablöste.[354] Ihr liegt insbesondere der ungeschriebene Rechtsgrundsatz der Unversehrtheit des Stammkapitals bei Eintragung der Gesellschaft (Unversehrtheitsgrundsatz) zugrunde.[355]

Die Vorbelastungshaftung tritt zu Tage, sobald bei Eintragung der Gesellschaft durch Verbindlichkeiten der Vorgesellschaft eine Schmälerung des Gesellschaftsvermögens zu verzeichnen ist.[356] Die Gründungsgesellschafter sind sodann zum Ausgleich des entstandenen Differenzbetrages zwischen dem gezeichneten Kapital und dem durch die Vorbelastung geschmälerten Gesellschaftsvermögen verpflichtet.[357] Hierdurch soll die Unversehrtheit des Stammkapitals bei Gesellschaftsentstehung gewährleistet und zugleich sichergestellt werden, dass die Gesellschaft über das gesellschaftsvertraglich versprochene Stammkapital verfügt.[358]

Die genaue Ausgestaltung der Vorbelastungshaftung ist bis dato umstritten. Der BGH vertritt nunmehr – entsprechend seines Konzeptes einer einheitlichen Gründerhaftung – eine anteilige unbeschränkte Innenhaftung der Gesellschafter.[359] Hiernach sind die Gesellschafter zu einer pro rata Haftung für die

---

354 BGH Urteil v. 09.03.1981 – II ZR 54/80, BGHZ 80, 129 = NJW 1981, 1373.

355 *Ulmer/Habersack*, in: Ulmer/Habersack/Löbbe, GmbHG, § 11 Rn. 98.

356 *Fastrich*, in: Baumbach/Hueck, GmbHG, § 11 Rn. 61.

357 *Maurer*, BB 2001, 2537.

358 BGH Urteil v. 09.03.1981 – II ZR 54/80, BGHZ 80, 129, 137 ff. = NJW 1981, 1373, 1375.

359 BGH Urteil v. 27.01.1997 – II ZR 123/94, BGHZ 134, 133, 341 = NJW 1997, 1507, 1508 f.

entstandene Unterbilanz verpflichtet, welche mit Eintragung der Gesellschaft fällig wird.[360]

Nach der Rechtsprechung des BGH[361] sowie der überwiegenden Meinung im Schrifttum[362] ist der Anspruch aus der Unterbilanzhaftung gleichlaufend der Einlageschuld der Gesellschafter zu behandeln, weshalb auch die Kapitalaufbringungsregelungen entsprechende Anwendung finden.[363] Hieraus folgt, dass bei Nichterbringung der anteilig zu leistenden Unterbilanzhaftung ebenfalls die §§ 21 ff. GmbHG zur Anwendung gelangen.[364] Für den Fall der Nichtleistung eines Gesellschafters sowie des erfolglos durchlaufenen Kaduzierungsverfahrens sind wiederum die übrigen Gesellschafter unter Anwendung des § 24 GmbHG analog für die Aufbringung der Unterdeckung verantwortlich.[365]

Einer Heranziehung der Ausfallhaftung in analoger Anwendung ist aufgrund der vergleichbaren Sach- und Interessenlage zuzustimmen.

Die in der Vor-GmbH begründeten Verpflichtungen gehen mit Eintragung der Gesellschaft auf die nunmehr entstehende GmbH über, weshalb ohne Ausgleich der bis zu diesem Zeitpunkt erwirtschafteten Verluste keine mit dem ausgewiesenen Stammkapital übereinstimmende Vermögensausstattung der Gesellschaft vorliegt. Um eine Einhaltung der Kapitalaufbringung zu gewährleisten und die hinreichende Kapitalausstattung der Gesellschaft zum Zeitpunkt ihrer Eintragung sicherzustellen, bedarf es der Absicherung der ausstehenden Zahlungen durch das Gesellschafterkollektiv. Durch die gleichwertige Absicherung von Einlageleistungen und Verpflichtungen aus der vorzeitigen Geschäftsaufnahme

360 BGH Urteil v. 09.03.1981 – II ZR 54/80, BGHZ 80, 129, 141 = NJW 1981, 1373, 1376; *Ulmer/Habersack*, in: Ulmer/Habersack/Löbbe, GmbHG, § 11 Rn. 112; differenzierend hingegen *K. Schmidt*, in: Scholz, 12. Auflage, § 11 Rn. 141.

361 BGH Urteil v. 06.12.1993 – II ZR 102, 93, BGHZ 124, 282 = NJW 1994, 724.

362 *Merkt*, in: MüKo-GmbHG, 3. Auflage, § 11 Rn. 161 ff.; *K. Schmidt*, in: Scholz, 12. Auflage, § 11 Rn. 143; a.A. *Bayer/Lieder*, ZGR 2006, 875, 889 ff. Vorbelastungshaftung als eigenständiges Institut, im Ergebnis aber analoge Abwendung des § 24 GmbHG; *Bayer*, in: Lutter/Hommelhoff, GmbHG, § 11 Rn. 48 Anwendung nur einzelner Vorschriften.

363 BGH Urteil v. 06.12.1993 – II ZR 102, 93, BGHZ 124, 282 = NJW 1994, 724; BGH Urteil v. 16.01.2006 – II ZR 65/04, BGHZ 165, 391 = DNotZ 2006, 539.

364 BGH Urteil v. 09.03.1981 – II ZR 54/80, BGHZ 80, 129 = NJW 1981, 1373; BGH Urteil v. 23.11.1981 – II ZR 115/81; anstatt vieler: *Ulmer/Habersack*, in: Ulmer/Habersack/Löbbe, GmbHG, § 11 Rn. 112; *Schmidt-Leithoff*, in: Rowedder/Schmidt-Leithoff, GmbHG, 5. Auflage, § 11 Rn. 30.

365 Anstatt vieler: *Bayer*, in: FS Röhricht, S. 25, 33; *Ulmer/Habersack*, in: Ulmer/Habersack/Löbbe, GmbHG, § 11 Rn. 101; *Merkt*, in: MüKo-GmbHG, 3. Auflage, § 11 Rn. 91.

wird ein einheitliches Schutzkonzept im Gründungsstadium geschaffen und damit dem Gläubigerschutz Rechnung getragen.

aa) Haftungsumfang

Die Vorbelastungshaftung selbst ist in ihrer Höhe unbeschränkt und misst sich allein an dem Umfang der erzielten Unterbilanz.[366] Der Haftungsumfang des einzelnen Gesellschafters aus seiner primären Verpflichtung kann daher für sich genommen bereits extremes Ausmaß annehmen. Für den Fall eines säumigen Mitgesellschafters, dessen anteilige Haftung im Rahmen der Ausfallhaftung hinzukommend zu erbringen ist, würde dies eine zusätzliche Mehrbelastung bedeuten, welche die Stammkapitalziffer der Gesellschaft um ein Vielfaches übersteigen kann.[367] Resultierend daraus stellt sich an dieser Stelle ebenfalls die Frage nach einer teleologischen Reduktion des Haftungsumfangs des § 24 GmbHG.

Im Gegensatz zu dem herkömmlichen Anwendungsfeld der Ausfallhaftung, nämlich bei einer nicht zu erzielenden (Rest)Einlage eines säumigen Gesellschafters, erfolgt bei der „Vorbelastungs-Ausfallhaftung"[368] nicht die Übernahme einer fremden Einlageverpflichtung, sondern vielmehr die Übernahme einer sich gegen die Gesellschaftergesamtheit richtende Schuld, die anteilig durch den nunmehr kaduzierten Gesellschafter zu erbringen war.[369] Der Haftungsgrund des Primärschuldners liegt somit nicht in der persönlichen Verpflichtung zur erstmaligen Aufbringung *seiner* Einlageleistung, sondern einer allgemeinen, der Gesellschafterversammlung obliegenden Verpflichtung zur *Wiederausstattung* der Gesellschaft mit dem versprochenen aber bereits verminderten Stammkapital.

Eine Begrenzung der Ausfallhaftung auf die Höhe der versprochenen Stammeinlage des säumigen Gesellschafters ist an dieser Stelle folglich bereits aufgrund des fehlenden Zusammenhangs zu der Haftungsentstehung abzulehnen. Ob und in welcher Höhe die Einlageleistungen der Gesellschafter bereits erbracht wurden, ist für die Entstehung des Vorbelastungsanspruchs als auch der Vorbelastungsausfallhaftung ohne Relevanz.

Zur Vermeidung ausufernder Haftung bei der Übernahme von anteiligen Verbindlichkeiten säumiger Mitgesellschaftern im Rahmen des § 24 GmbHG

---

366 BGH Urteil v. 24.10.1988 – II ZR 176/88, BGHZ 105, 300, 303 = NJW 1989, 710; BGH Urteil v. 09.03.1981 – II ZR 54/80, BGHZ 80, 129, 140 f. = NJW 1981, 1373, 1375 a.E.

367 BGH Urteil v. 24.10.1988 – II ZR 176/88, BGHZ 105, 300, 3003 = NJW 1989, 710.

368 Begriff von *Görner/Kling*, GmbHR 2004, 714, 722.

369 Vgl. *Bayer*, in: FS Röhricht, S. 25, 33.

kann einzig eine Haftungsbegrenzung auf die Höhe des Stammkapitals der Gesellschaft angedacht werden.

bb) Meinungsstand

Eine Auseinandersetzung mit diesem Problemfeld findet in der Literatur kaum statt. Den vereinzelt anzutreffenden Stellungnahmen ist eine Ablehnung der Haftungsbegrenzung zu entnehmen, was allerdings kaum verwundert, da es sich um dieselben Autoren handelt, welche eine summenmäßige Beschränkung der Ausfallhaftung generell ablehnen.[370]

Findet eine Auseinandersetzung mit dieser Problematik statt, wird insbesondere ins Feld geführt, dass es für eine summenmäßige Beschränkung der Haftung an einem besonderen Schutzbedürfnis der Gesellschafter fehle, da diese zur Auslösung der Primärhaftung einstimmig der vorzeitigen Geschäftsaufnahme zugestimmt haben müssen und dadurch bewusst das Risiko einer Vorbelastungshaftung sowie der ggf. damit einhergehenden Ausfallhaftung nach § 24 GmbHG in Kauf genommen hätten.[371]

cc) Stellungnahme

Ungeachtet des Arguments der Eigenverantwortlichkeit der Haftungsentstehung ist der Literaturauffassung, eine Haftungsbegrenzung zu verneinen, im Ergebnis zuzustimmen. Dies lässt sich jedoch nicht auf die Eigenverantwortlichkeit der Gesellschafter bezüglich ihrer Entscheidung zur vorzeitigen Geschäftsaufnahme stützen.

Problematisch bei der auf Eigenverantwortlichkeit der Gründungsgesellschafter basierenden Argumentation ist, dass die Art der haftungsauslösenden Verbindlichkeiten des Primäranspruchs nicht hinreichend bestimmt ist bzw. strittig ist, welche Vermögensminderungen – insbesondere im Zusammenhang mit eingebrachten Sacheinlagen – haftungsauslösend sein sollen. Diskutiert wird bereits, welche Verbindlichkeiten der *vorzeitigen Geschäftsaufnahme* zuzurechnen sind und ob die Unterbilanzhaftung auch bei „von selbst" eintretenden Wertminderungen, wie sie im Zusammenhang mit eingebrachten Sacheinlagen auftreten können, greifen soll.[372] Hier ist insbesondere an Wertminderungen durch Umstände, wie unvorhergesehene konjunkturelle Änderungen oder Naturkatastrophen zu denken,[373] welche nicht aus der werbenden Tätigkeit der

370 Vgl. *Bayer*, in: FS Röhricht, S. 25, 34; *Schütz*, in: MüKo-GmbHG, 3. Auflage, § 24 Rn. 71.

371 *Bayer*, in: FS Röhricht, S. 25, 34.

372 *Roth*, in: Roth/Altmeppen, GmbHG, § 24 Rn. 17.

373 Vgl. auch Beispiele bei *Zöllner*, in: FS Wiedemann, S. 1383, 1393.

Gesellschaft vor ihrer eigentlichen Entstehung resultieren. Ausgehend hiervon ist die Eigenverantwortlichkeit der Gründungsgesellschafter für die Entstehung des Primäranspruchs (Vorbelastungsanspruchs) fraglich.

Anknüpfungspunkt der Vorbelastungshaftung stellt die bewusste, vorzeitige Aufnahme der Geschäftstätigkeit durch Gesellschafterentscheidung dar.[374] Die damit einhergehende Erweiterung der Vertretungsmacht der Geschäftsführung, von bloßen Geschäften zur Erzielung der Eintragung hin zur wirtschaftlichen Tätigkeit der Gesellschaft, rechtfertige die Verantwortung zur Übernahme der damit einhergehenden Verluste.[375] Welche der dabei entstehenden Verluste Haftungsrelevanz besitzen, ist stark umstritten, was nicht zuletzt auf die Uneinigkeit des Beurteilungszeitpunktes zurückzuführen ist.

Zum Teil wird eine „strenge Unterbilanzhaftung" angenommen, wobei jede irgendwie begründete Differenz zwischen Stammkapital und tatsächlichem Vermögen der Gesellschaft auszugleichen sei.[376] *K. Schmidt* will die Gesellschafter lediglich für solche Verluste in Anspruch nehmen, die sich aus der Geschäftstätigkeit der Gesellschaft bis zur Handelsregisteranmeldung ergeben.[377]

Der BGH[378] sowie die Mehrzahl der literarischen Stimmen[379] folgt im Grundsatz der strengen Unterbilanzhaftung, wobei jedoch die mit der Gründung notwendig einhergehenden Kosten auszunehmen seien.[380] Die Gesellschafter haben danach die vorhandene Differenz des Gesellschaftskapitals auszugleichen, soweit sich diese weder aus der Satzung[381] noch aus dem Gesetz ergibt.[382]

---

374 BGH Urteil v. 24.10.1988 – II ZR 176/88, BGHZ 105, 300, 303 = DNotZ 1989, 516, 517.

375 *Bayer*, in: Lutter/Hommelhoff, GmbHG, § 11 Rn. 42; *Ulmer/Habersack*, in: Ulmer/Habersack/Löbbe, GmbHG, § 11 Rn. 102, 107; *Fastrich*, in: Baumbach/Hueck, GmbHG, § 11 Rn. 61; BGH Urteil v. 24.10.1988 – II ZR 176/88, BGHZ 105, 300, 303 = DNotZ 1989, 516, 517.

376 *Zöllner*, in: FS *Wiedemann*, S. 1383, 1397 f., 1401.

377 *K. Schmidt*, in: Scholz, GmbHG, 12. Auflage, § 11 Rn. 147.

378 BGH Urteil v. 09.03.1981 – II ZR 54/80, BGHZ 80, 129 = NJW 19981, 1373.

379 *Blath*, in: Michalski/Heidinger/Leible/J. Schmidt, GmbHG, 3. Auflage, § 11 Rn. 141. *Roth*, in: Roth/Altmeppen, GmbHG, § 11 Rn. 17; *Bayer*, in: Lutter/Hommelhoff, GmbHG, § 11 Rn. 44; *Fastrich*, in: Baumbach/Hueck, GmbHG, § 11 Rn. 64.

380 BGH Urteil v. 09.03.1981 – II ZR 54/80, BGHZ 80, 129, 141 = NJW 19981, 1373, 1376; *Blath*, in: Michalski/Heidinger/Leible/J. Schmidt, GmbHG, 3. Auflage, § 11 Rn. 141.

381 Festsetzung der Gründungskosten nach § 26 AktG analog, hierzu: BGH Urteil v. 20.02.1989 – II ZB 10/88, BGHZ 107, 1, 6 f. = NJW 1989, 1610, 1612; OLG Hamm, Beschluss v. 27.10.1983 – 15 W 294/83, MDR 1984, 319; *Ulmer*, in: Hachenburg, GmbHG, 7. Auflage, § 5 Rn. 160 f.

382 BGH Urteil v. 09.03.1981 – II ZR 54/80, BGHZ 80, 129, 132 ff. = NJW 19981, 1373, 1374 ff.

Ausgenommen sind hiernach Verbindlichkeiten, welche als Gründungskosten, *„insbesondere Eintragungs- und Bekanntmachungsgebühren"*, zu bewerten sind.[383] Davon nicht umfasst sind Anlaufkosten der Gesellschaft, wie sie sich regelmäßig aus der Einstellung von Mitarbeitern, Anmietung von Räumlichkeiten oder Werbemaßnahmen ergeben.[384]

Besonders strittig gestaltet sich die Behandlung von Wertdifferenzen, welche im Zusammenhang mit einer Sachgründung entstehen. Wird eine Sacheinlagen in die Gesellschaft eingebracht, wird bereits in der gesellschaftsvertraglichen Festlegung dessen eine konkludente Einwilligung in die Erweiterung der Vertretungsmacht gesehen.[385] Anders als bei einer Bargründung können die eingebrachten Sacheinlagen selbst einer Wertminderung unterliegen. Handelt es sich dabei um ein Unternehmen sind sowohl Verluste aus der Fortführung des Betriebes als auch grundsätzliche Wertverluste zu bedenken und gegebenen falls zu unterscheiden. Inklusive Abgrenzungsfragen zur Differenzhaftung des Inferenten ist hier ein weites Meinungsfeld zu finden.

Vertreten wird Einerseits jegliche durch die Sacheinlage erfolgten Verluste über die Vorbelastungshaftung abzudecken,[386] da allein anhand einer bilanziellen Betrachtung Abgrenzungsproblematiken ausbleiben und damit der Rechtsunsicherheit entgegengewirkt werde.[387] Andernorts wird vertreten, reine Wertminderungen der eingebrachten Sacheinlagen von der Haftung auszunehmen[388] und diese allein der Differenzhaftung des Inferenten zu unterwerfen,[389] während die Minderung des Ertragswertes eines eingebrachten Unternehmens zum Eintragungsstichtag für die Vorbelastungshaftung von Relevanz sein soll.[390]

Unter Anwendung der strengen bilanziellen Betrachtung erfolgt keine Differenzierung zwischen wirtschaftlich, zur Erhaltung des Wertes notwendigen

---

383 BGH Urteil v. 09.03.1981 – II ZR 54/80, BGHZ 80, 129, 141 = NJW 19981, 1373, 1376.

384 *Bayer*, in: Lutter/Hommelhoff, GmbHG, § 11 Rn. 43; *Luttermann/Lingl*, NZG 2006, 454, 455.

385 *Fastrich*, in: Bauchmbach/Hueck, GmbHG, 21. Auflage, § 11 Rn. 20.

386 *Bayer*, in: Lutter/Hommelhoff, GmbHG, § 11 Rn. 49; *Ulmer/Habersack*, in: Ulmer/Habersack/Löbbe, GmbHG, § 11 Rn. 107; *Roth*, in: Roth/Altmeppen, GmbHG, § 11 Rn. 15 f., 17.

387 *Roth*, in: Roth/Altmeppen, GmbHG, § 11 Rn. 15 f.

388 *Schulze-Osterloh*, in: FS Goerdeler S. 531, 534; *K. Schmidt*, in: Scholz, GmbHG, 12. Auflage, § 11 Rn. 147.

389 *C. Schmidt-Leithoff*, in: Rowedder/Schmidt-Leithoff, GmbHG, 6. Auflage, § 11 Rn. 30.

390 *K. Schmidt*, in: Scholz, GmbHG, 12. Auflage, § 11 Rn. 147; *Ulmer/Habersack*, in: Ulmer/Habersack/Löbbe, GmbHG, § 11 Rn. 107.

Geschäften im Zusammenhang mit eingebrachten Sacheinlagen und sonstigen operativen Geschäften der Vorgesellschaft.[391] Eine Unterscheidung zwischen Vorbereitungshandlungen von späteren Geschäften und tatsächlich operativen Geschäftstätigkeiten zum Zeitpunkt der Vor-GmbH erfolgt gerade nicht,[392] vielmehr sind auch Zufallsverluste von der strengen Unterbilanzhaftung zu erfassen.[393]

Zurückkommend auf die Aussage, dass die unbeschränkte Haftung der Gesellschafter durch ihr Einverständnis zu einer vorzeitigen Geschäftsaufnahme gerechtfertigt wäre und ihnen daher im Fall der Fälle auch der volle Haftungsumfang – einschließlich des Ausfalls ihrer Mitgesellschafter – anzulasten sei, kann nach dem gerade aufgezeigten jedoch keine derart umfangreiche Bedeutung beigemessen werden, als dass daraus eine bewusste Entscheidung unter Risikoabwägung erfolgt wäre.

Jedoch spricht für die unbegrenzte Haftung im Fall der Vorbelastungshaftung, dass die Ausgangslage eine gänzlich andere ist, als bei der mit „weniger als nichts" zu bewertenden Sacheinlage. Zwar liegen in beiden Fallkonstellationen eine unbeschränkte Primärhaftung vor jedoch ist die subsidiäre Haftung des Gesellschafterkollektivs lediglich in letzterer Konstellation zu begrenzen. Gegen eine Haftungsbegrenzung im vorliegenden Fall sprechen im Wesentlichen zwei Argumente. Zum einen resultiert die Schmälerung des Gesellschaftskapitals aus Verbindlichkeiten, welche vor der eigentlichen Entstehung der Gesellschaft als Haftungssubjekt begründet wurden. Dies verhält sich konträr zu dem strengen Vorbelastungsverbot und stellt für sich genommen gerade kein Problem oder eine Fehleinschätzung der Kapitalaufbringung dar. Zum anderen richtet sich bereits der Primäranspruch der Unterbilanzhaftung gegen alle beteiligten Gründungsgesellschafter, weshalb auch die auf einen Mitgesellschafter entfallende und nicht zu erzielende anteilige Haftsumme in voller Höhe von den Ausfallschuldnern zu übernehmen ist. Die damit einhergehende Belastung des einzelnen solventen Gesellschafters auf die Höhe des Stammkapitals der Gesellschaft begrenzen zu wollen, würde eine Aushöhlung des Gläubigerschutzes bedeuten.

---

391 Vgl. hierzu *Ulmer*, in: FS Ballerstedt, S. 279, 289.

392 Vgl. BGH Urteil v. 16.01.2006 – II ZR 65/04, BGHZ 165, 391, 394 ff. = GmbHR 2006, 482, 483 ff.

393 *Ulmer/Habersack*, in: Ulmer/Habersack/Löbbe, GmbHG, § 11 Rn. 107; a.A. *K. Schmidt*, in: Scholz, GmbHG, 12. Auflage § 11 Rn. 141.

b) Verlustdeckungshaftung

Für die Verlustdeckungshaftung ist nicht einzig die Frage einer Haftsummenbegrenzung zu erörtern, sondern bereits die Anwendbarkeit der Ausfallhaftung genau zu diskutieren.

Die Verlustdeckungshaftung stellt das Äquivalent der Unterbilanzhaftung für den Fall einer nicht zur Eintragung und damit nicht zur Entstehung gelangten Gesellschaft dar. Im Rahmen einer einheitlichen Gründerhaftung sollen die an der Vor-GmbH beteiligten Personen auch dann zum Ausgleich der bereits erwirtschafteten und vom Gesellschaftsvermögen nicht gedeckten Verluste verpflichtet sein, wenn die Gesellschaft schlussendlich gar nicht zur Entstehung gelangt.[394]

Umstritten ist dabei die konkrete Ausgestaltung der Haftung. Während der BGH sowie Teile der Literatur trotz aufgegebener Eintragung eine anteilige unbeschränkte Innenhaftung der Gesellschafter annehmen,[395] spricht sich der Großteil der Literatur[396] für eine unmittelbare Außenhaftung der beteiligten Personen aus.

Die vom BGH angewendete Innenhaftung beschränkt sich nicht einzig auf die noch ausstehenden Einlageleistungen, wie es vor der Rechtsprechungsänderung der Fall war,[397] sie erfasst vielmehr alle vom Gesellschaftsvermögen nicht abgedeckten Verbindlichkeiten der Vor-GmbH. Mangels Entstehung der Gesellschaft bedarf es darüber hinaus jedoch keiner erneuten Auffüllung des Stammkapitals, weshalb lediglich die nach der Liquidation verbleibenden Gläubigerverbindlichkeiten abzudecken sind.[398]

---

394 *Bayer*, in: Lutter/Hommelhoff, GmbHG, § 11 Rn. 18 ff.

395 BGH Urteil v. 20.01.1997 – II ZR 123/94, BGHZ 134, 333, 334 = NJW 1997, 1507, 1508; *Gummert*, DStR 1997, 1007, 1009; *Fastrich*, in: Baumbach/Hueck, GmbHG, § 24 Rn. 2; *Kellermann*, in: FS Röhricht, S. 291, 293; *Lutter*, JuS 1998, 1073, 1077; *Ulmer/Habersack*, in: Ulmer/Habersack/Löbbe, GmbHG, § 11 Rn. 82.

396 *K. Schmidt*, in: Scholz, GmbHG, 12. Auflage, § 11 Rn. 91 ff.; *Altmeppen*, in: Roth/Altmeppen, GmbHG, Rn. 3; *Bayer*, in: Lutter/Hommelhoff, GmbHG, § 11 Rn. 22; *Flume*, DB 1998, 45 ff.; *Zöllner*, in: FS Wiedemann, S. 1383, 1406 ff.; *Wilhelm*, DB 1996, 921 ff.; *Raiser/Veil*, BB 1996, 1344 ff.

397 Vgl. dazu BGH Urteil v. 15.12.1975 – II ZR 95/73, BGHZ 65, 378, 382 = NJW 1976, 419; BGH Urteil v. 15.06.1978 – II ZR 205/76, BGHZ 72, 45, 49 = NJW 1978, 1978; BGH Urteil v. 09.03.1981 – II ZR 54/80, BGHZ 80, 129, 144 = NJW 1981, 1373.

398 BGH Urteil v. 20.01.1997 – II ZR 123/94, BGHZ 134, 333, 334 f. = NJW 1997, 1507; BGH Urteil v. 06.03.2012 – II ZR 56/10, BGHZ 192, 341, 346 = NJW 2012, 1875, 1876; *Ulmer/Habersack*, in: Ulmer/Habersack/Löbbe, GmbHG, § 11 Rn. 120.

Das Konzept der Innenhaftung begründet der BGH mit dem systematischen Verständnis der Vor-GmbH, welche der eigentlichen GmbH und ihrer beschränkten Haftung nähersteht, als einer OHG, bei welcher die Gesellschafter nach außen haften.[399] Außerdem sei ein Haftungsgleichlauf *vor* und *nach* Eintragung der Gesellschaft in Form einer Gründerhaftung, als Unterbilanz- und Verlustdeckungshaftung, anzustreben.[400]

Diesem Konzept folgend wird auch die Anwendung der Ausfallhaftung in analoger Form auf die nicht zu erzielenden, anteiligen Verpflichtungen der an der Vor-GmbH beteiligten Personen in unbeschränkter Höhe angenommen.[401]

Die Ausfallhaftung auch im Rahmen der Vor-GmbH anwenden zu wollen, ist deshalb problematisch, weil das Ziel der Verlustdeckungshaftung streng genommen nicht darin besteht die Kapitalaufbringung im eigentlichen Sinne zu gewährleisten. Vielmehr wird dadurch das benötigte Kapital zur Gläubigerbefriedigung aufgebracht und gerade keine erneute Kapitalausstattung der Gesellschaft – wie es durch die Unterbilanzhaftung geschieht – angestrebt. Die Kapitalaufbringung speist sich nicht zwingend aus den noch ausstehenden Einlageverpflichtungen der Gesellschafter, da die Verluste unabhängig von der bereits geleisteten Einlage des Einzelnen anteilig auf alle an der Vorgesellschaft beteiligten Personen aufgeteilt werden.[402] Der eigentliche mit § 24 GmbHG verfolgte Zweck, nämlich die Absicherung der Stammkapitalaufbringung, wird somit vorliegend gar nicht verfolgt.

Für die Anwendbarkeit der Ausfallhaftung wird der Gleichlauf der Gründerhaftung angeführt.[403] Es sei nicht nachzuvollziehen, warum eine nicht vollzogene Eintragung Auswirkungen auf die Einstandspflichten der beteiligten Personen und damit auf den Schutz der Gläubiger haben soll.[404] Richtig ist, dass die Entstehung der bereits vor Eintragung entstandenen Belastungen sowohl im Fall der Unterbilanzhaftung, als auch im Fall der Verlustdeckungshaftung aus denselben Gegebenheiten erwachsen und einzig das Gelingen der

---

399 BGH Urteil v. 20.01.1997 – II ZR 123/94, BGHZ 134, 333, 339 = NJW 1997, 1507, 1508.

400 BGH Urteil v. 20.01.1997 – II ZR 123/94, BGHZ 134, 333, 339 = NJW 1997, 1507, 1508.

401 *Gummert*, DStR 1997, 1007, 1009; *Fastrich*, in: Baumbach/Hueck, GmbHG, § 24 Rn. 2; *Ulmer/Habersack*, in: Ulmer/Habersack/Löbbe, GmbHG, § 11 Rn. 82; *Görner/Kling*, GmbHR 2004, 714, 722; Zur Bekräftigung der Gegenposition auch: *K. Schmidt*, in: Scholz, GmbHG, 12. Auflage, § 11 Rn. 92; *K. Schmidt*, Gesellschaftsrecht, § 34 III 3c; *Beuthien*, WM 2013, 1485, 1487.

402 BGH Urteil v. 27.01.1997 – II ZR 123/94, BGHZ 134, 333 = NJW 1997, 1507.

403 *Lutter*, JuS 1998, 1073, 1077.

404 *Görner/Kling*, GmbHR 2004, 714, 722.

Handelsregistereintragung sodann über die weitere Handhabe der entstandenen Verluste entscheidet. Unter Verweis auf eine einheitliche Gründerhaftung, auf Basis des Unversehrtheitsgrundsatzes, wird dies als nicht ausreichendes Unterscheidungsmerkmal angesehen.[405]

Dem ist entgegenzuhalten, dass zwischen der primären Haftungsverpflichtung der Gründungsgesellschafter und der subsidiären Haftungsübernahme nach § 24 GmbHG zu unterscheiden ist. Für das Konstrukt der Ausfallhaftung ist der Eintragung der Gesellschaft erhebliches Gewicht beizumessen. Allein das Stadium einer Vor-GmbH erreicht zu haben, kann nicht ausreichen um eine derartige kollektive Verantwortung zu erzielen, dass auch bei gänzlichem Ausbleiben der Eintragung eine Übernahme fremder Schulden gerechtfertigt wäre.

Darüber kann auch das Argument, es bedürfe einer einheitlichen Gründerhaftung – *vor* und *nach* Eintragung der Gesellschaft – zum Schutz der Gläubigerinteressen,[406] nicht hinweghelfen. Die Begründung dessen führt der BGH selbst an anderer Stelle an. Würde die Ausfallhaftung auch im Stadium der Vor-GmbH zur Anwendung gelangen, würde die Handelsregistereintragung und damit die Umwandlung der Vor-GmbH in eine juristische Person auf eine bloße Formalie beschränkt.[407] Da die GmbH als solche nicht entstanden ist und auch zukünftig nicht entstehen wird, fehlt es an der gesellschaftlichen Verbundenheit der potentiellen Ausfallschuldner,[408] wodurch keine gegenseitige Verantwortung zur Erbringung des Stammkapitals begründet wird. Nicht zuletzt auch deshalb, weil durch die Verlustdeckungshaftung jegliche vom Stammkapital nicht gedeckten Verbindlichkeiten umfasst sind.

Zudem fällt die Übertragung der Ausfallhaftung auf die Vorgesellschaft auch deshalb schwer, weil die Voraussetzungen des Kaduzierungsverfahrens mangels Eintragung nicht durchlaufen werden können.[409] Nicht zu erzielende Verpflichtungen würden unabhängig von einem Kaduzierungsverfahren auf einen zahlungsfähigen „Mitgesellschafter" abgewälzt. Dies würde nicht zuletzt die Subsidiarität der Ausfallhaftung beeinträchtigen.

Ungeachtet einer Bewertung der von der Rechtsprechung angewandten Innenhaftung, ist jedenfalls aus dem systematischen Blickwinkel des § 24 GmbHG eine „Verlustdeckungs-Ausfallhaftung"[410] auf die Vor-GmbH abzulehnen.

---

405 *Görner/Kling*, GmbHR 2004, 714, 722.
406 BGH Urteil v. 27.01.1997 – II ZR 123/94, BGHZ 134, 333, 339 = NJW 1997, 1507, 1508.
407 BGH Urteil v. 27.01.1997 – II ZR 123/94, BGHZ 134, 333, 336 = NJW 1997, 1507, 1508.
408 Vgl. auch *Hachenburg*, in: Hachenburg, GmbHG, 5. Auflage, § 24 vor Anm. 1.
409 *Bayer*, in: Lutter/Hommelhoff, GmbHG, § 24 Rn. 15.
410 *Görner/Kling*, GmbHR 2004, 714, 722.

Unter Anwendung des Außenhaftungsmodells der herrschenden Lehre ist für die Anwendung der Ausfallhaftung ohnehin kein Raum.[411] Hiernach sollen die an der Vor-GmbH beteiligten Personen analog § 128 HGB haften, wodurch ein Wettlauf der Gläubiger bei weniger komplizierter Durchsetzung der Ansprüche vermieden werden soll.[412] Durch die unmittelbare Haftung aller „Gesellschafter" bedarf es bei Zahlungsunfähigkeit eines Schuldners keinem Umweg über die Geltendmachung der Ausfallhaftung nach § 24 GmbHG, weshalb dessen Anwendung nicht erforderlich sei.[413]

4. *Ergebnis*

Eine summenmäßige Begrenzung der Ausfallhaftung ist für das Anwendungsfeld der Unterbilanzhaftung nicht vorzunehmen. Anders als bei einer ausufernden kollektiven Haftung im Rahmen einer eingebrachten, aber mit „weniger als nichts" zu bewertenden Sacheinlage, obliegt die Entstehung der Primärhaftung an dieser Stelle bereits dem gesamten Gesellschafterbestand. Während bei einer Sacheinlage das Risiko einer Überbewertung vornehmlich auf den Schultern des Inferenten liegt (§ 9 GmbHG), verteilt sich das Risiko einer vorzeitigen Geschäftsaufnahme auf die gesamte Gesellschafterversammlung[414] und ist deshalb auch im Rahmen des subsidiären Anspruchs aus § 24 GmbHG vollumfänglich zu tragen.

Für Verbindlichkeiten die im Zuge der Verlustdeckungshaftung zu erfüllen sind, kann die Ausfallhaftung keine Anwendung finden. Während § 24 GmbHG unter Zugrundelegung einer unmittelbaren Außenhaftung ohnehin keine Anwendung findet, muss dies mangels tatsächlicher Rechtsträgerentstehung auch im Rahmen eines Innenhaftungsmodells gelten.

II. *Haftungsumfang bei Kapitalerhöhung*

Neben der Absicherung der versprochenen Einlagen im Rahmen einer Gesellschaftsgründung, kommt die Ausfallhaftung auch bei einer Kapitalerhöhung im Laufe des Gesellschaftslebens zum Tragen.[415]

---

411 *Bayer*, in: Lutter/Hommelhoff, GmbHG, § 11 Rn. 22.
412 *K. Schmidt*, in: Scholz, GmbHG, 12. Auflage, § 11 Rn. 92.
413 *K. Schmidt*, in: Scholz, GmbHG, 12. Auflage, § 11 Rn. 91; *Bayer*, in: Lutter/Hommelhoff, GmbHG, § 11 Rn. 22.
414 *K. Schmidt*, in: Scholz, GmbHG, 12. Auflage, § 11 Rn. 148.
415 *Emmerich*, in: Scholz, GmbHG, 12. Auflage, § 24 Rn. 16 f.

Werden durch eine entsprechende Satzungsänderung neue Geschäftsanteile ausgegeben, sind die damit verbundenen Einlageversprechen der übernehmenden Gesellschafter ebenfalls durch die „übrigen Gesellschafter" im Rahmen der subsidiären Ausfallhaftung gem. § 24 GmbHG abzusichern. Die Zuführung neuer Mittel wird durch Einlageversprechen realisiert, welche – wie die Gründungsversprechen – den Kapitalaufbringungsvorschriften unterliegen.[416]

1. *Haftungsumfang von Neu- und Altgesellschaftern*

Umstritten ist in diesem Kontext die Aufteilung der Haftungsverantwortung zwischen Alt- und Neugesellschaftern. Werden die neu ausgegebenen Geschäftsanteile an außenstehende, bisher nicht beteiligte Gesellschafter in Form einer effektiven Kapitalerhöhung ausgegeben, stellt sich die Frage, welche Einstandspflicht sowohl die Alt- als auch die Neugesellschafter für nicht aufgebrachte Einlageleistungen der unterschiedlichen Emissionen trifft.

a) Meinungsstand

In der Literatur wurde zunächst eine Aufspaltung der Haftung nach der jeweiligen Beteiligungsdauer diskutiert.[417] Danach sollten die Altgesellschafter, vorausgesetzt sie beteiligten sich nicht an der Kapitalerhöhung, lediglich für die bis zur Kapitalerhöhung versprochenen Einlagen – also in der Regel die mit der Gründung einhergehenden Einlageversprechen – haften, während die Neugesellschafter einzig für die mit der Kapitalerhöhung entstandenen Einlageversprechen aufzukommen hatten.[418] Dies hätte zur Folge, dass jeweils nur die Gesellschafter zur Haftung einer rückständigen Einlageschuld herangezogen werden könnten, die an der entsprechenden Emission auch beteiligt waren. Begründet wurde eine solche Unterscheidung der Gesellschafter in Beteiligungsgenerationen mit dem Argument der ungleichen Verteilung der Haftungsgefahr. Schließlich müssten die Altgesellschafter andernfalls bei einer Kapitalerhöhung mit einem Wideraufleben bzw. einer Erweiterung ihres Ausfallhaftungsrisikos umgehen und die neu eintretenden Gesellschafter träfe ein ggf. unüberblickbares Risiko für bereits bestehende Einlageverpflichtungen.[419]

Eine derartige Aufteilung nach Emissionszugehörigkeit wurde vom RG als impraktikabel und dem Sinn und Zweck des § 24 GmbHG zuwiderlaufend

---

416 So bereits RG Urteil v. 15. 05.1931 – II 459/30, RGZ 132, 392, 394 ff.
417 *Feine*, in: Ehrenbergs Handbuch des gesamten Handelsrechts III, S. 336.
418 *Feine*, in: Ehrenbergs Handbuch des gesamten Handelsrechts III, S. 336.
419 *Feine*, in: Ehrenbergs Handbuch des gesamten Handelsrechts III, S. 336.

abgelehnt,[420] was der heute ganz herrschenden Meinung entspricht.[421] Dem Wortlaut des § 24 GmbHG sei schon keine solche Unterteilung in Gesellschaftergruppen zu entnehmen. Vielmehr erfolge eine Generalisierung, wodurch die „übrigen Gesellschafter“ unabhängig von ihrem Beitrittszeitpunkt zur Haftung heranzuziehen seien.[422]

Weiterhin wurde eingewandt, dass eine solche Unterteilung dem eigentlichen Zweck der Ausfallhaftung, nämlich der Absicherung der Kapitalaufbringung, nicht umfassend gerecht würde. Schließlich liege die Zielsetzung des § 24 GmbHG in der Realisierung der Kapitalaufbringung, notfalls allein durch den einzig verbleibenden solventen Gesellschafter.[423]

Durchgesetzt hat sich deshalb eine generelle Haftung aller Mitgesellschafter, unabhängig von ihrem Beitrittszeitpunkt.[424] Hiernach haften Neugesellschafter auch für Einlagerückstände aus Gründungszeiten oder vergangenen Emissionen, während Altgesellschafter ebenfalls für Einlagerückstände aus Kapitalerhöhungen, an welchen sie sich nicht beteiligt haben, haften.

Der BGH führt hierzu in neuster Rechtsprechung aus, dass es für die Haftung der neu eingetretenen Gesellschafter zudem ohne Belang sei, ob bei Fälligkeit der ausstehenden Einlageleistung bereits potentielle Ausfallhaftungsschulder vorhanden waren oder, ob ein Geschäftsanteil eines Alleingesellschafters erst nach aufschiebend bedingter Fälligkeit des Anspruchs geteilt und abgetreten wird. Es komme generell auf die mit der Inhaberschafft des Geschäftsanteils einhergehende Verpflichtung zur Haftung für rückständige Einlageleistungen an, unabhängig von deren Entstehung. Mit Teilung eines Geschäftsanteils obliegen den entstehenden selbstständigen Anteilen vollumfängliche Haftungsverpflichten.[425]

---

420 RG Urteil v. 15. 05.1931 – II 459/30, RGZ 132, 392, 395 f.

421 LG Mönchengladbach Urteil v. 23.10.1985 – 7 O 45/85, NJW-RR 1986, 837, 838; *W. Müller*, in: Ulmer/Habersack/Lübbe, GmbHG, § 24 Rn. 20; *Fastrich*, in: Baumbach/Hueck, GmbHG, § 24 Rn. 5; *Ebbing*, in: Michalski/Heidinger/Leible/J. Schmidt, GmbHG, 3. Auflage, § 24 Rn. 51; *Bayer*, in: FS *Röhricht*, 25, 28.

422 *W. Müller*, in: Ulmer/Habersack/Lübbe, GmbHG, § 24 Rn. 20; *Ebbing*, in: Michalski/Heidinger/Leible/J. Schmidt, GmbHG, 3. Auflage, § 24 Rn. 51.

423 *Fastrich*, in: Baumbach/Hueck, GmbHG, § 24 Rn. 5; *Lieder/Jena*, WuB 2019, 81,84.

424 BGH Urteil v. 18.09.2018 – II ZR 312/16, ZIP 2018, 2018, 2019 f., LG Mönchengladbach Urteil v. 23.10.1985 – 7 O 45/85, NJW-RR 1986, 837, 838; *Altmeppen*, in: Roth/Altmeppen, GmbHG, § 24 Rn. 17; *W. Müller*, in: Ulmer/Habersack/Lübbe, GmbHG, § 24 Rn. 20; *Fastrich*, in: Baumbach/Hueck, GmbHG, § 24 Rn. 5; *Ebbing*, in: Michalski/Heidinger/Leible/J. Schmidt GmbHG, 3. Auflage, § 24 Rn. 51.

425 BGH Urteil v. 18.09.2018 – II ZR 312/16, ZIP 2018, 2018, 2019 ff.

b) Stellungnahme

Diese Handhabe entspricht dem Zweck des § 24 GmbHG; ihr ist zu folgen. Eine Unterteilung in Gesellschaftergruppen würde eine künstliche Aufspaltung der Haftungsverpflichtung bedeuten, welche keinen Widerhall im Gesetzestext findet.[426] Auch den Gläubigerinteressen würde dadurch nicht hinreichend gerecht. Es fehlt bereits an einer Kenntnismöglichkeit der Gläubiger, welcher Gesellschafter für welche Einlageverpflichtung subsidiär einzutreten hat, was wiederum zu einer Unsicherheit im Haftungsfall führen würde. Hinzukommend sind keine stichhaltigen Argumente zu finden, weshalb der Beitritt in Bezug auf die Haftung bei einer Kapitalerhöhung anders ausgestaltete sein sollte, als bei einem schlichten Gesellschafterwechsel. Tritt ein neuer Gesellschafter durch Übernahme von Geschäftsanteilen in die Gesellschaft ein, tritt dieser auch in das Kollektiv der Gesellschafterversammlung ein, wodurch ihm neben den gleichen Rechten auch die gleichen Pflichten eines bereits langfristig beteiligten Gesellschafters zu Teil werden. Bei einer Kapitalerhöhung kann – unabhängig von der Tatsache, ob die Geschäftsanteile bereits bestanden oder neu entstanden sind – nichts anderes gelten.

Des Weiteren wirken sich die positiven Aspekte einer Kapitalerhöhung auf alle Gesellschafter aus. Zwar wird der Verzicht auf die Übernahme neu ausgegebener Geschäftsanteile zu einer Veränderung der bisherigen Beteiligungsverhältnisse führen, andererseits partizipieren auch die sich nicht beteiligten Gesellschafter von der Zuführung neuer Mittel und den sich damit ergebenden Handlungsspielräumen der Gesellschaft. Das Argument der ungleichen Haftungsverteilung greift daher nicht.

2. Haftungsumfang von Kleingesellschaftern

Von der Ablehnung einer Beteiligung an der Kapitalerhöhung ist die Zustimmungsverweigerung eines Gesellschafters zum Kapitalerhöhungsbeschluss zu unterscheiden.

Während die Gesellschafter bei ersterem schlicht von der ihnen zustehenden Möglichkeit des Anteilserwerbs keinen Gebrauch machen, stimmen die Gesellschafter im Fall der Zustimmungsverweigerung bereits grundsätzlich gegen die Erhöhung des Gesellschaftskapitals. Da sich das Abstimmungsverhalten jedoch in keiner Weise auf die Erweiterung der Kollektivhaftung nach § 24 GmbHG auswirkt, trifft den ablehnenden Gesellschafter trotzdem eine Haftungserweiterung

426 Vgl. *W. Müller*, in: Ulmer/Habersack/Lübbe, GmbHG, § 24 Rn. 20; *Ebbing*, in: Michalski/Heidinger/Leible/J. Schmidt, GmbHG, 3. Auflage, § 24 Rn. 51.

für potentiell nicht zu erzielende Einlagepflichten der mit der Kapitalerhöhung ausgegebenen Geschäftsanteile. Dies wird gerade bei nur gering beteiligten Gesellschaftern – angesichts der ihnen hieraus erwachsenden Haftungsgefahr – als ungerecht empfunden.

a) Problemdarstellung

Eine Kapitalerhöhung ist mangels abweichender gesellschaftsvertraglicher Regelung mit einer satzungsändernden Mehrheit von ¾ der abgegebenen Stimmen zu beschließen (§ 53 Abs. 2 GmbHG).[427] Dies führt dazu, dass es geringbeteiligten Gesellschaftern kaum möglich ist eine positive Beschlussfassung zu vermeiden. Erfolgt sodann die Ausgabe von neuen Geschäftsanteilen, obliegt den Kleingesellschaftern als Teil des Haftungskollektivs ebenfalls in vollem Umfang die subsidiäre Verantwortung der Kapitalaufbringung für nicht zu erzielende Einlagen ihrer Mitgesellschafter. Durch die Kapitalerhöhung kann sich die im Haftungsfall aufzubringende Summe exorbitant ausweiten, wodurch gerade den Kleingesellschafter mit einer nur geringen Beteiligung ein zuvor nicht dagewesenes finanzielles Risiko gegen seinen Willen trifft.[428]

b) Austrittslösung

Um dieser unzumutbaren Haftungserweiterung entgehen zu können, steht den Gesellschaftern, die der Kapitalerhöhung nicht zugestimmt haben und aufgrund ihrer Stellung als Minderheitsgesellschafter die Erhöhung des Stammkapitals nicht verhindern konnten, nach der herrschenden Auffassung ein Sonderaustrittsrecht aus wichtigem Grund zu.[429]

Ein Austrittsrecht oder eine Kündigung sind im Gesetz der GmbH nicht explizit vorgesehen. Im Hinblick auf die Loslösungsmöglichkeit von der Gesellschaft ist ein solches Recht – aus wichtigem Grund – jedoch allgemein anerkannt.[430]

---

427 *Gummert*, in: Henssler/Strohn, GmbHG, 3. Auflage, § 57 c Rn. 4.

428 Vgl. auch RG Urteil v. 11. 06.1918 – II 52/18, RGZ 93. 251, 253; Zu den Auswirkungen: OLG Hamm Urteil v. 26.01.2011 – I-8 U 142/10, GmbHR 2011, 588, 590.

429 BGH Urteil v. 01.04.1953 – II ZR 235/52, BGHZ 9, 157, 162 f. = NJW 1953, 780, 781; BGH Urteil v. 16.12.1991 – II ZR 58/91, BGHZ 116, 359, 369 = NJW 1992, 892, 895; LG Mönchengladbach Urteil v. 23.10.1985 – 7 O 45/85, NJW-RR 1986, 837, 838; *Altmeppen*, in: Roth/Altmeppen, GmbHG, § 24 Rn. 17; *W. Müller*, in: Ulmer/Habersack/Lübbe, GmbHG, § 24 Rn. 21; *Fastrich*, in: Baumbach/Hueck, GmbHG, § 24 Rn. 5; *Ebbing*, in: Michalski/Heidinger/Leible/J.Schmidt, GmbHG, 3. Auflage, § 24 Rn. 52.

430 BGH Urteil v. 01.04.1953 – II ZR 235/52, BGHZ 9, 157, 162 f. = NJW 1953, 780 f.; BGH Urteil v. 16.12.1991 – II ZR 58/91, BGHZ 116, 359, 369 = GmbHR 1992, 257; *Röhricht*, in: FS Kellermann, S. 361, 366 ff, 371; *Seibt* in: Scholz, GmbHG, 12. Auflage, Anhang

Nach den für das Austrittsrecht eines Gesellschafters entwickelten Grundsätzen muss sich aus der wertenden Beurteilung der Gesamtumstände des Einzelfalles ergeben, dass dem austrittswilligen Gesellschafter ein Verbleib in der Gesellschaft unzumutbar ist.[431] Das Vorliegen solcher Umstände wird in dem sich ggf. enorm erweiternden und damit als unzumutbar zu qualifizierenden Ausfallhaftungsrisiko gesehen.[432]

Anders verhält es sich in Fallgestaltungen, bei denen sich aus der gesellschaftsrechtlichen Treuepflicht eine Zustimmungspflicht zur Kapitalerhöhung ergibt. Muss eine Kapitalerhöhung beispielsweise zu Sanierungszwecken durchgeführt werden, ist dem Gesellschafter die Haftungserweiterung nach § 24 GmbHG durchaus zuzumuten.[433]

c) Kritik – „Alles-oder-Nichts-Prinzip"

Die Austrittslösung hat nicht zuletzt wegen des darin enthaltenen „Alles-oder-Nichts- Prinzips" Kritik erfahren und wird vielerseits als zu hart angesehen.[434] Schließlich stellt eine solche Handhabe den Gesellschafter vor die Wahl, entgegen seines Abstimmungsverhaltens die Kapitalerhöhung und die damit verbundene Erweiterung der Haftungsgefahr hinzunehmen oder einen Gesellschaftsaustritt mit allen Konsequenzen vorzunehmen.

d) Alternative der Haftungsprivilegierung

Alternativ haben sich in der Literatur verschiedene Privilegierungsansätze herausgebildet. Anders als bei der Austrittslösung soll dem Gesellschafter dadurch die Möglichkeit gegeben werden, in der Gesellschaft zu verbleiben, ohne gleichzeitig die Erweiterung des Ausfallhaftungsrisikos tragen zu müssen.

---

zu § 34 Rn. 6; *Ulmer/Habersack*, in: Ulmer/Habersack/Löbbe, GmbHG, Anhang zu § 34 Rn. 46; BGH Urteil v. 01.04.1953 – II ZR 235/52, BGHZ 9, 157,162f. = NJW 1953, 780; BGH Urteil v. 16.12.1991 – II ZR 58/91, BGHZ 116, 359 f. = DNotZ 1992, 526, 528 f.

431 BGH Urteil v. 16.12.1991 – II ZR 58/91, BGHZ 116, 359,369 = DNotZ 1992, 526, 529; *K. Schmidt*, Gesellschaftsrecht, § 35 IV 3b.

432 *Seibt*, in: Scholz, GmbHG, 12. Auflage, Anhang zu § 34 Rn. 13.

433 *W. Müller*, in: Ulmer/Habersack/Lübbe, GmbHG, § 24 Rn. 21; *Pentz*, in: Rowedder/Schmidt-Leithoff, GmbHG, 6. Auflage, § 24 Rn. 31.

434 *Grunewald*, in: FS Lutter, 413, 418; *Gaiser*, GmbHR 1999, 210, 213.

aa) Haftung nach Abstimmungsverhalten

Bereits in den Jahren 1914/15 wurde von *Liebmann*[435] und *Hollaender*[436] eine Haftung nach dem jeweiligen Abstimmungsverhalten des einzelnen Gesellschafters diskutiert. Hiernach sollte die Haftung der Altgesellschafter für nicht zu erzielende Einlagen im Rahmen einer Kapitalerhöhung von ihrer Zustimmung zu gleichnamiger abhängen. Einzig die zustimmenden Gesellschafter sollten danach das sich durch die Kapitalerhöhung erweiternde Haftungsrisiko für nicht zu erzielende Einlagen tragen.

Entsprechend der bereits angeführten Argumentation zur Ablehnung der Aufteilung nach Emissionszugehörigkeit, wurde auch hier eine Aufteilung der Gesellschafter nach ihrem Abstimmungsverhalten abgelehnt.[437] Die dadurch entstehende Gruppenbildung innerhalb der Gesellschaft sei mit den Haftungsgrundsätzen des Gesellschaftsrechts nicht vereinbar.[438]

bb) Einstimmigkeitserfordernis

Weiterhin wird zur Vorbeugung der Problematik eine einheitliche Beschlussfassung der Kapitalerhöhung angeregt.[439] Kritik erfuhr diese Überlegung aufgrund der fehlenden Rechtsgrundlage. Durch § 53 Abs. 3 GmbHG ließe sich ein solches Mehrheitserfordernis nicht begründen, da es bereits an der hierfür notwendigen Vermehrung der im Gesellschaftsvertrag konkretisierten Leistung des einzelnen Gesellschafters fehle.[440] Eine Leistungsvermehrung liege lediglich dann vor, wenn durch die Satzungsänderung neue Pflichten eingeführt würden oder bestehende eine Erweiterung erführen, gleichgültig ob zu Lasten aller oder nur einzelner Gesellschafter.[441] Der Begriff der Leistungsvermehrung werde zwar grundsätzlich weit verstanden, umfasse jedoch lediglich unmittelbare Leistungsvermehrungen.[442]

Die Erweiterung der Ausfallhaftung im Rahmen der Kapitalerhöhung stelle aufgrund ihrer Subsidiarität jedoch lediglich eine mittelbare Leistungspflicht dar. Durch die positive Beschlussfassung allein ergebe sich noch keine

---

435 *Liebmann*, ZHR 1914, 534, 539 f.

436 *Hollaender*, ZHR 1915, 65, 104 f.

437 RG Urteil v. 11.07.1918 – II 52/18, RGZ 93, 251, 252.

438 *W. Müller*, in: Ulmer/Habersack/Löbbe, GmbHG, § 24 Rn. 20.

439 *Bayer*, in: FS *Röhricht*, S. 25, 43; *Zimmermann*, in: Rowedder/Schmidt-Leithoff, GmbHG, 4. Auflage, § 55 Rn. 7.

440 RG Urteil v. 23.10.1928 – II ZR 54/28, RGZ 122, 159, 163; *Ulmer/Casper*, in: Ulmer/Habersack/Löbbe, GmbHG, § 53 Rn. 119 f.

441 *Schnorbus*, in: Rowedder/Schmidt-Leithoff, GmbHG, 6. Auflage, § 53 Rn. 68.

442 *Ulmer/Casper*, in: Ulmer/Habersack/Löbbe, GmbHG, § 53 Rn. 86.

Leistungspflicht; diese begründe sich erst auf der Übernahmeerklärung bezüglich neuer Geschäftsanteile. Die Abgabe einer solchen Erklärung stehe allerdings jedem Gesellschafter frei.[443]

Auch in Bezug auf die mit den neu ausgegebenen Anteilen verbundene Erweiterung der Ausfallhaftung liege keine vermehrte Leistungspflicht vor, da sich durch den Kapitalerhöhungsbeschluss lediglich die bereits bestehende Gefahr der Haftung erweitere und diese zudem nur eine potentielle Gefahr darstelle. Eine tatsächliche Realisierung dieser hänge von diversen Faktoren ab, welche zu keiner Zeit eintreten müssen.[444] Dies würde insbesondere durch die Subsidiarität der Ausfallhaftung und den verschiedenen Mechanismen der §§ 21–23 GmbHG deutlich. Hinzukommend zöge ein Einstimmigkeitserfordernis für den Beschluss einer Kapitalerhöhung eine erhebliche Einschränkung der Handlungsfähigkeit der Gesellschafterversammlung nach sich.[445]

Das dadurch geschaffene Missbrauchspotential für Kleingesellschafter stünde in keinem Verhältnis zu dessen Nutzen. Gerade in Anbetracht der Alternative – einen Austritt vornehmen zu müssen – ließe die Minderheitsgesellschafter gegen eine Kapitalerhöhung stimmen. Auch unternehmerisch gebotene Erhöhungen könnten so durch einzelne nur gering beteiligte Gesellschafter unterbunden werden, um einer weiteren Verwässerung ihrer eigenen Beteiligung vorzubeugen. Schließlich liegt es nahe, dass ein Gesellschafter, der selbst keine weiteren Geschäftsanteile übernehmen kann, – ungeachtet der gesellschaftlichen Konsequenzen – mit einer Gegenstimme der Verwässerung seiner Anteile zuvorkommen möchte. Die Verhinderung einer sich ausweitenden Ausfallhaftung muss dabei nicht zwingend den Antrieb bilden.

Andere Autoren hingegen sehen die Rechtsgrundlage für ein Einstimmigkeitserfordernis in einer analogen Anwendung des § 51 Abs. 1 Satz 1 UmwG.[446] Dieser zielt auf einen Verschmelzungsbeschluss einer GmbH ab und sieht aufgrund der damit verbundenen Risiken der Ausallhaftung die Zustimmungspflicht aller Gesellschafter vor.

§ 51 Abs. 1 Satz 1 UmwG trägt damit explizit der Gefahr der Ausfallhaftung Rechnung, weshalb eine Parallelität durchaus gegeben ist.

---

443 *Lieder*, in: MüKo-GmbHG, 3. Auflage, § 55 Rn. 26.

444 RG Urteil v. 11.06.1918 – II 52/18, 251, 253; *Schnorbus*, in: Rowedder/Schmidt-Leithoff, GmbHG, 6. Auflage, § 53 Rn. 70; *Bayer*, in: FS Röhricht, S. 25, 43.

445 Vgl. auch *Priester*, in: Scholz, GmbHG, 11. Auflage, § 55 Rn. 21; *Lieder*, in: MüKo-GmbHG, 3. Auflage, § 55 Rn. 26.

446 *Bayer*, in: FS Röhricht 2005, S. 25, 43; *Zimmermann*, in: Rowedder/Schmidt-Leithoff, GmbHG, 4. Auflage, § 55 Rn. 7.

Bei einer Verschmelzung unter Beteiligung einer GmbH wird der Kreis der Gesellschafter erweitert, wodurch bei nur teilweise aufgebrachten Einlagen auch die potentielle Gefahr der Ausfallhaftung ansteigt. Diese Risikoübernahme soll deshalb der gesamten Gesellschafterversammlung vorbehalten bleiben.[447]

Diese Entscheidungsfrage des einzelnen (Minderheits-)Gesellschafters kann allerdings nicht gleichermaßen für die Kapitalerhöhung gelten. Zwar erweitert sich auch hier der Haftungsrahmen der Gesellschafter durch die Vergabe weiterer Anteile, jedoch geschieht dies im Rahmen der Gesellschaftsfortentwicklung und gerade nicht durch eine Umstrukturierung der Gesellschaft.[448] Zudem spricht auch hier die „Blockademöglichkeit" des einzelnen Gesellschafters gegen eine analoge Anwendung.[449]

cc) Analoge Anwendung des § 39 Abs. 5 InsO

Weiterhin wird diskutiert, Altgesellschafter, welche gegen eine Kapitalerhöhung gestimmt haben, von der Haftungserweiterung durch eine analoge Anwendung des § 39 Abs. 5 InsO zu befreien.[450] Entwickelt wurde diese Haftungseinschränkung ursprünglich anhand des seit dem 1. November 2008[451] aufgehobenen § 32a Abs. 3 Satz 2 GmbHG, welcher nicht-geschäftsführende Kleingesellschafter im Rahmen der Eigenkapitalerstattung privilegierte.[452]

§ 32a Abs. 1 GmbHG a.F. sah vor, dass sich ein Gesellschafter, welcher die Gesellschaft in der Krise anstatt mit Eigenkapital lediglich mit einem Gesellschafterdarlehen ausstattete, im Insolvenzfall als nachrangiger Gläubiger einzustufen war. Das im Rahmen eines Gesellschafterdarlehens zugeführte Kapital wurde demnach im Insolvenzfall als Eigenkapital betrachtet.[453] Etwas anderes sollte jedoch gemäß § 32a Absatz 3 Satz 2 für nicht an der Geschäftsführung beteiligte Kleingesellschafter gelten. Im Zuge des MoMiG wurde diese Privilegierung aus dem GmbHG in § 39 Abs. 5 InsO verlagert.

Übertragen auf die Ausweitung der Ausfallhaftung soll auch hier der Minderheitsgesellschafter, welcher durch die Kapitalerhöhung einem höheren Ausfallhaftungsrisiko ausgesetzt ist, eine Privilegierung im Haftungsfall erfahren. Resultierend daraus ist der Altgesellschafter, welcher sich gegen die

447 *Stratz*, in: Schmitt/Hörtnagl/Stratz, UmwG, § 51 Rn. 4.
448 Vgl. *Lieder*, in: MüKo-GmbHG, 3. Auflage, § 55 Rn. 26.
449 *Priester*, in: Scholz, GmbHG, 11. Auflage, § 55 Rn. 21.
450 *Grunewald*, in: FS Lutter 2000, 413, 417 ff; *Gaiser*, GmbHR 1999, 210, 213 ff.
451 Im Zuge des MoMiG.
452 vgl. dazu *Gaiser*, GmbHR 1999, 210, 213 ff.
453 Vgl. ausführlich *K. Schmidt*, in: Scholz, GmbHG, 12. Auflage, § 32 b a.F. Rn. 3.

Kapitalerhöhung ausgesprochen hat, von der Haftung nach § 24 GmbHG insofern zu befreien, als dass sich die ausstehende Einlageleistung aus einem der neu ausgegebenen Geschäftsanteile ergibt.[454]

Fragwürdig hierbei ist zunächst die pauschalisierende Privilegierung von Gesellschaftern mit einer Beteiligung nicht oberhalb der 10 %, zumal umfangreichere Beteiligungen ebenfalls von der vorliegend diskutierten Problematik betroffen sein können.[455] Zudem ist fraglich, ob die für eine analoge Anwendung erforderliche vergleichbare Sach- und Interessenlage gegeben ist.

(1) Schutzbedürftigkeit der Kleingesellschafter

§ 39 Abs. 5 InsO findet lediglich auf Gesellschafterdarlehen Anwendung, deren Gesellschafter eine Beteiligung von 10 % am Stammkapital nicht überschreiten. Der Gesetzgeber führt dazu in seiner Gesetzesbegründung aus, dass Kleingesellschaftern welche mit weniger als 10 % an der Gesellschaft beteiligt sind und nicht an der Geschäftsführung mitwirken, lediglich eine wirtschaftliche Beteiligung an der Gesellschaft zukommt. Erst eine unternehmerische Beteiligung könne jedoch eine Finanzierungsverantwortung, sowie eine bevorteilende Insiderstellung des Gesellschafters rechtfertigen, wodurch eine Umwandlung des gewährten Darlehens in Eigenkapital zu begründen wäre.[456]

Diese Schwelle, welche auch im Rahmen des Eigenkapitalersatzrechts erheblicher Kritik ausgesetzt ist,[457] trägt gerade für die hier diskutierte Haftung nach § 24 GmbHG nicht. Betroffen von einer sich gegen ihren Willen erweiternden Ausfallhaftung sind alle Gesellschafter, welche eine positive Beschlussfassung aufgrund ihrer „zu geringen" Beteiligung nicht verhindern können und sich deshalb dem Mehrheitsbeschluss fügen müssen.

Grundsätzlich erweist sich eine Haftungsverschärfung für Kleingesellschafter dann besonders schwerwiegend, wenn die potentiell aufzubringende Haftsumme im Rahmen einer Ausfallhaftung im Verhältnis zu der eigenen Stammeinlage eine weitaus umfangreichere ist. Dies kann jedoch – je nach Umfang der Kapitalerhöhung – auch bei einer Beteiligung von beispielsweise 15 % am Stammkapital

---

454 *Grunewald*, in: FS Lutter 2000, 413 ff.

455 *Bayer*, in: FS Röhricht 2005, S. 25, 43.

456 Begr. zum Entwurf eines Gesetzes zur Verbesserung der Wettbewerbsfähigkeit deutscher Konzerne an internationalen Kapitalmärkten und zur Erleichterung der Aufnahme von Gesellschafterdarlehen, BT-Drucks. 13/7141 S. 12.

457 Vgl. hierzu insbesondere *K. Schmidt*, ZIP 1996, 1586, 1588; *Habersack*, ZHR 1998, 201, 209.

der Fall sein. Gesellschafter, deren Anteile über der 10% Grenze liegen sind somit generell nicht weniger schutzbedürftig.[458]

(2) Keine vergleichbare Sach- und Interessenlage

Für die analoge Anwendung des § 39 Abs. 5 InsO auf die Haftungserweiterung einer potentiellen Ausfallhaftung wird angeführt, dass den gering beteiligten Gesellschafter, der weder für die Kapitalerhöhung gestimmt hat, noch im Anschluss einen der neu ausgegebenen Geschäftsanteile übernimmt, keine Finanzierungsverantwortung treffe und er sich deshalb weder „*um die Finanzierung der GmbH noch um die seiner Mitgesellschafter kümmern*" müsse. Eine Heranziehung zur Ausfallhaftung könne deshalb nicht erfolgen.[459]

Dabei wird jedoch die eigentliche Bedeutung der Finanzierungsverantwortung, als allgemeine Verantwortung der Gesellschafter für eine seriöse Finanzierung der im Rechtsverkehr auftretenden GmbH[460] mit der Finanzierungsfolgenverantwortung im Rahmen des Eigenkapitalersatzrechts vermischt. Einer generellen Verneinung der Verantwortung von Kleingesellschaftern ist zu widersprechen. Hinzukommend sind die Grundkonstellation der gegenübergestellten Situationen, nämlich das Eigenkapitalersatzrecht und die Ausfallhaftung sowie die dahinterstehende Intention einer Privilegierung grundverschieden. Einzig der Bezugspunkt der geringen Beteiligung des Gesellschafters ist derselbe.

Unter der Finanzierungsverantwortung ist die allgemeine Verantwortung der Gesellschafter für eine ordnungsgemäße Unternehmensfinanzierung zu verstehen.[461] Diese Verantwortung umfasst die Bereitstellung des Stammkapitals in Form der Einlageleistungen sowie die generelle Entscheidungsgewalt über Kapitalfragen, weshalb sie als Teil der Finanzierungsfreiheit der Gesellschafter zu verstehen ist.[462] Gerade im Krisenfall steht den Gesellschaftern die Entscheidungsgewalt über den weiteren Verlauf der nicht mehr überlebensfähigen Gesellschaft zu. Eine über die Einlageleistung hinausreichende Verpflichtung zur Bereitstellung von Kapital ergebe sich aus der Finanzierungsverantwortung gerade nicht, vielmehr bestehe die Verantwortung der Gesellschafter darin,

---

458 *Bayer*, in: FS Röhricht 2005, S. 25, 43.

459 *Grunewald*, in: FS Lutter 2000, 413, 419.

460 *Habersack*, ZHR 1998, 201, 204.

461 *Wackerbarth/Eisenhardt*, Gesellschaftsrecht II, § 7 Rn. 328; *Habersack*, ZHR 1998, 201, 204 ff.

462 Vgl. *Habersack*, ZHR 1998, 201, 205.

über den weiteren Verlauf der nicht mehr überlebensfähigen Gesellschaft durch Bereitstellung neuer Mittel zu entscheiden.[463]

Im Rahmen des Eigenkapitalersatzrechtes, aus dessen Wirkungskreis die analog anzuwendende Norm stammt, entwickelte die Rechtsprechung das Institut der Finanzierungsfolgenverantwortung.[464] Dieses gründet auf der Überlegung, dass die Gesellschafter nicht durch einen Informationsvorsprung in Bezug auf die wirtschaftliche Lage der Gesellschaft Vorteile erlangen sollen, indem sie vormals als Fremdkapital zur Verfügung gestellte Mittel rechtzeitig abziehen und dadurch zu Lasten der Gesellschaftsgläubiger spekulieren.[465] Entscheiden die Gesellschafter durch eine echte Finanzierungsentscheidung Finanzhilfe zu leisten, sind auch die grundsätzlich weniger risikobehafteten Finanzierungsformen im weiteren Verlauf als Eigenkapitalzufuhr zu bewerten.[466] Dem Begriff der Finanzierungsfolgenverantwortung ist demnach die Entscheidung des Darlehensgebers zu einer bewussten Finanzhilfe in Krisenzeiten immanent.

Die in diesem Zusammenhang bestehende Privilegierung eines Kleingesellschafters wird mit seiner typischerweise fehlenden Insiderstellung, der fehlenden Einflussnahmemöglichkeit auf die Gesellschaft, sowie dem Fehlen einer mitunternehmerischen Verantwortung begründet.[467]

Eine generell fehlende Finanzierungsverantwortung des „Zwergenanteil-Inhabers" im gesellschaftsrechtlichen Sinne ergibt sich daraus jedoch nicht. Diese ist mit der Gesellschafterstellung an sich verbunden und kann nicht durch eine willkürlich festgesetzte Beteiligungsgrenze abgesprochen werden. Andernfalls würde anhand der Beteiligungshöhe Einfluss auf die mit der Gesellschafterstellung einhergehenden Verpflichtungen genommen. Die dem Kleingesellschafter im Eigenkapitalersatzrecht abgesprochene unternehmerische Mitverantwortung kann nicht auf die der Gesellschafterstellung anhaftenden Verpflichtung – der

463 BGH Urteil v. 26.03.1984 – II ZR 171/83, BGHZ 90, 381, 388 f. = NJW 1984, 1893, 1895 m. w. N.

464 BGH Urteil v. 07.11.1994 – II ZR 270/93, BGHZ 127, 336, 344 = NJW, 1995, 326, 329.

465 *Hölzle*, ZIP 2009, 1939, 1941; *Dahl/Linnenbrink* in: Michalski/Heidinger/Leible/J. Schmidt, 3. Auflage, systematische Darstellung 6 Rn. 12.

466 BGH Urteil v. 26.03.1984 – II ZR 171/83, BGHZ 90, 381, 338 f. = NJW 1984, 1893, 1895 m. w. N.; vgl. BGH Urteil v. 07.11.1994 – II ZR 270/93, BGHZ 127, 336 = DStR 1994, 1902.

467 Begr. zum Entwurf eines Gesetzes zur Verbesserung der Wettbewerbsfähigkeit deutscher Konzerne an internationalen Kapitalmärkten und zur Erleichterung der Aufnahme von Gesellschafterdarlehen BT-Drs. 13/7141 S. 12.

kollektiven Verantwortung zur Aufbringung des Stammkapitals – übertragen werden.

Als Teil des Gesellschafterkollektives hat auch der nur gering beteiligte Gesellschafter subsidiär für die Aufbringung der Stammeinlage einzustehen. Weder die fehlende Einflussnahmemöglichkeit auf die Gesellschafterbelange noch die daraus resultierende eingeschränkte mitunternehmerische Verantwortung rechtfertigen eine andere Sichtweise. Schließlich liegt es unter Anwendung des Majoritätsprinzips in der Natur der Sache, dass eine Beschlussfassung konträr dem Willen eines nur sehr gering beteiligten Gesellschafters erfolgen kann. Eine Sonderbehandlung auf gesellschaftsrechtlicher Ebene folgt daraus aber nicht.

Diese Ausführungen sind auch der Argumentation *Gaisers* entgegenzuhalten. *Gaiser* führt an, dass eine Vergleichbarkeit der beiden Fallkonstellationen deshalb vorliege, weil der Mittelzuwendung in beiden Fällen ein Sanierungscharakter zukäme. Im Falle des Kapitalbedarfs der Gesellschaft sei sowohl in der Kapitalerhöhung als auch in der Darlehenszuwendung ein zusätzliches Vermögensopfer in Form einer Finanzierungshilfe zur Erhaltung des ursprünglichen Stammkapitals zu sehen, weshalb beide Male eine Privilegierung gering beteiligter Gesellschafter zu erfolgen habe.[468]

Verkannt wird dabei, dass die Ausfallhaftung, anders als beispielsweise das Darlehen, lediglich eine Absicherung der Ansprüche gegen die Mitgesellschafter darstellt und dadurch keine Mittelbereitstellung erfolgt. Selbst wenn in der Kapitalerhöhung und der Bereitstellung eines Darlehens Finanzierungshilfen zu sehen sind, trifft dies nicht auf die Ausfallhaftung zu. Diese greift erst im Nachgang als subsidiäre Absicherung und stellt gerade keine Finanzierung der benötigten Mittel dar. Zudem gelangt die Ausfallhaftung nicht zwingend erst bei Eintritt der Insolvenz zur Anwendung.

Während die Privilegierung nach § 39 Abs. 5 InsO schlicht die Besserstellung im Rahmen des Forderungsranges *im* Insolvenzverfahren zur Folge hat, führt der Ausschluss von der Ausfallhaftung möglicherweise erst zu einem Insolvenzeintritt der Gesellschaft. Für eine Privilegierung bei § 24 GmbHG ist kein Platz.

dd) Anfechtung des Kapitalerhöhungsbeschlusses

Auch eine Anfechtungsmöglichkeit des Kapitalerhöhungsbeschlusses durch den „übergangenen" Minderheitsgesellschafter wird zu dessen Schutz angedacht. Hiernach soll dem überstimmten Gesellschafter die Möglichkeit zur Anfechtung des Kapitalerhöhungsbeschlusses aus Treuepflichtaspekten zustehen.[469] Streng

468 *Gaiser*, GmbHR 1999, 201, 214.

469 *Pentz*, in: Rowedder/Schmidt-Leithoff, GmbHG, 6. Auflage, § 24 Rn. 31.

genommen ist in diese Vorgehensweise keine Alternative zu der Austrittslösung zu sehen. Wie *Pentz* selbst darstellt ist die Anfechtung aus Treuepflichtaspekten nur dann heranzuziehen, wenn Zweifel an der Leistungsfähigkeit oder dem Leistungswillen der Mitgesellschafter bestehen und der Verdacht nahe liege, dass einzelne Gesellschafter, insbesondere der Minderheitsgesellschafter, durch den Kapitalerhöhungsbeschluss aus der Gesellschaft verdrängt werden sollen.[470] Diese Intention ist jedoch nicht für den herkömmlichen Kapitalerhöhungsbeschluss anzunehmen.

Hinzukommend hätte eine erfolgreiche Beschlussanfechtung die Nichtigkeit des Kapitalerhöhungsbeschlusses zur Folge, was in Anbetracht der Missbrauchsgefahr wiederum keine adäquate Lösung für die aufgedrängte Haftungserweiterung darstellt.

ee) Zusammenfassung

Festzuhalten ist, dass ein Verbleib in der Gesellschaft mit einer gleichzeitigen Haftungsprivilegierung des gegen die Kapitalerhöhung stimmenden Gesellschafters nicht mit dem Haftungssystem des GmbH-Rechts zu vereinbaren ist. Keinem der alternativen Lösungsansätze kann gefolgt werden. Ist der Gesellschafter nicht gewillt, das sich neu ergebende Risiko zu tragen, kann dies nur über einen Gesellschaftsaustritt erfolgen.

Hiergegen sprechen auch nicht die von *Grunewald* angeführte Bedenken im Hinblick auf ein „*negatives Momentum*" des Gläubigerschutzes.[471] Die Verringerung des Gesellschaftskapitals durch Abfindungszahlungen umfasst keine Beeinträchtigung schutzwürdiger Gläubigerbelange.

e) Verhaftung nach § 24 GmbHG

Das grundlegende Problem der Austrittslösung stellt sich in ihrer praktischen Umsetzbarkeit. Einigkeit besteht darüber, dass das Austrittsrecht unverzüglich nach der Fassung des Kapitalerhöhungsbeschlusses auszuüben ist und gerade kein Abwarten bis zur Geltendmachung des Ausfallhaftungsanspruchs möglich ist.[472] Zum einen wird hierdurch verhindert, dass ein widersprechender Gesellschafter von der weiteren Tätigkeit der Gesellschaft partizipiert und die Vorzüge seiner Mitgliedschaft einstreicht, während er sich eine „Fluchttür" offenhält und

470 *Pentz*, in: Rowedder/Schmidt-Leithoff, GmbHG, 6. Auflage, § 24 Rn. 31.

471 *Grunewald*, in: FS Lutter 2000, 413, 419.

472 *Altmeppen*, in: Roth/Altmeppen, GmbHG, § 24 Rn. 17; *W. Müller*, in: Ulmer/Habersack/Lübbe, GmbHG, § 24 Rn. 21; *Fastrich*, in: Baumbach/Hueck, GmbHG, § 24 Rn. 5; *Ebbing*, in: Michalski/Heidinger/Leible/J. Schmidt, GmbHG, 3. Auflage, § 24 Rn. 53.

im Ernstfall seiner Verantwortung als Teil des Haftungskollektives entzieht. Zum anderen soll durch die frühzeitige Geltendmachung des Austrittsrechts eine Zugehörigkeit zum Kreis der Haftungsadressaten vermieden werden. Letzteres erweist sich jedoch als problematisch da, wie *Pentz* ausführt, eine Austrittserklärung selbst unverzüglich nach dem Kapitalerhöhungsbeschluss für eine Haftungsentlassung aus § 24 GmbHG als zu spät anzusehen ist.[473]

Wie bereits dargestellt, liegt der entscheidungserhebliche Zeitpunkt für die Bestimmung der Haftungsadressaten in dem Zeitpunkt der Fälligkeit des Primäranspruchs. Übertragen auf die Kapitalerhöhung bedeutet dies, dass eine Haftung der Mitgesellschafter nach § 24 GmbHG mit dem Zustandekommen des Übernahmevertrages bezüglich neuer Anteile erfolgt, da zu diesem Zeitpunkt die Einlageleistungen nach §§ 56a, 7 Abs. 2 GmbHG, vorbehaltlich abweichender Regelungen, fällig werden.[474] Zu diesem Zeitpunkt dürfte die Gesellschafterstellung des sich gegen eine Kapitalerhöhung aussprechenden Gesellschafters folglich bereits nicht mehr existent sein, um einer Haftung nach § 24 GmbHG zu entgehen.

Zweifel an der Umsetzung eines Austritts vor Haftungsbegründung bestehen nicht zuletzt aufgrund der zeitaufwendigen Umsetzung des dinglichen Vollzugs der Abtretung.[475] In der praktischen Durchführung ist ein „rechtzeitiger“ Austritt zudem von den widerstreitenden Interessen der Beteiligten geprägt. Während der austrittswillige Gesellschafter ein berechtigtes Interesse an einem zügigen Austritt hat, um dadurch nicht in den Adressatenkreis des aufschiebend bedingt entstandenen Ausfallhaftungsanspruchs zu gelangen, ist dem verbleibenden Gesellschafterbestand an einer zeitnahen Durchführung der Kapitalerhöhung gelegen.

aa) Das Austrittsverfahren

Durch die Austrittserklärung allein ist der Gesellschafteraustritt noch nicht erfolgt. Vielmehr bedarf es in einem zweiten Schritt der dinglichen Umsetzung.[476]

---

473 *Pentz*, in: Rowedder/Schmidt-Leithoff, GmbHG, 6. Auflage, § 24 Rn. 31; zustimmend auch *W. Müller*, in: Ulmer/Habersack/Löbbe, GmbHG, § 24 Rn. 21.

474 *Schnorbus*, in: Rowedder/Schmidt-Leithoff, GmbHG, 6. Auflage, § 55 Rn. 55; *Lieder*, in: MüKo-GmbHG, 3. Auflage, § 55 Rn. 26, 108; *Roth*, in: Roth/Altmeppen, GmbHG, § 55 Rn. 4.

475 *Pentz*, in: Rowedder/Schmidt-Leithoff, GmbHG, 6. Auflage, § 24 Rn. 31; *W. Müller*, in: Ulmer/Habersack/Löbbe, GmbHG, § 24 Rn. 21.

476 Vgl. hierzu auch BGH Urteil v. 02.12.1996 – II ZR 243/95, NJW-RR 1997, 606; BGH Urteil v. 26.10.1983 – II ZR 87/83, BGHZ 88, 320 = NJW, 1984, 489.

Diese kann entweder durch die Einziehung des Geschäftsanteils nach § 34 GmbHG oder durch die Abtretung des Geschäftsanteils nach § 15 GmbHG vollzogen werden.[477] Der Gesellschaft obliegt dabei ein Wahlrecht. Wird die Austrittserklärung abgegeben und liegen die materiellen Voraussetzungen des Sonderkündigungsrechts vor, ist die Gesellschaft berechtigt und verpflichtet, entweder den Geschäftsanteil einzuziehen oder dessen Abtretung an einen von ihr zu benennenden Erwerber unter Wahrung der dafür vorgesehenen Form von dem austrittswilligen Gesellschafter zu verlangen.[478] Der Gesellschafter hat indes stets einen Anspruch auf Zahlung einer Abfindung gegen die Gesellschaft inne, unabhängig davon, ob der Geschäftsanteile eingezogen oder an die Gesellschaft selbst oder einen Dritten abgetreten wurde.[479]

(1) Ausschluss im Wege der freiwilligen Einziehung

Eine Einziehung des Geschäftsanteils, bei dem gleichnamiger vernichtet wird, ist durch eine vergleichsweise leicht zu vollziehende Umsetzung gekennzeichnet, da es anders als bei der Abtretung keiner notariellen oder gerichtlichen Mitwirkung bedarf.[480] Es handelt sich um ein einseitiges Rechtsgeschäft, welches neben der Beschlussfassung über die Einziehung der Anteile lediglich eine Erklärung gegenüber dem betroffenen Anteilseigner fordert.[481]

Entgegen dem Wortlaut des § 34 Abs. 1 GmbHG bedarf es bei einer freiwilligen Einziehung in Folge einer Kündigung des Gesellschafters keiner ausdrücklichen gesellschaftsvertraglichen Fixierung,[482] da es sich hierbei um ein zwingendes und allgemein anerkanntes Recht des einzelnen Gesellschafters handelt.

Die Notwendigkeit einer expliziten Regelung im Gesellschaftsvertrag, wie sie § 34 Abs. 1 GmbHG vorsieht, dient vielmehr dem Schutz der Mitgesellschafterbelange im Rahmen der allgemeinen Amortisation. Soll unabhängig vom Vorliegen eines wichtigen Grundes die Einziehung von Geschäftsanteilen möglich sein, wird hierdurch eine ungewollte Änderung der Beteiligungsquote, der

---

477 *Seibt*, in: Scholz, GmbHG, 12. Auflage, Anhang zu § 34 Rn. 15; BGH Teilurteil v. 05.04.2011 - II ZR 263/08, NZG 2011, 783,785.

478 *Seibt*, in: Scholz, GmbHG, 12. Auflage, Anhang zu § 34 Rn. 19; OLG Brandenburg, Urteil v. 11.11.1998 - 7 U 103/98, GmbHR 1999, 540, 541.

479 *Seibt*, in: Scholz, GmbHG, 12. Auflage, Anhang zu § 34 Rn. 22.

480 *Sosnitza*, in: Michalski/Heidinger/Leible/J.Schmidt, GmbHG, 3. Auflage, § 34 Rn. 104.

481 *Sosnitza*, in: Michalski/Heidinger/Leible/J.Schmidt, GmbHG, 3. Auflage, § 34 Rn. 116; *Ulmer/Habersack*, in: Ulmer/Habersack/Löbbe, GmbHG, § 34 Rn. 54.

482 *Maul*, in: Beck`sches Handbuch der GmbH, § 13 Rn. 113.

Stimmrechtsverhältnisse oder des zu tragenden Ausfallhaftungsanteils vermieden.[483]

Der Beschluss zur freiwilligen Einziehung kann jeder Zeit gefasst werden,[484] was der zeitlichen Problematik zu Gute kommt. Jedoch sind bei der Einziehung der Anteile die Kapitalerhaltungsvorschriften zu beachten. Daraus folgt, dass eine Einziehung der Anteile lediglich dann erfolgen kann, wenn die Gesellschaft über ausreichendes Vermögen verfügt, um dem betroffenen Gesellschafter die erforderliche Abfindung auszuzahlen.[485]

Weitere Voraussetzung der Einziehung stellt – zur Wahrung des § 19 Abs. 2 Satz 1 GmbHG – die vollständige Einlageleistung auf den einzuziehenden Geschäftsanteil dar.[486] Durch die Einziehung der Geschäftsanteile werden diese und alle damit verbundenen Mitgliedschaftsrechte und Pflichten vernichtet.[487]

(2) Ausschluss im Wege der Abtretung

Alternativ kann der Austritt des Gesellschafters im Rahmen einer Abtretung der Geschäftsanteile nach § 15 GmbHG erfolgen. Eine Abtretung kann sowohl an einen Mitgesellschafter, an einen Dritten, oder auch an die Gesellschaft selbst verlangt werden.[488] Die aus Gründen der Rechtssicherheit und Beweisbarkeit zwingenden Formvorschriften[489] unterliegende Abtretung bedarf einer zeitlichen Vorlaufzeit. Hinzukommend ist eine gerichtliche Mitwirkung erforderlich, da der Geschäftsanteil erst durch Eintragung des neuen Gesellschafters in die Gesellschafterliste gegenüber der Gesellschaft als wirksam übertragen anzusehen ist.[490]

Eine Abtretung an die Gesellschaft kommt – wie die Einziehung – nur dann in Betracht, wenn die Gesellschaft über hinreichend Eigenkapital verfügt, um dem ausscheidenden Gesellschafter die ihm zustehende Abfindung auszuzahlen, ohne dabei das Stammkapital antasten zu müssen.[491]

---

483 *Ulmer/Habersack*, in: Ulmer/Habersack/Löbbe, GmbHG, § 34 Rn. 2; *Sosnitza*, in: Michalski/Heidinger/Leible/J.Schmidt, GmbHG, 3. Auflage, § 34 Rn. 8.

484 *Ulmer/Habersack*, in: Ulmer/Habersack/Löbbe, GmbHG, § 34 Rn. 53.

485 BGH Teilurteil v. 05.04.2011 – II ZR 263/08, NZG 2011, 783, 784.

486 *K. Schmidt*, Gesellschaftsrecht, § 35 III 2c; *Sosnitza* in: Michalski, GmbHG, 2. Auflage, Anhang zu § 34 Rn. 20; *Ulmer/Habersack* in: Ulmer/Habersack/Löbbe, GmbHG, § 34 Rn. 19.

487 *Sosnitza* in: Michalski/Heidinger/Leible/J.Schmidt, GmbHG, 3. Auflage, § 34 Rn. 116.

488 *Seibt* in: Scholz, GmbHG, 12. Auflage, Anhang zu § 34 Rn. 15 ff; *Ulmer/Habersack* in: Ulmer/Habersack/Löbbe, GmbHG, Anhang zu § 34 Rn. 57.

489 § 15 Abs. 3 und 4 GmbHG.

490 *U. Jasper*, in: MünchHdB GesR III, 4. Auflage, § 24, Rn. 222.

491 *Bitter/Heim*, Gesellschaftsrecht, S. 105 ff.

Bei einer Abtretung an Mitgesellschafter oder Dritte sind keine weiteren Kapitalschutzvorschriften zu beachten. Die Fungibilität unterliegt einzig ihrer Nachfrage.[492]

(3) Stellungnahme

Sowohl bei Einzug als auch bei Abtretung der Geschäftsanteile ist ein Gesellschafteraustritt vor der Haftungsentstehung nach § 24 GmbHG grundsätzlich möglich. Insbesondere die Einziehung der Geschäftsanteile des austrittswilligen Gesellschafters erscheint auf den ersten Blick vielversprechend. Wird unmittelbar nach dem Kapitalerhöhungsbeschluss die Kündigung erklärt und im Zuge dessen eine Einziehung der Anteile beschlossen, wären die Geschäftsanteile gegen Zahlung der Abfindung untergegangen und der austrittswillige Gesellschafter von seinen Mitgliedschaftsrechten, insbesondere von dem sich vergrößernden Haftungsrisiko im Rahmen des § 24 GmbHG, befreit.

Hierfür bedürfte es jedoch der aktiven Mitwirkung der Gesellschafterversammlung. Einzig wenn der Gesellschafteraustritt vorangetrieben und gleichzeitig die Durchführung der Kapitalerhöhung hinausgeschoben wird, kann ein rechtzeitiger Austritt gelingen. Dies erscheint in der praktischen Umsetzung fragwürdig und von Rechtsunsicherheit getragen.

Zum einen müsste der austrittswillige Gesellschafter hierzu unmittelbar nach dem Kapitalerhöhungsbeschluss seine Kündigung erklären, um die sofortige Durchführung der Kapitalerhöhung überhaupt „aufhalten" zu können. Diese Entscheidung kann jedoch in Anbetracht der mit einem Austritt verbundenen Konsequenzen nicht auf die Schnelle erwartet werden.

Zum anderen erweist sich ein solch rücksichtsvolles Vorgehen von Seiten der Gesellschafterversammlung aufgrund der widerstreitenden Interessen, sowie etwaig vorherrschender gesellschaftsinterner Streitigkeiten als unsicher.

Zwar obliegt der Gesellschaft eine Pflicht zur Abnahme des Geschäftsanteils, jedoch ist diese nach Rechtsprechung des BGH lediglich baldig durchzuführen.[493] Bleibt die Gesellschafterversammlung zunächst untätig und zögert eine Abnahme hinaus, ist ein rechtzeitiger Austritt allein durch das Tätigwerden des austrittswilligen Gesellschafters nicht umzusetzen. Die Kernproblematik liegt somit darin begründet, dass der austrittswillige Gesellschafter nicht allein durch die Erklärung seiner Kündigung aus der Gesellschaft austreten kann. Es bedarf hierfür dem Zutun der Gesellschaft.

---

492 *Maul*, in: Beck`sches Handbuch der GmbH, § 13 Rn. 16.

493 *Hülsmann*, GmbHR 2003, 199, 200; s. auch BGH Urteil v. 02.12.1996 – II ZR 243/95, NJW-RR, 1997, 606.

Dass die Austrittslösung nicht auf jede Fallkonstellation passt, zeigt sich auch in Fällen in denen die Gesellschafterversammlung zum Handeln bereit ist, die Kapitalerhaltungsgrundsätze dies jedoch nicht zulassen. Ist eine Einziehung mangels ausreichendem Gesellschaftskapital nicht möglich und ein Erwerber nicht zu finden, scheitert ein rechtzeitiger Austritt ebenfalls.

(4) Zwischenergebnis

Der rechtzeitige Gesellschafteraustritt durch das Sonderkündigungsrecht zur Vermeidung einer Haftungsbegründung nach § 24 Satz 1 GmbHG für die neu auszugebenden Geschäftsanteile hängt von zu vielen – von dem austrittswilligen Gesellschafter nur bedingt zu beeinflussenden – Faktoren ab, um als sichere und zufriedenstellende Lösung angesehen zu werden. Der Gesellschaftsaustritt wird durch die Kündigungserklärung lediglich angestoßen und geht mit großen Unsicherheiten für den austrittswilligen Gesellschafter einher.

bb) Satzungsgestaltung als Lösungsansatz

Um die gerade dargestellten Misslichkeiten zu vermeiden, liegt eine diesbezügliche Ausgestaltung im Gesellschaftsvertrag nahe.

Für eine reibungslose dingliche Übertragung der Geschäftsanteile des austrittswilligen Gesellschafters schlägt *Rosner*[494] – auf Basis einer vom BGH[495] behandelten Austrittsklausel – die Aufnahme einer „Anwachsungsklausel" in den Gesellschaftsvertrag vor.[496]

Die in dem BGH-Urteil behandelte Satzungsklausel einer GmbH sah für den Fall einer Kündigung eines Gesellschafters die Anwachsung seines Geschäftsanteils an die verbleibenden Gesellschafter im Verhältnis ihrer Geschäftsanteile vor.[497]

Während die Vorinstanz das dem GmbH-Recht fremde Konstrukt der Anwachsung ablehnte und die Klausel als Einziehung der Geschäftsanteile interpretierte,[498] nahm der BGH eine dem Gesellschafterwillen entsprechende Auslegung vor und verstand die Formulierung ihrem Sinne nach als aufschiebend bedingte Teilung und Abtretung.[499]

---

494 *Rosner*, ZGR 2011, 732.

495 BGH Urteil v. 30.06.2003 – II ZR 326/01, GmbHR 2003, 1062.

496 *Rosner*, ZGR 2011, 732, 737.

497 Abgedruckt im Tatbestand des BGH Urteils v. 30.06.2003 – II ZR 326/01, GmbHR 2003, 1062.

498 Urteil OLG Jena v. 07.11.2001 – 7 U 255/01.

499 BGH Urteil v. 30.06.2003 – II ZR 326/01, GmbHR 2003, 1062, 1064.

Dogmatisch vollziehe sich die „Anwachsung“ im Rahmen eines dinglichen Anfallens für den Fall einer Kündigung, welches bereits im Gesellschaftsvertrag aufschiebend bedingt festgelegt wurde. Durch die Kündigung eines Gesellschafters werde sodann die aufschiebend bedingte Teilung und Abtretung vollzogen. Die für die Abtretung notwendigen Formvorschriften des § 15 Abs. 3 und 4 GmbHG würden bereits durch die Mitwirkung des Notars beim Abschluss des Gesellschaftsvertrages erfüllt.[500]

Enthält der Gesellschaftsvertrag eine solche „Anwachsungsklausel“, verliert der Gesellschafter bereits mit Zugang der Kündigung seinen Geschäftsanteil,[501] ohne dass es einem langwierigen und/oder komplizierten Übertragungsvorgang bedürfe. Die Abfindungszahlung hat hierbei keine Auswirkungen mehr auf die dingliche Übertragung des Geschäftsanteils, da sie im Rahmen der Abtretung lediglich schuldrechtlicher Natur ist.[502] Der Austritt des Gesellschafters steht dadurch in keinem Zusammenhang zu der Auszahlung des Abfindungsanspruchs.[503]

f) Ergebnis

Durch eine Kapitalerhöhung erweitert sich die Gefahr der Ausfallhaftung auf die hinzukommenden nicht vollständig eingezahlten Geschäftsanteile. Resultierend daraus kann es im Haftungsfall zu einer sich massiv ausweitenden Haftung einzelner solventer Gesellschafter kommen. Da dies einen nur gering beteiligten und an der Kapitalerhöhung nicht mitwirkenden Gesellschafter besonders einschneidend trifft, muss ihm unzweifelhaft die Möglichkeit einer Haftungslossagung offenstehen. Da dies freilich nur im direkten Anschluss an den Kapitalerhöhungsbeschluss und nicht erst bei Eintritt des Haftungsfalles geschehen kann, bedarf es einer klaren und sicheren Lösung.

Der Verbleib in der Gesellschaft ist mit einer Freistellung von der Ausfallhaftung schon deshalb nicht vereinbar, weil § 24 GmbHG als kollektive Haftung aller an der Gesellschaft Beteiligter ausgestaltete ist und eine Differenzierung nach verschiedene Haftungsgruppen deshalb nicht systemkonform wäre.

Die einfache Austrittslösung, ohne eine gesellschaftsvertragliche Ausgestaltung, ist nicht hinreichend zielführend, da sie im Regelfall zu einer Verhaftung

500 BGH Urteil v. 30.06.2003 – II ZR 326/01, GmbHR 2003, 1062, 1064.
501 *Rosner*, ZGR 2011, 732,739.
502 *Rosner*, ZGR 2011, 732, 740.
503 Vgl. BGH Urteil v. 30.06.2003 – II ZR 326/01, GmbHR 2003, 1062, 1064.

des austrittswilligen Gesellschafters führt und keine hinreichende Sicherheit bietet. Anderes kann hingegen durch eine „Anwachsungsklausel" im Gesellschaftsvertrag erzielt werden, wodurch bereits die Erklärung der Kündigung ausreicht, um eine dingliche Übertragung der Geschäftsanteile zu erzielen. Alternativ kann dieses Ergebnis nur dann erzielt werden, wenn die Einlagen bereits von Beginn an vollständig einzuzahlen sind.

Teil 2 Rechtspolitische Betrachtung

Der vorangegangene dogmatische Abschnitt zeigt, dass die Ausfallhaftung erheblichen Anwendungsproblematiken unterliegt. Begründet liegt dies insbesondere in der die Ausfallhaftung prägenden Kollision der Gläubiger- und Gesellschafterinteressen, welche – getragen von den Veränderungen des MoMiG – kaum einem gerechten und vor allem stimmigen Ausgleich über das gesamte Anwendungsfeld hinweg zugeführt werden kann.

Was im Jahre 1892 als tragende Vorschrift für den Kapitalschutz der Gesellschaft erlassen wurde, wirkt – zumindest in seinem unveränderten Inhalt – als undifferenziert und im Rahmen der Fortentwicklung der GmbH als übersehen.

Veränderungen des § 24 GmbHG im Hinblick auf eine Haftungsverschärfung wurden seit jeher angedacht. Allem voran stieß dabei die anteilige pro rata Haftung der Mitgesellschafter stets auf Kritik. In einem Arbeitsbericht von 1938 zur „Reform“ der GmbH spricht sich *Klausing* für eine gesamtschuldnerische Haftung der Gesellschafter bei der Aufbringung des Kapitals nach § 24 GmbHG aus, wodurch er sich eine gründlichere Auswahl der Gründungsgesellschafter versprach, um hierdurch den personalistischen Charakter der GmbH zu stärken.[504] Eine gesamtschuldnerische Haftung wurde auch in den sechziger Jahren für die bessere Haftungsausgestaltung gehalten, insbesondere aufgrund des schnelleren Eintreibens des ausstehenden Kapitals.[505] Eine noch weitreichendere Haftung zieht *Ballerstedt* in Erwägung, indem er die Gesellschafter der GmbH ähnlich der Kommanditisten einer KG für die Ausfälle der Mitgesellschafter unmittelbar haften lassen möchte.[506] Auch hier liegt die Begründung in dem „personengesellschaftlichen Charakter“ der GmbH.[507] Eine Umsetzung der angedachten Haftungsverschärfungen erfolgte nie, statt dessen ist der Wortlaut des § 24 GmbHG bis heute unverändert geblieben.

Das rechtspolitische Bedürfnis nach einer kollegialen Haftung der Gesellschafter wird in der Kommentarliteratur stets als für das GmbH-Recht anerkannt beschrieben und erfährt kaum eine nähere Auseinandersetzung. Erst im Zuge der erfolgten Deregulierung des GmbH-Gesetzes und den damit einhergehenden

504 *Klausing*, Die Neuordnung der Gesellschaft mit beschränkter Haftung, S. 23 f.
505 *Gessler*, GmbHR 1966, 102, 106 f.
506 *Ballerstedt*, GmbHR 1952, 1, 2.
507 *Ballerstedt*, GmbHR 1952, 1, 2.

Anwendungsproblemen finden sich in der Literatur nun kritische Stimmen, welche das rechtspolitische Bedürfnis der Ausfallhaftung in Frage stellen.[508]

Im Rahmen eines Vortrags zum „Moderner Kapitalschutz“ aus dem Jahre 2007, welcher auf die Vereinfachung des Kapitalaufbringungs- und Kapitalerhaltungsrechts abzielte, zeigte *Bayer* die mit der einst als Kompensationsvorschrift für das geringe Kapitalschutzniveau aufgestellten Vorschrift einhergehenden Risiken der heutigen Zeit auf. Die Weiterentwicklung des Rechts ziehe eine Anwendungsausdehnung der Ausfallhaftung auf Fallkonstellationen nach sich, welche für den *„historischen Gesetzgeber noch unbekannt waren, wie etwa die Einlagehaftung bei verdeckter Sacheinlage, die Differenzhaftung und die Vorbelastungshaftung […]“*[509] In der daran anknüpfenden Diskussion bezeichnete *Lutter* die Ausfallhaftung als rechtspolitisch fragwürdig und plädierte für eine Abschaffung, um bestehende Haftungsrisiken und Unsicherheiten zu vermeiden.[510]

Zweifel an der Ausgestaltung des Instituts der Ausfallhaftung, insbesondere an der daraus resultierenden existenzbedrohenden Haftung ließen *Bayer/Scholz* jüngst erneut anklingen und bezeichneten die Ausfallhaftung diskussionseröffnend als *„anachronistisch“*.[511]

Gemein ist der jüngeren Auseinandersetzung um das rechtspolitische Bedürfnis der Ausfallhaftung, dass ein unverändertes Fortbestehen der Regelung abgelehnt wird.[512] Nachfolgend soll auf die Unstimmigkeiten der Ausfallhaftung im Gesamtkonstrukt der Kapitalaufbringungsvorschriften nach dem MoMiG eingegangen werden, um anhand dessen das rechtspolitische Bedürfnis zu hinterfragen.

§ 12 Ersatzlose Streichung der Ausfallhaftung?

Zu untersuchen ist zunächst, ob sich das Kapitalschutzsystem der GmbH derart verändert hat, dass ein so weitreichender Kapitalaufbringungsschutz – welcher eine kollektive Haftung der Gesellschafter beinhaltet – nicht mehr zeitgemäß

508 *Bayer/Scholz*, GmbHR 2016, 89, 99; Lieder, ZGR 2016, 760, 779 f; *Zöllner*, Diskussionsbericht von Lieder, ZGR 2007, 241, 244; *Lutter*, Diskussionsbericht von Lieder, ZGR 2007, 241, 249; *Verse* in: Henssler/Strohn, GmbHG, 3. Auflage, § 24 Rn. 1a.

509 *Bayer*, ZGR 2007, 220, 224.

510 *Lutter*, Diskussionsbericht von Lieder, ZGR 2007, 241, 249

511 *Bayer/Scholz*, GmbHR 2016, 89, 96, 99.

512 *Bayer/Scholz*, GmbHR 2016, 89, 99; Lieder, ZGR 2016, 760, 779 f; *Zöllner*, Diskussionsbericht von Lieder, ZGR 2007, 241, 244; *Lutter*, Diskussionsbericht von Lieder, ZGR 2007, 241, 249; *Verse* in: Henssler/Strohn, GmbHG, 3. Auflage, § 24 Rn. 1a.

ist und deshalb eine ersatzlose Streichung des § 24 GmbHG befürwortet werden sollte.

A. Kohärenz des § 24 GmbHG im System des Kapitalschutzes

Betrachtet man die Ausfallhaftung im Gesamtgefüge des Kapitalschutzsystems des GmbH-Gesetzes führt dies zur Feststellung von großen Wertungswidersprüchen. Während der Gesetzgeber den Kapitalschutz an verschiedenen Stellen dereguliert hat und der Gläubigerschutz dadurch erhebliche Einbußen zu verzeichnen hat, tritt die Ausfallhaftung an anderen Stellen nach alter Manier in voller Härte in Erscheinung. Ein einheitliches Schutzkonzept ist dabei zu vermissen.

Unstimmigkeiten zeigen sich allem voran bei dem Vergleich von Einpersonengesellschaften zu Mehrpersonengesellschaften. Durch die Streichung des § 7 Abs. 2 Satz 3 GmbHG a.F. sowie des § 19 Abs. 4 GmbHG a.F. wurde die Absicherung der Kapitalaufbringung in der Einpersonengesellschaft praktisch gänzlich aufgehoben. Während es vor der MoMiG Reform mangels weiterer Mitgesellschafter noch notwendig war die ausstehende Resteinlage bei dem nachträglichen Zusammenfallen aller Geschäftsanteile in einer Hand vollständig einzuzahlen oder anderweitig abzusichern (§ 19 Abs. 4 GmbHG a.F.), wurde hierauf nun gänzlich verzichtet.[513] Auch für die anfänglichen Gründung einer Einmann-GmbH hält der Gesetzgeber es für nicht notwendig die vollständige Einlageleistung des allein verantwortlichen Gesellschafters zu verlangen.[514] Weitreichendere Gründungsvorschriften oder anderweitige Leistungen von Sicherheiten gehen mit diesem Privileg nicht einher. Für den Kapitalaufbringungsschutz ergibt sich insofern ein signifikanter Unterschied, ob es sich um eine Ein- oder Mehrpersonengesellschaft handelt, als dass lediglich bei letzterer eine zusätzliche Absicherung vorhanden ist.

Eine Begründung für das fehlende Bedürfnis einer Kompensation der Ausfallhaftung im Rahmen einer Einmann-GmbH bleibt der Gesetzgeber schuldig. Verwiesen wird einzig auf die Praxis und die daher rührende Erkenntnis der *„unnötigen Komplizierung der GmbH-Gründung“*.[515] Tragfähige Unterschiede zwischen der Ein- und Mehrpersonengesellschaft lassen sich im Hinblick auf die Kapitalaufbringung und dessen Schutz nicht anführen, weshalb sich auch im

513 Vgl. Begr. RegE zum MoMiG, BT-Drucks.16/6140, 33, 39.
514 Vgl. § 7 Abs. 2 Satz 3 GmbHG a.F.
515 Begr. RegE zum MoMiG, BT-Drucks. 16/6140, 33.

Zusammenhang mit der Mehrpersonengesellschaft die Frage nach einer ersatzlosen Streichung der Ausfallhaftung stellt.

B. Bestehendes Schutzbedürfnis

Der „unnötigen Komplizierung" des Kapitalaufbringungsschutzes in der Einmann-GmbH und der ersatzlosen Streichung dessen, liegt gegebenenfalls ein generell fehlendes Bedürfnis einer Absicherung zugrunde, was ebenfalls für die Mehrpersonengesellschaft gelten könnte.

Überlegungen dahingehend ergeben sich vorrangig aus den allgemeinen Deregulierungen des Kapitalschutzes, sowie einer hinreichenden Absicherung der Kapitalaufbringung durch das der Ausfallhaftung vorgelagerte Kaduzierungsverfahren, wie es im Aktiengesetz anzutreffen ist.

Die Möglichkeit, die Einlage unter Vornahme eines „Hin- und Herzahlens" leisten zu können, indem der Betrag lediglich anfänglich zur freien Verfügung des Geschäftsführers steht, um anschließend durch einen schuldrechtlichen Rückzahlungsanspruch ersetzt zu werden (§ 19 Abs. 5 GmbHG), zeugt von einer geringeren Absicherung der Kapitalaufbringung, da dieser – obgleich er mindestens einem ebenso hohen „Nichterzielungsrisiko" unterliegt wie die ursprüngliche Einlageverpflichtung – nicht durch die kollektive Haftung nach § 24 GmbHG abgesichert sein soll.[516] Mag es sich bei der Mehrpersonengesellschaft an dieser Stelle um eine Schutzlücke handeln, ist anderen Gesellschaftsformen eine kollektive Haftung gänzlich fremd. Weder in der Aktiengesellschaft noch in der Kommanditgesellschaft sind die Gesellschafter für die Aufbringung der nicht zu erzielenden Einlage ihrer Mitgesellschafter verantwortlich, obwohl in beiden Konstellationen beschränkt haftende Gesellschafter vorhanden sind und die Einlageleistung nicht zwingend vollumfänglich zu leisten ist.[517] Für die AG wird dies zutreffend mit der anonymeren Aktionärsstruktur sowie den umfassenderen Gründungs- und Publizitätspflichten begründet.[518] Eine kollektive Haftung der Aktionäre würde dem Konzept der Aktiengesellschaft nicht gerecht.

---

516 Vgl. *Veil*, in: Scholz, GmbHG, 12. Auflage, § 19 Rn. 182.

517 Für die AG vgl. § 36 a AktG; bei der Verpflichtung der Kommanditisten ist zwischen der im Innenverhältnis geschuldeten Einlagepflicht und der nach außen geltenden Haftsumme zu unterschieden. Ein Gleichlauf ist nicht notwendig vgl. dazu die Ausführungen *Roth*, in: Baumbach/Hopt, HGB, § 171 Rn. 1 ff.

518 *Emmerich*, in: Scholz, GmbHG, 12. Auflage, § 24 Rn. 1; *Gaiser*, GmbHR 1999, 210, 212 f.; *K. Schmidt*, in: FS Raiser, S. 311, 322 ff.

Bei der KG wird ebenfalls kein Bedürfnis für eine kollektive Haftung gesehen, da jedenfalls ein Komplementär als persönlich haftender Gesellschafter vorhanden ist, auf welchen im Haftungsfall zurückgegriffen werden können soll.[519] Diese Absicherung ist jedoch bereits bei der Einsetzung einer GmbH als Komplementärin kritisch zu betrachten. Schließlich ist in diesem Fall die „persönliche" Haftung der Komplementär-GmbH von Beginn an auf ihr Gesellschaftsvermögen beschränkt, welches keineswegs zur Kompensation der versprochenen, aber nicht zu erzielenden Haftsumme eines oder mehrerer Kommanditisten ausreichen muss.

Anhand des GmbH & Co. KG Modells lässt sich zudem die der Ausfallhaftung zugrundeliegende Verbundenheit der GmbH-Gesellschafter anzweifeln, was ebenfalls eine Überholung der Ausfallhaftung nahelegen könnte.

Nicht in Frage gestellt werden soll an dieser Stelle die generell stärker personalisierte der GmbH im Vergleich zur Aktiengesellschaft, vielmehr soll der vorherrschende Stellenwert des Gesellschafterkollektivs und die Verbundenheit der Gesellschafter untereinander betrachtet werden.

Aus der Gesetzesbegründung geht hervor, dass die Gesamthaftung der Gesellschafter dem Grundgedanken der GmbH entspricht, indem sie notwendig dazu beiträgt, die Verbindung der Mitgesellschafter untereinander enger zu knüpfen.[520] Dem liegt ein gegenseitiges Bedingen von Gesellschafterverbundenheit und der kollektiven Verantwortung für die Kapitalaufbringung zugrunde. Der Überlegung des historischen Gesetzgebers, *„[…] wie weit mit der Forderung eines stärkeren Hervortretens des persönlichen Elements* [Anm.: in Abgrenzung zur Aktiengesellschaft] *in der Gesellschaft zu gehen ist, und wie demzufolge die rechtliche Natur der letzteren nach dieser Seite sich zu gestalten hat*",[521] folgte die Fokussierung auf das persönliche Element und dessen starkes Hervortreten durch die Ausgestaltung einer kollektiven Haftung, um andernorts kleinteilige Regelungen zum Kapitalschutz vermeiden zu können.[522]

Ein derartiges Zusammenspiel zwischen Haftungsgefahr und Gesellschafterverbundenheit lässt sich jedoch nicht mehr in einer Weise erkennen, als dass hierdurch ein zwingendes Bedürfnis der Ausfallhaftung erkannt werden könnte. Das persönliche Element der GmbH-Gesellschafter zueinander hat an Intensität verloren. Zweifel an dem zugrundeliegenden Verständnis der

---

519 *Ebbing* in: Michalski/Heidinger/Leible/J. Schmidt, GmbHG, 3. Auflage, § 24 Rn. 3.
520 Begr. zum GmbHG, RT-Drucks. 1890/1892, Nr. 660, 3730.
521 Begr. zum GmbHG, RT-Drucks. 1890/1892, Nr. 660, 3726.
522 Begr. zum GmbHG, RT-Drucks. 1890/1892, Nr. 660, 3730.

Gesellschafterverbundenheit ergeben sich allem voran aus der Errichtungsmöglichkeit der Einmann-GmbH sowie der Möglichkeit eine ursprünglich als Mehrpersonengesellschaft ausgestaltete Gesellschaft auf eine Einmann-Gesellschaft reduzieren zu können. In diesen Konstellationen ist überhaupt keine Verknüpfung der Gesellschafter oder gar ein Kollektiv anzutreffen.

Zudem kann unter Betrachtung der verschiedenen Bereiche, in welchen die GmbH anzutreffen ist, keine pauschal vorhandene Gesellschafterverbundenheit angenommen werden. Anzuführen sind Konzernstrukturen in denen „GmbH-Zwiebeln“ zur Risikoabgrenzung gezüchtet wurden,[523] oder die bereits erwähnte GmbH & Co. KG, in der die Wahl der GmbH als Rechtsform einzig aufgrund ihrer beschränkten Haftung gefallen ist und das gesamte Gesellschafterbild von juristischen Personen geprägt ist. Exemplarisch ist hier die Einheits-GmbH & Co. KG zu nennen, bei welcher alleiniger Gesellschafter der Komplementärin die KG selbst ist. Das persönliche Element der Gesellschafterversammlung ist hier auf ein Minimum reduziert und die einstige Vorstellung eines kleinen und geschlossenen Gesellschafterkreises, welcher zudem selbstständig seine Geschäfte führt,[524] aufgehoben.

Verstärkt wird die geringere Gesellschafterbindung nicht zuletzt von der Weiterentwicklung des GmbH-Rechts, welches durch die Ermöglichung der freien Übertragbarkeit der Geschäftsanteile oder der Fremdorganschaft allgemein eine offenere Gestaltung als noch zum Ende des 19. bzw. Anfang des 20. Jahrhunderts nach sich zieht.[525] Einzig der Kapitalanlage dienende Beteiligungen, wie die stille, stimmrechtslose Beteiligung oder „Zwergenbeteiligungen“, bestätigen dieses Bild.

Das vom historischen Gesetzgeber angestrebte wechselseitige Bedingen der Ausfallhaftung und der Gesellschafterverbundenheit sind folglich nur in bestimmten Konstellationen oder jedenfalls nur noch bedingt anzutreffen.

Aus den vorangegangenen Feststellungen dem Kapitalaufbringungsschutz jedoch das Bedürfnis nach einer Ausfallhaftung absprechen zu wollen, würde zu weit führen. Weder die durch das MoMiG entstandenen Lücken im Kapitalschutzsystem noch die Veränderung der Gesellschafterstruktur untereinander sind ein Indikator für das fehlende Bedürfnis der Ausfallhaftung.

Das Bedürfnis für ein über das Kaduzierungsverfahren hinausreichenden Absicherungsmechanismus ergibt sich aus dem bestehenden Kapital- und

---

523 *Wiedemann*, in: Die Haftung des Gesellschafters in der GmbH, S. 5, 9.

524 *Schubert,* in: FS 100 Jahre GmbHG, S. 1, 3.

525 *Fleischer*, GmbHR 2009, 1, 12.

Gläubigerschutzsystem des GmbH-Gesetzes,[526] welches seit Inkrafttreten des Gesetzes eine weniger ausgeprägte Gründungs- und Publikationsstrenge aufweist, ausgleichend dafür jedoch die kollektive Haftung vorschreibt. Die vorgenommene Deregulierung führt zwar zu gewissen Durchbrechungen des Systems, diese sind aber als punktuell zu betrachten und ziehen keine gänzliche Aufgabe oder Abänderung des Kapital- und Gläubigerschutzsystems nach sich.[527]

Das Kaduzierungsverfahren für sich genommen ist nicht hinreichend effizient, als dass bei der Möglichkeit der Teileinzahlung von Stammeinlagen – unter Beibehaltung der vorherrschenden Gründungs- und Publikationsanforderungen – keine weitere Absicherung der aufzubringenden Einlageleistung benötigt werden würde. Unter Beibehaltung des Systems kann folglich nur durch die Ausfallhaftung eine adäquate Absicherung der anfänglich versprochenen Einlagen gelingen. Verstärkt zeigt sich dies in der Diskussion zur Differenzhaftung oder zur Vorbelastungs-/Unterbilanzhaftung, bei welcher aus Gläubigerschutzgesichtspunkten für eine unbeschränkte, fast uferlose Ausfallhaftung plädiert wird.[528]

Das Gesagte hat grundsätzlich auch für die Einmann-GmbH zu gelten. Die bewusste Abschaffung der Ausfallhaftung ist demnach als verfehlt anzusehen und keinesfalls ein Indikator für ein generell fehlendes Bedürfnis zu verstehen.

Bei einer ersatzlosen Streichung der Ausfallhaftung müssten verschärfte Regularien zur Kompensation auf den Plan treten, welche jedoch den leichteren und flexibleren Gründungsweg der GmbH entfallen lassen würden. Da derlei Regelungen lediglich im Aktiengesetz vorgeschrieben sind, sind der Kapitalaufbringungsabsicherung in der Einpersonengesellschaft erhebliche Gläubigerschutzdefizite zu attestieren.

Aufgrund des bestehenden Haftungs- und Gläubigerschutzsystems kann auch die veränderte Gesellschafterstruktur nicht zum Anlass genommen werden, die kollektive Haftung nach § 24 GmbHG ersatzlos zu streichen. Zwar ist das Verhältnis der GmbH-Gesellschafter zueinander – durch die Veränderungen der äußeren Umstände, sowie der Weiterentwicklung des Rechts – ein anderes als zu Zeiten der Gesetzesentstehung, weshalb eine Einstandspflicht für ausstehende Verpflichtungen von Mitgesellschaftern allein basierend auf der gemeinsamen Beteiligung an der Gesellschaft kritisch zu betrachten ist. Jedoch ist die Kritik

---

526 *Lieder*, ZGR 2016, 760, 777 f.

527 Vgl. *Lieder*, ZGR 2016, 760, 777 f.

528 Siehe dazu § 11 B. I. 3.

einzig dann berechtigt, wenn die Ausfallhaftung unbeschränkte Züge annimmt. Eine Streichung der Ausfallhaftung kann dadurch nicht gerechtfertigt werden.

§ 13 Reformbedarf und Reformanregungen

Die Frage, inwieweit die Ausfallhaftung zu reformieren ist, um den aufgezeigten Anwendungsproblematiken entgegenzuwirken und eine dem modernen Wirtschaftsverkehr gerecht werdende Funktion einzunehmen, ist eine von der Frage nach dem grundsätzlichen Bedürfnis einer solchen Haftung abweichende.

Die Anwendungsprobleme begründen sich, wie bereits in der dogmatischen Untersuchung gezeigt, insbesondere auf dem unveränderten Wortlaut der Norm, den allgemeinen Veränderungen des GmbH-Gesetzes sowie den neu geschaffenen Anwendungsbereichen des § 24 GmbHG.

Um durchweg einen gerechten Ausgleich zwischen Gesellschafter- und Gläubigerinteressen zu erhalten sowie eine stimmige Eingliederung in das Kapitalschutzsystem zu erzielen, bedarf es einer Modifizierung.

A. Haftungsadressaten

Allem voran ist die Bestimmung der Haftungsadressaten unter dem Begriff „übrige Gesellschafter" als problematisch anzuführen. Während eine Bestimmung der „übrigen Gesellschafter" in den Augen des historischen Gesetzgebers unproblematisch erschien, änderte sich dies spätestens, als die Gesellschaftsgründung einer breiteren Masse möglich wurde und Gesellschafterwechsel keine Seltenheit mehr darstellten. Mangels Eindeutigkeit des Wortlautes entbrannte ein „Jahrhundertstreit"[529] um den entscheidungserheblichen Zeitpunkt zur Bestimmung der Haftungsadressaten, welcher sodann – zumindest für die gerichtliche Praxis – vom BGH auf den Zeitpunkt der Fälligstellung der Einlageleistung festgelegt wurde.[530] Zwar lässt sich anhand dessen nun eine genaue Unterscheidung vornehmen, welche Beteiligten als Gesellschafter und damit als Haftungsadressaten anzusehen sind, jedoch haftet dem als entscheidend ausgewählten Zeitpunkt das Problem der Missbrauchsgefahr an.

Indem die Macht über den Eintritt dieses so entscheidenden Zeitpunktes im Kompetenzbereich der Gesellschafter liegt, kann Einfluss auf den Kreis der haftenden Gesellschafter genommen werden.[531] Resultierend hieraus sowie aus der

---

529 *Bayer/Scholz*, GmbHR 2016, 89, 96.

530 BGH Urteil v. 13.05.1996 – II ZR 275/94, BGHZ 132, 390 = NJW 1996, 2306; BGH Urteil v. 19.05.2015 – II ZR 291/14, GmbHR 2015, 935.

531 Vgl. auch *Bayer/Scholz*, GmbHR 2016, 89, 95.

Tatsache, dass der Wortlaut des § 24 GmbHG keinerlei Bewertung zu Rechtsvorgängern und einer möglichen Haftungsverantwortung übernimmt, bilden sich Konstellationen, in denen der berechtigte Ruf nach einer analogen Anwendung der Ausfallhaftung auf einen bereits ausgeschiedenen, ehemaligen Gesellschafter laut wird.

Die Analogiebildung unterliegt genau wie der bisherige Versuch der Rechtsprechung eine adäquate Weiterentwicklung der Ausfallhaftung – angepasst an die vorherrschenden Entwicklungen – vorzunehmen, den Grenzen der Mannigfaltigkeit der Konstellationen und bringt zudem eine gewisse Rechtsunsicherheit mit sich.

Wünschenswert wäre daher zunächst eine anderweitige Betrachtung des § 46 Nr. 2 GmbHG, wie in vorangegangenen Ausführungen bereits ausgeführt wurde.[532] Würden die ausstehenden Einlagen bei einer Ermessensreduktion auf Null automatisch als fällig angesehen, würde eine Hinauszögerung zur Übertragung der Geschäftsanteile bereits unterbunden und der missbräuchlichen Haftungsentziehung vorgebeugt.

Wird eine Ermessensreduktion auf Null jedoch weiterhin erst mit dem Eintritt der Insolvenz angenommen, wodurch die Fälligstellung der ausstehenden (Rest)Einlage zuvor weiterhin allein durch das Tätigwerden der Gesellschafterversammlung erfolgt, könnte der Wortlaut der Ausfallhaftung, insbesondere in Bezug auf ausscheidende Gesellschafter *vor* Fälligkeit der (Rest)Einlagen, dahingehend formuliert werden, dass eine rückwirkende Rechtsvorgängerhaftung aufgenommen wird.[533] Ausgenommen werden kann sodann die Fallkonstellation in der eine Fälligkeit bereits im Gesellschaftsvertrag oder Kapitalerhöhungsbeschluss festgelegt ist.

B. Anwendungsbereiche

Auch die verschiedenen Anwendungsbereiche der Ausfallhaftung sind problematisch. Gegenwärtig gibt einzig die Formulierung „nicht zu erzielende *Stammeinlage*“ Hinweis auf den Anwendungsbereich der Ausfallhaftung, wobei die im Laufe des sich fortentwickelnden Rechts neu entstandene Bereiche, wie der Verlustausgleich im Rahmen der Vorgesellschaft oder der Übernahme von Differenzbeträgen bei einer überbewerteten Sacheinlage lediglich durch den Schluss aus der Gesetzessystematik oder ihrer Zuordnung zur Kapitalaufbringung eine Anwendung der Ausfallhaftung nahelegen.

---

532 Siehe dazu § 10.

533 Vgl. *Bayer/Scholz*, GmbHR 2016, 89, 95.

Von der expliziten Aufnahme verschiedener Anwendungsbereiche in den Wortlaut ist jedoch auch weiterhin abzusehen. Eine Notwendigkeit ergibt sich nicht, da eine Formulierung wie „nicht zu erzielende Stammeinlage oder Einlageleistung" als Ausgangspunkt ausreichend ist. Dass sowohl die im Gründungsversprechen als auch die im Zuge der Kapitalerhöhung versprochenen Leistungen umfasst sein sollen, ergibt sich ebenso aus der Systematik sowie aus der Tatsache, dass es sich bei § 24 GmbHG um eine Schutzvorschrift zur Kapitalaufbringung handelt. Jegliche mit der Kapitalaufbringung einer Gesellschaft zusammenhängenden Ansprüche sind somit umfasst. Hierzu gehören sowohl solche der Differenzhaftung nach § 9 Abs. 1 Satz 1 GmbHG als auch der Unterbilanzhaftung.

Anstelle von Anwendungsbereichen per se sollten vielmehr klare Regelungen zu den sich daraus ergebenden Folgeproblemen getroffen werden. Allem voran ist hier der Haftungsumfang zu nennen.

C. Haftungsumfang

Die Bestimmung des Haftungsumfangs der Ausfallhaftung, insbesondere bei der Differenzhaftung, sowie der Unterbilanzhaftung ist stark umstritten und birgt ein erhebliches Risiko, welches dem Gesellschafterinteressen in einer Gesellschaft mit beschränkter Haftung nicht gerecht wird.

Während sich die Haftung des einzelnen Gesellschafters für den „klassischen Anwendungsbereich", nämlich die ausbleibende Resteinlageforderung einer Bareinlage eines Mitgesellschafters, an der Höhe seines Nennbetrages messen lässt, stellt sich dies bereits im Falle von überbewerteten Sacheinlagen weitaus schwieriger dar. Getragen von der Uneinigkeit in der Literatur kann die Haftung eines einzelnen Gesellschafters weit über dem Betrag der eigenen Verpflichtung sowie auch weit über der Höhe des gesellschaftsvertraglich festgelegten Stammkapitals liegen.

Wünschenswert wäre an dieser Stelle eine klare gesetzliche Formulierung, um Unstimmigkeiten zu verhindern und eine adäquate Risikoabschätzung der Mitgesellschafter zu gewährleisten. Dies würde sodann auch eine bessere Entscheidungsabwägung bezüglich eines Verbleibs in der Gesellschaft im Zuge einer Kapitalerhöhung ermöglichen.

Wie im dogmatischen Teil dieser Arbeit aufgezeigt, ist eine Beschränkung des Umfangs auf die Höhe der versprochenen Einlageleistung des jeweils kaduzierten Gesellschafters interessengerecht.[534]

---

534 Siehe dazu § 11 B.

Entsprechend wäre eine Ausführung zu der Definition von Fehlbeträgen vorzunehmen. Anbieten könnte sich eine explizite Begrenzung im Rahmen der Sacheinlagepflicht des Primärschuldners, wodurch eine generelle Begrenzung auf den Nennbetrag des Kaduzierten erzielt würde.

Auch die Streichung des § 24 Satz 2 GmbHG, wodurch keine weitere Umlage der Ausfallhaftungsansprüche auf die übrigen Haftungsadressaten mehr erfolgen würde, könnte zur Eingrenzung des Haftungsrisikos beitragen.[535] Jeder Haftungsadressat hätte sodann für den Fall der Haftung einzig für den auf seine Beteiligung entfallenden Anteil einzustehen. Zu bedenken wäre bei der Streichung der weiteren Umlage jedoch, dass sodann – je nach Leistungsfähigkeit der Gesellschafterversammlung – möglicherweise nur ein geringer Teil des ausstehenden Fehlbetrages erzielt werden könnte. Der Kapitalaufbringungsschutz würde dadurch im Gegensatz zur einfachen Summenbegrenzung vermindert. Orientierungspunkt und Maßstab der Begrenzung sollte jedoch die ursprünglich versprochene Einlageleistung des Kaduzierten und nicht der sich nach Beteiligungsumfang ergebende Haftungsanteil sein. Durch diese Handhabe wird der Kapitalaufbringungsschutz unter Beachtung der Mitgesellschafterinteressen und ihrer Haftungsbegrenzung ausgeschöpft.

Ergebnis der summenmäßigen Haftungsbegrenzung muss es sein, die sich möglicherweise aus der Ausfallhaftung ergebende Verpflichtung auf maximal dreiviertel des gesamten Stammkapitals abzüglich der Verpflichtung des Haftungsschuldners zu begrenzen und damit eine Abschätzungsgrundlage für die Risikobewertung zu bieten.

Erzielt werden könnte dies durch eine im Zusammenhang mit Sacheinlagen gewählte Formulierung, welche *auch* für diese Fallkonstellation eine Begrenzung des Fehlbetrags auf die Höhe des Nennbetrags des zugrundeliegenden Geschäftsanteils vorschreibt.

§ 14 Zusammenfassung und Ausblick

Solange an dem Konzept des Mindestkapitals als Haftungsfonds und der Teileinzahlung festgehalten wird, bedarf es auch der Ausfallhaftung nach § 24 GmbHG. Einzig hierdurch kann in dem sich durch flexiblere Gestaltung und weniger strenge Vorschriften auszeichnende GmbH-Gesetz sichergestellt werden, dass die anfänglich versprochene Einlage auch tatsächlich aufgebracht wird, um den ihr zugedachten Zweck erfüllen zu können. Um ein interessengerechtes und

535 *Lieder*, ZGR 2016, 760, 779.

stimmiges Ineinandergreifen der Ausfallhaftung mit den übrigen Kapitalaufbringungsregelungen zu erzielen, bedarf es der Erneuerung der Norm.

Wünschenswert erscheint allem voran eine differenziertere Ausgestaltung des Wortlautes in Bezug auf Haftungsadressaten und den Umfang der Ausfallhaftung.

Die Norm könnte in etwa wie folgt lauten:

(1) $_{1}$*Kann die versprochene Einlageleistung eines Gesellschafters von diesem nicht erzielt werden und führen auch die Mechanismen des Kaduzierungsverfahrens nicht zur vollständigen Aufbringung, so haben die Mitgesellschafter den ausstehenden Fehlbetrag im Verhältnis ihrer Geschäftsanteile anteilig aufzubringen.*
$_{2}$*Beträge, welche von einzelnen Mitgesellschaftern nicht zu erzielen sind, werden wiederum nach dem bezeichneten Verhältnis auf die verbleibenden Mitgesellschafter verteilt.*

(2) *Der ausstehende Fehlbetrag ist auch bei einer Sacheinlageverpflichtung des Primärschuldners auf die Höhe des Nennbetrags des zugrundeliegenden Geschäftsanteils zu begrenzen.*

(3) $_{1}$*Als Mitgesellschafter sind diejenigen Personen zu verstehen, die zum Fälligkeitszeitpunkt der Leistung Geschäftsanteilsinhaber sind.* $_{2}$*Ist mit Geschäftsanteilsübernahme kein Fälligkeitszeitpunkt festgelegt und ist die Fälligkeit nach § 46 Nr. 2 GmbHG zu bestimmen, sind vor Fälligkeit ausgeschiedene Personen erst mit Ablauf von zwei Jahren*[536] *von einer Haftung befreit.*

---

536 *Bayer/Scholz*, GmbHR 2016, 89, 95 ziehen eine Haftungsbegründungsfrist von fünf Jahren in Betracht.

Teil 3 Schlussbetrachtung

§ 15 Zusammenfassung der wesentlichen Ergebnisse

Sowohl die Analyse der Norm im geltenden Recht als auch die Hinterfragung ihres rechtspolitischen Bedürfnisses haben gezeigt, dass der Ausfallhaftung nach § 24 GmbHG eine wichtige Funktion im System des Kapitalaufbringungs- und damit im Gläubigerschutz zukommt. Das vorherrschende System der Kapitalaufbringung mit der Möglichkeit einer flexiblen Kapitalzufuhr und geringen Gründungs- und Publizitätsvorschriften bedarf einer Kompensation, welche durch die Ausfallhaftung geschaffen wird.

Eine unproblematische Anwendung der Ausfallhaftung gelingt jedoch mitnichten, was die Fülle an Detailfragen des dogmatischen Abschnitts dieser Arbeit gezeigt hat. Der kurze und über die Zeit als ungenau und lückenhaft zu beurteilende Wortlaut der Norm konnte zur jeweiligen Problemlösung nur gering beitragen. Vielmehr sind es die Systematik der Kapitalaufbringung, sowie die hinter dem GmbH-Gesetz liegende Intention, welche herangezogen werden müssen, um dem jeweiligen Problemkreis eine gerechte Lösung zuzuführen.

Begutachtet man die Fülle an Anwendungsproblemen und Detailfragen, wird schnell deutlich, dass für eine interessengerechte Anwendung – der Funktion der Ausfallhaftung entsprechend – eine Anpassung des Wortlautes der Norm an die gegenwärtige Rechtslage erfolgen sollte.

Die wesentlichen Ergebnisse dieser Arbeit sollen im Folgenden noch einmal in Form von Thesen zusammengefasst werden:

1. Die Ausfallhaftung nach § 24 GmbHG stellt ein eigenständiges Instrument zur Absicherung der Stammkapitalaufbringung der Gesellschaft dar und ist nicht als Teil des Kaduzierungsverfahrens zu verstehen.

2. Anwendung findet die Ausfallhaftung einzig bei erstmaliger Aufbringung der Stammeinlage einer eingetragenen und damit entstandenen Gesellschaft. Bei der Kapitalaufbringung im Rahmen der Verlustdeckungshaftung, welche die Abwicklung der Gesellschaft und nicht ihre Kapitalausstattung zum Anlass hat, findet § 24 GmbHG keine Anwendung.

3. Die „übrigen Gesellschafter“ als Haftungsadressaten der Ausfallhaftung sind mit Fälligkeit der (Rest-)Einlageleistung zu bestimmen, das heißt zu jenem Zeitpunkt in welchem der Anspruch der Ausfallhaftung aufschiebend bedingt entsteht. Eine Bestimmung der Haftungsadressaten nach dem erfolglos durchlaufenen Kaduzierungsverfahren, ergo mit Fälligkeit des Ausfallhaftungsanspruchs

selbst, zöge durch die Gefahr der Haftungsentziehung eine untragbare Gefahr für die Kapitalaufbringung nach sich.

4. Die Fungibilität der Geschäftsanteile wird durch die aufschiebend bedingte Haftung nach § 24 GmbHG nicht beeinträchtigt, weshalb die frühzeitige Haftungsentstehung keine negativen Auswirkungen auf die Interessenlage der potentiellen Haftungsadressaten hat.

5. Eine Inanspruchnahme von Rechtsvorgängern zu Zwecken der Ausfallhaftung nach § 24 GmbHG erfolgt nicht. Die Bestimmung der Haftungsadressaten hat anhand der Gesellschafterliste (§ 40 GmbHG) zum Zeitpunkt der aufschiebend bedingten Haftungsbegründung des § 24 GmbHG zu erfolgen.

Eine Einbeziehung von ehemaligen Gesellschaftern, welche bereits vor der Haftungsbegründung wirksam aus der Gesellschaft ausgeschieden sind, kann aufgrund der Gesetzessystematik auch dann nicht erfolgen, wenn durch einen Gesellschafterwechsel alle Geschäftsanteile in einer Hand zusammenfallen und der letzte verbleibende Gesellschafter der später kaduzierte Gesellschafter ist.

6. Die Haftung eines bereits vor der aufschiebend bedingten Entstehung des Haftungsanspruchs ausgeschiedenen Gesellschafters hat dann zu erfolgen, wenn die Abtretung der Geschäftsanteile zu Zwecken der Haftungsentziehung und damit unter missbräuchlichen Umständen erfolgt ist.

7. Die Qualifikation als missbräuchliche Abtretung ist grundsätzlich im Einzelfall zu bewerten. Zugrundeliegend ist dabei die Intention des ausscheidenden Gesellschafters, nämlich die Haftungsentziehung sowie der Leerlauf der Ausfallhaftung nach § 24 GmbHG, wodurch die Aufbringung der ausstehenden Einlage ausbleibt.

Indikatoren für eine missbräuchliche Anteilsübertragung sind ein zeitlicher Zusammenhang zwischen der Abtretung der Geschäftsanteile und der Haftungsbegründung nach § 24 Satz 1 GmbHG, ein Ausbleiben der Fälligstellung der (Rest)Einlageleistung trotz Kapitalbedarfs der Gesellschaft, die drohende Inanspruchnahme des abtretenden Gesellschafters als Haftungsadressat der Ausfallhaftung, unter gleichzeitigem Fehlen anderer zahlungsfähiger Mitgesellschafter sowie die Abtretung an einen als potentiellen Ausfallhaftungsschuldner inadäquaten Erwerber.

Die folgende Sachverhaltskonstellation ist damit als missbräuchlich zu qualifizieren: Mindestens ein Gesellschafter hat ausstehende Einlagen auf die von ihm gehaltenen Geschäftsanteile vorzuweisen, während ein Mitgesellschafter und potentieller Haftungsadressat noch vor der Fälligstellung der Resteinlage und damit der Begründung des Anspruchs nach § 24 Satz 1 GmbHG seine Geschäftsanteile auf einen zahlungsunfähigen Mitgesellschafter oder Dritten abtritt. Resultierend hieraus ist die Leistung der ausstehenden Einlage auch über die

Ausfallhaftung nach § 24 GmbHG – mangels solventem Gesellschafter – nicht zu erzielen.

8. Die Heranziehung zur Haftung eines „Rechtsvorgängers" kann sowohl über die analoge Anwendung des § 24 GmbHG als auch über die Nichtigkeit des Verfügungsgeschäftes gem. § 138 Abs. 1 BGB erzielt werden.

9. Die analoge Anwendung der Norm sieht sich je nach Einzelfall in Bezug auf die Begründung der vergleichbaren Sach- und Interessenlage vor einen umfangreicheren Begründungsaufwand gestellt. Die Erkenntnislage des unter missbräuchlichen Umständen ausgetretenen, ehemaligen Gesellschafters von dem Umstand, dass ihm eine Inanspruchnahme nach § 24 Satz 1 GmbHG droht, muss ohne tatsächliche Fälligkeit des Primäranspruchs bereits überwiegend wahrscheinlich gewesen sein.

10. Die Sittenwidrigkeit des Verfügungsgeschäfts der Abtretung nach § 138 Abs. 1 BGB begründet sich in der Missbräuchlichkeit der Übertragung. Durch die Nichtigerklärung des Verfügungsgeschäftes nach § 138 Abs. 1 BGB ist der austrittswillige Gesellschafter zu keiner Zeit seiner Gesellschafterstellung verlustig geworden und damit zu jeder Zeit als Haftungsadressat im Sinne des § 24 Satz 1 GmbHG zu betrachten. Aus der Einzelfallbetrachtung muss sich das Vorliegen der subjektiven Voraussetzungen der Sittenwidrigkeit ergeben. Keine Auswirkungen auf die Inanspruchnahme ergeben sich aus einer bereits umgeschriebenen Gesellschafterliste. Die Nichtigkeit der Geschäftsanteilsübertragung wirkt sich insoweit auf die Legitimationswirkung aus, als dass bei Nichtigkeit der Übertragung eine eindeutige Rechtslage bezüglich der Gesellschafterstellung vorherrscht und es keinem Festhalten an einer unrichtigen Gesellschafterliste bedarf.

11. Die Tatsache, dass die Fälligstellung des Resteinlageanspruchs nach herrschender Auffassung gänzlich in der Entscheidungsgewalt der Gesellschafterversammlung liegt, ist ursächlich für die Möglichkeit der missbräuchlichen Geschäftsanteilsübertragung. Um einem wirtschaftlich nicht zu rechtfertigenden Hinauszögern der Fälligstellung entgegenzuwirken und damit der Möglichkeit einer missbräuchlichen Übertragung von Geschäftsanteilen vorzubeugen, darf die Fälligstellung nicht allein von der Fassung eines Gesellschafterbeschlusses abhängen, sondern muss vielmehr anhand der Grundsätze zu Ermessensentscheidungen bewertet werden.

12. Die Höhe der insgesamt durch die „übrigen Gesellschafter" aufzubringende Leistung im Rahmen der Ausfallhaftung hat sich an dem Umfang des ursprünglichen, vertraglich festgeschriebenen Einlagebetrages des Kaduzierten zu orientieren. Dies hat auch für den Fall einer überbewerteten Sacheinlage, deren Wert mit „weniger als nichts" zu beziffern ist, durch teleologische

Reduktion zu gelten. Eine darüber hinausreichende Verpflichtung, gemessen an der Stammkapitalziffer, ist mit den Grundsätzen der Haftungsstruktur der GmbH sowie dem Zweck der Ausfallhaftung nicht vereinbar.

13. Eine der Höhe nach unbegrenzte Haftung hat allein bei der Anwendung der Ausfallhaftung auf das Themenfeld der Unterbilanzhaftung zu erfolgen, da die Entstehung des zugrundeliegenden Anspruchs auf Ausgleich des bereits vor Eintragung verbrauchten Kapitals dem gesamten Gesellschafterbestand anzulasten ist und deshalb auch im Rahmen der subsidiären Ausfallhaftung anders zu bewerten ist.

14. Die durch eine Kapitalerhöhung neu hinzukommenden Leistungsversprechen sind sowohl von den Altgesellschaftern als auch von den neu hinzutretenden Gesellschaftern abzusichern. Eine Differenzierung in verschiedene Beteiligungsgruppen oder nach Beteiligungsdauer ist nicht vorzunehmen, da hierdurch der Zweck der Ausfallhaftung unterlaufen würde.

15. Dies hat ebenfalls für Gesellschafter zu gelten, welche zwar gegen eine Kapitalerhöhung gestimmt haben, jedoch diese aufgrund ihrer geringen Beteiligungshöhe nicht verhindern konnten. Eine Privilegierung von Kleingesellschaftern unter Verbleib in der Gesellschaft läuft dem Kollektivgedanken der Ausfallhaftung entgegen.

16. Zum Schutz der Gesellschafterbelange muss in der mit der Kapitalerhöhung einhergehenden Erweiterung des Ausfallhaftungsumfangs ein wichtiger Grund gesehen werden, welcher eine Lossagung von der Gesellschaft ermöglicht. Das dafür allgemein anerkannte Austrittsrecht aus wichtigem Grund stellt keine adäquate Möglichkeit dar, um einem Ausfallhaftungsanspruch sicher zu entgehen.

Um allein durch die Erklärung des Austritts der Gesellschafterstellung verlustig zu sein und damit nicht in den Kreis der Haftungsadressat nach § 24 Satz 1 GmbHG für die neu ausgegebenen Geschäftsanteile zu gelangen, bedarf es der statuarischen Ausgestaltung im Gesellschaftsvertrag.

17. Das rechtspolitische Bedürfnis der Ausfallhaftung als Kapitalaufbringungsschutzinstrument, welches über das herkömmliche Kaduzierungsverfahren hinausgeht, kann der Ausfallhaftung nicht abgesprochen werden. Sie ist als Bestandteil des Kapitalaufbringungsschutzes wesentlich für das Haftungs- und Gläubigerschutzsystem der GmbH. Eine ersatzlose Streichung der Ausfallhaftung würde unter Beibehaltung der vorherrschenden Gründungs- und Publizitätsvorschriften eine wesentliche Beeinträchtigung der Gläubigerbelange bedeuten.

18. Die ersatzlose Streichung der alternativen Sicherungsmechanismen für die Gründung oder nachträgliche Entstehung der Einmann-GmbH ist als verfehlt zu betrachten.

19. Die Anwendungsprobleme des § 24 GmbHG im heutigen GmbH-Recht sind nicht zuletzt dem unveränderten und knappen Wortlaut der Norm geschuldet. Dieser wird den Anforderungen des modernen GmbH-Gesetzes nicht (mehr) gerecht. Um eine interessengerechte und stimmige Anwendung des § 24 GmbHG, seinem Schutzzweck entsprechend, zu erzielen, bedarf es einer Reformierung der Norm.

Literaturverzeichnis

Altmeppen, Holger: Abschied von der „unwiderlegbar vermuteten" Mitgliedschaft des Scheingesellschafters in der Kapitalgesellschaft, ZIP 2009, 345–354.

Altmeppen, Holger: Ausfall- und Verhaltenshaftung des Mitgesellschafters in der GmbH, ZIP 2002, 961–968.

Altmeppen, Holger/Roth, Günter H.: Kommentar zur Gesellschafterhaftung Erschwerungen für Gesellschaften m.b.H.?, GmbHR 1952, S. 1–4.

Bauchbach, Adolf/Hopt, Klaus J. (Hrsg.): Kommentar zum Handelsgesetzbuch mit GmbH & Co. KG. Handelsklauseln, Bank- und Kapitalmarktrecht, 38. Auflage, München 2018.

Baumbach, Adolf/Hueck, Alfred (Hrsg.): Gesetz betreffend die Gesellschaften mit beschränkter Haftung: GmbHG, Kommentar zum GmbHG, 21. Auflage, München 2017.

Bayer, Walter: Die Gesamtverantwortung der Gesellschafter für das Stammkapital und die Existenz der GmbH in: Crezelius, Georg/Hirte, Heribert/Vieweg, Klaus (Hrsg.), Festschrift für Volker Röhricht zum 65. Geburtstag, Köln 2005, S. 25–45.

Bayer, Walter: Gesellschafterliste und Aktienregister – Gemeinsamkeiten, Unterschiede, Überlegungen de lege ferenda – in: Hoffmann-Becking, Michael/Hüffer, Uwe/Reichert, Jochem (Hrsg.), Liber amicorum für Martin Winter, Köln 2011, S. 9–41.

Bayer, Walter: Moderner Kapitalschutz, ZGR 2007, 220–240.

Bayer, Walter/Lieder, Jan: Vorbelastungshaftung und Vorbelastungsbilanz, insbesondere bei späterer Auffüllung des Haftungsfonds, ZGR 2006, S. 875–900.

Bayer, Walter/Scholz, Philipp: Ausfallhaftung gemäß § 24 GmbHG nach Anteilsabtretung an später kaduzierten Mitgesellschafter, NZG 2015, S. 1089–1097.

Bayer, Walter/Scholz, Philipp: Grundsätzliche und technische Fragen zur Ausfallhaftung der Mitgesellschafter nach § 24 GmbHG, GmbHR 2016, S. 89–99.

BeckOK-GmbHG → siehe *Ziemons, Hildegard/Jaeger, Carsten*.

Beuthien, Volker: Haftung der Vorgesellschafter: Warum so umständlich? Warum so milde?, WM 2013, S. 1485–1494.

Bitter, Georg/Heim, Sebastian: Gesellschaftsrecht, 4. Auflage, München 2018.

Bork, Reinhard: Allgemeiner Teil des Bürgerlichen Gesetzbuchs, 4. Auflage, Tübingen 2016.

Cahn, Andreas: Die Ausfallhaftung des GmbH-Gesellschafters, ZGR 2003, S. 298–315.

Canaris, Claus-Wilhelm: Die Feststellung von Lücken im Gesetz, 2. Auflage, Berlin 1983.

Cavin, Adrian: Kapitalaufbringung in der GmbH und AG, Berlin 2012 (zugl. Diss. Freiburg i. Br. 2011).

Dommermuth-Alhäuser, Daniel: Arbeitsrechtsmissbrauch, München 2015 (zugl. Diss. München 2015).

Duden → siehe *Dudenredaktion*.

Dudenredaktion (Hrsg.): Duden – Die deutsche Rechtschreibung, 27. Auflage, Stand Juni 2017, Berlin 2017.

Ehrenberg, Victor (Hrsg.): Handbuch des gesamten Handelsrechts, Dritter Band, III. Abteilung, Leipzig 1929 [zitiert als: *Bearbeiter*, in: Ehrenbergs Handbuch des gesamten Handelsrechts].

Fleischer, Holger: 100 Jahre GmbH-Reform und 100 Jahre GmbH Rundschau, GmbHR 2009, S. 1–13.

Fleischer, Holger/Goette, Wulf (Hrsg.): Münchener Kommentar zum Gesetz betreffend die Gesellschaft mit beschränkter Haftung, Band 1: §§ 1–34, 2. Auflage, München 2015 [zitiert als: *Bearbeiter*, in MüKo-GmbHG].

Fleischer, Holger/Goette, Wulf (Hrsg.): Münchener Kommentar zum Gesetz betreffend die Gesellschaft mit beschränkter Haftung, Band 3: §§ 53–85, 2. Auflage, München 2015 [zitiert als: *Bearbeiter*, in: MüKo-GmbHG].

Fleischer, Holger/Goette, Wulf (Hrsg.): Münchener Kommentar zum Gesetz betreffend die Gesellschaft mit beschränkter Haftung, Band 1: §§ 1–34, 3. Auflage, München 2018 [zitiert als: *Bearbeiter*, in: MüKo-GmbHG].

Fleischer, Holger/Goette, Wulf (Hrsg.): Münchener Kommentar zum Gesetz betreffend die Gesellschaft mit beschränkter Haftung, Band 2: §§ 35–52, 3. Auflage, München 2018 [zitiert als: *Bearbeiter*, in: MüKo-GmbHG].

Fleischer, Holger/Goette, Wulf (Hrsg.): Münchener Kommentar zum Gesetz betreffend die Gesellschaft mit beschränkter Haftung, Band 3: §§ 53–85, 3. Auflage, München 2018 [zitiert als: *Bearbeiter*, in: MüKo-GmbHG].

Flume, Werner: Allgemeiner Teil des Bürgerlichen Rechts. Das Rechtsgeschäft, Band II, 4. Auflage, Berlin u.a. 1992.

Flume, Werner: Die Rechtsprechung zur Haftung der Gesellschafter der Vor-GmbH und die Problematik der Rechtsfortbildung, DB 1998, S. 45–49.

Frey, Kaspar: Einlagen in Kapitalgesellschaften – Gläubigerschutz und Gestaltungsfreiheit, Köln u.a. 1990 (zugl. Diss. Köln 1989).

Gaiser, Anja Sofia: Die Freistellung geringfügig beteiligter Gesellschafter von der Ausfallhaftung nach § 24 GmbHG im Rahmen einer Kapitalerhöhung. Eine

Untersuchung im Lichte des neuen § 32a Abs. 3 S. 2 GmbHG, GmbHR 1999, S. 210–217.

Gätsch, Andreas: Ausfallhaftung von Mitgesellschaftern für rückständige Einlagen und verbotswidrige Ausschüttungen – Summenmäßige Beschränkung?, BB 1999, S. 701–706.

Gessler, E.: Probleme der GmbH-Rechtsreform, GmbHR 1966, S. 102–112.

Görner, André/King, Michael: Die Ausfallhaftung des GmbH-Gesellschafters (I), GmbHR 2004, S. 714–723.

Grunewald, Barbara: Die Verantwortlichkeit der gering beteiligten GmbH-Gesellschafter für Kapitalaufbringung und -erhaltung, in: Schneider, Uwe H./ Hommelhoff, Peter (Hrsg.), Festschrift für Marcus Lutter zum 70. Geburtstag, Köln 2000, S. 413–424.

Gummert, Hans: Die Haftungsverfassung der Vor-GmbH nach der jüngsten Rechtsprechung des BGH, DStR 1997, S. 1007–1011.

Habersack, Mathias: Eigenkapitalersatz im Gesellschaftsrecht. Überlegungen zum Anwendungsbereich der Regeln über eigenkapitalersetzende Gesellschafterhilfen, ZHR 1998, S. 201–222.

Hachenburg, Max (Hrsg.): Kommentar zum Gesetz betreffend die Gesellschaft mit beschränkter Haftung, 5. Auflage, Erster Band, §§ 1–34, Berlin und Leipzig 1926.

Hachenburg, Max (Hrsg.): Kommentar zum Gesetz betreffend die Gesellschaft mit beschränkter Haftung, 7. Auflage, Erster Band, §§ 1–12, Berlin u. a. 1985.

Halem, Gustav Adolph v., Die Kaduzierung von Aktien und von Geschäftsanteilen einer GmbH, Köln 1961 (zugl. Diss. Köln 1961).

Henssler, Martin/Strohn, Lutz (Hrsg.): Kommentar zum Gesellschaftsrecht, 3. Auflage, München 2016.

Herchen, Hilke: Anmerkungen zum Urteil des BGH vom 19.05.2015 (II ZR 291/14) – Zur Haftung eines Gesellschafters für die ausstehende Einlageforderung eines kaduzierten Gesellschafters, ZWH 2015, S. 362–363.

Hollaender, A.: Zur Reform der Gesellschaft mit beschränkter Haftung, ZHR 1915, S. 5–111.

Hölzle, Gerrit: Gibt es noch eine Finanzierungsfolgenverantwortung im MoMiG?, ZIP 2009, S. 1939–1948.

Hülsmann, Christoph: Rechtspraktische Probleme beim Austritt von Gesellschaftern aus der GmbH, GmbHR 2003, S. 198–207.

Jauernig, Othmar/Stürner, Rolf (Hrsg.): Bürgerliches Gesetzbuch Kommentar mit Rom I, Rom II-VO, EG-UntVO/HUntProt und EuErbVO, 16. Auflage, München 2015.

Joost, Detlev: Kapitalbegriff und Reichweite der Bindung des aufgebrachten Vermögens in der GmbH, GmbHR 1983, S. 285–290.

Joost, Detlev: Verdeckte Sacheinlagen, ZIP 1990, S. 549–550.

Kellermann, Alfred: Zur Gesellschafterhaftung in der Vor-GmbH – BGH-Urt. v. 27.01.1997 – II ZR 123/94 BGHZ 134, 133, in: Crezelius, Georg/Hirte, Heribert/Vieweg, Klaus (Hrsg.), Festschrift für Volker Röhricht zum 65. Geburtstag, Köln 2005, S. 291–300.

Klausing, Friedrich: Die Neuordnung der Gesellschaft mit beschränkter Haftung. Zweiter Arbeitsbericht des „Ausschusses für Gesellschaften mit beschränkter Haftung" der Akademie für Deutsches Recht, Frankfurt a. M. 1940 (zugl. Diss. 1938).

Klausing, Friedrich: Rechtsprechung Anmerkung zu RG Urteil v. 19.02.1937 – II 212/36, JW 1937, S. 2287–2288.

Kölner Kommentar zum AktG → siehe *Zöllner, Wolfgang/Noack, Ulrich.*

Kramer, Ernst A.: Juristische Methodenlehre, 4. Auflage, Bern 2013.

Kuhn, Tomas: Argumente bei Analogie und teleologischer Reduktion in der zivilrechtlichen Klausurpraxis, JuS 2016, S. 104–109.

Larenz, Karl: Methodenlehre der Rechtswissenschaft, 6. Auflage, Berlin 1991.

Larenz, Karl/Canaris, Claus-Wilhelm: Methodenlehre der Rechtswissenschaft, 3. Auflage, Berlin 1995.

Liebmann, F.: Zum Neuen Kommentar von Staub zum Gesetz betreffend die Gesellschaft mit beschränkter Haftung, ZHR 1914, S. 534–540

Lieder, Jan: Ausfallhaftung und Anteilsübertragung, ZGR 2016, S. 760–780.

Lieder, Jan: Keine Ausfallhaftung für vor Ausscheiden des Gesellschafters noch nicht fällige Einlageschuld, WuB 2015, S. 573–576.

Lieder, Jan/Jena, Ole: Ausfallhaftung: Haftung des Zwischenerwerbers und Verjährung § 24 GmbHG, WuB 2019, S. 81–85.

Luther, Christoph: Die juristische Analogie, Jura 2013, S. 449–453.

Lutter, Marcus/Hommelhoff, Peter (Hrsg.): Gesetz betreffend die Gesellschaft mit beschränkter Haftung, 19. Auflage, Köln 2016.

Lutter, Marcus: Die Entwicklung der GmbH in Europa und in der Welt, in: Lutter, Marcus/Ulmer, Peter/Zöllner, Wolfgang (Hrsg.), Festschrift 100 Jahre GmbHG, Köln 1992, S. 49–77.

Lutter, Marcus: Diskussionsbericht von Jan Lieder zum Vortrag von Walter Bayer, ZGR 2007 S. 241–249 [zitiert als: *Lutter*, Diskussionsbericht von Lieder, ZGR 2007, 241].

Lutter, Marcus: Haftungsrisiken bei der Gründung einer GmbH, JuS 1998, S. 1073–1080.

Luttermann, Claus/Lingl, Markus: Unterbilanzhaftung, Organisationseinheit der Vor-GmbH und Haftungskonzept, NZG 2006, S. 454–456.

Maurer, Jörg: Vorbelastungshaftung und Eintragungshindernis bei Kapitalgesellschaften, BB 2001, S. 2537–2541.

Medicus, Dieter/Petersen, Jens: Allgemeiner Teil des BGB, 11. Auflage, 2016.

Meier, Patrick/Jocham, Felix: Rechtsfortbildung – Methodischer Balanceakt zwischen Gewaltenteilung und materieller Gerechtigkeit, JuS 2016, S. 392–398.

Michalski, Lutz (Hrsg.): Kommentar zum Gesetz betreffend die Gesellschaft mit beschränkter Haftung, Band 1: Systematische Darstellung §§ 1–34 GmbHG, 2. Auflage, München 2010.

Michalski, Lutz (Hrsg.): Kommentar zum Gesetz betreffend die Gesellschaft mit beschränkter Haftung, Band 2: §§ 35–88 GmbHG, EGGmbHG 2. Auflage, München 2010.

Michalski, Lutz/Heidinger, Andreas/Leible, Stefan/Schmidt, Jessica (Hrsg.): Kommentar zum Gesetz betreffend die Gesellschaft mit beschränkter Haftung, Band 1: Systematische Darstellung §§ 1–34 GmbHG, 3. Auflage, München 2017.

Michalski, Lutz/Heidinger, Andreas/Leible, Stefan/Schmidt, Jessica (Hrsg.): Kommentar zum Gesetz betreffend die Gesellschaft mit beschränkter Haftung, Band 2: §§ 35–88 GmbHG, EGGmbHG GmbHG, 3. Auflage, München 2017.

Münchener Kommentar zum BGB → siehe *Säcker, Franz Jürgen/Rixecker, Roland/Oetker, Hartmut/Limperg, Bettina.*

Münchener Kommentar zum GmbHG → siehe *Fleischer, Holger/Goette, Wulf.*

Münchener Kommentar zum HGB → siehe *Schmidt, Karsten.*

Nastelski, Karl: Die Zeit als Bestandteil des Leistungsinhalts, JuS 1962, S. 289–298.

Palandt, Otto (Hrsg.): Bürgerliches Gesetzbuch Kommentar mit Nebengesetzen, 77. Auflage, München 2017.

Priester, Hans-Joachim: Kapitalaufbringung, in: Lutter, Marcus/Ulmer, Peter/-Zöllner, Wolfgang (Hrsg.), Festschrift 100 Jahre GmbHG, Köln 1992, S. 159–187.

Priester, Hans-Joachim/Mayer, Dieter/Wicke, Hartmut (Hrsg.): Münchener Handbuch des Gesellschaftsrechts: Gesellschaft mit beschränkter Haftung, Band 3, 4. Auflage, München 2012 [zitiert als: *Bearbeiter*, in: MünchHdb. GesR III, 4. Auflage].

Priester, Hans-Joachim/Mayer, Dieter (Hrsg.): Münchener Handbuch des Gesellschaftsrechts: Gesellschaft mit beschränkter Haftung, Band 3, 3. Auflage, München 2009 [zitiert als: *Bearbeiter*, in: MünchHdb. GesR III, 3. Auflage].

Prinz, Ulrich/Winkeljohann, Norbert (Hrsg.): Beck´sches Handbuch der GmbH, 5. Auflage, München 2014 [zitiert als: *Bearbeiter*, in: Beck´sches Handbuch der GmbH].

Prütting, Hannes/Wegen, Gerhard/Weinreich, Gerd u.a. (Hrsg.): Kommentar zum Bürgerlichen Gesetzbuch, 12. Auflage, Köln 2017.

Raiser, Thomas/Veil, Rüdiger: Die Haftung der Gesellschafter einer Gründungs-GmbH, BB 1996, S. 1344–1349.

Raiser, Thomas/Veil, Rüdiger: Recht der Kapitalgesellschaften. Ein Handbuch für Praxis und Wissenschaft, 6. Auflage, München 2015.

Röhricht, Volker: Zum Austritt des Gesellschafters aus der GmbH, in: Goerdeler, Reinhard/Hommelhoff, Peter (Hrsg.), Festschrift für Alfred Kellermann zum 70. Geburtstag am 29. November 1990, Berlin 1991, S. 361–388.

Rosenkranz, Frank: Die Auslegung von „Ausnahmevorschriften", Jura 2015, S. 783–788.

Rosner, Christian: Streitvermeidung beim Austritt von GmbH-Gesellschaftern. Zur gesellschaftsvertraglich antizipierten „Anwachsung" von GmbH-Geschäftsanteilen, ZGR 2011, S. 732–748.

Rowedder, Heinz/Schmidt-Leithoff, Christian (Hrsg.): Gesetz betreffend die Gesellschaft mit beschränkter Haftung, 4. Auflage, München 2002.

Rowedder, Heinz/Schmidt-Leithoff, Christian (Hrsg.): Gesetz betreffend die Gesellschaft mit beschränkter Haftung, 5. Auflage, München 2013.

Rowedder, Heinz/Schmidt-Leithoff, Christian (Hrsg.): Gesetz betreffend die Gesellschaft mit beschränkter Haftung, 6. Auflage, München 2017.

Säcker, Franz Jürgen/Rixecker, Roland/Oetker, Hartmut/Limperg, Bettina (Hrsg.): Münchener Kommentar zum Bürgerlichen Gesetzbuch, Band 1: Allgemeiner Teil, §§ 1–240, ProstG, AGG, 7. Auflage, München 2015 [zitiert als: *Bearbeiter*, in MüKo-BGB].

Säcker, Franz Jürgen/Rixecker, Roland/Oetker, Hartmut/Limperg, Bettina (Hrsg.): Münchener Kommentar zum Bürgerlichen Gesetzbuch, Band 2: Schuldrecht – Allgemeiner Teil, 7. Auflage, München 2016 [zitiert als: *Bearbeiter*, in MüKo-BGB].

Schärtl, Christoph: Die Doppelfunktion des Stammkapitals als Schlüssel für ein wettbewerbsfähiges GmbH-Recht in Deutschland?, GmbHR 2007, S. 344–351.

Schilling, Wolfgang: Rechtspolitische Gedanken zur GmbH & Co, in: Ballerstedt, Kurt/Friesenhahn, Ernst/v. Nell-Bruning, Oswald (Hrsg.), Festgabe für Otto Kunze zum 65. Geburtstag, Berlin 1969, S. 189–208.

Schmidt, Karsten (Hrsg.): Gesellschaftsrecht, 4. Auflage, Köln/Berlin u.a. 2002.

Schmidt, Karsten (Hrsg.): Münchener Kommentar zum Handelsgesetzbuch, Band 2: Handelsgesellschaften und stille Gesellschaft, Erster Abschnitt. Offene Handelsgesellschaft §§ 195–160, 4. Auflage, München 2016 [zitiert als: *Bearbeiter*, in MüKo-HGB].

Schmidt, Karsten: Die begrenzte Ausfallhaftung, in: Damm, Rainhard/Heermann, Peter W./Veil, Rüdiger (Hrsg.), Festschrift für Thomas Raiser zum 70. Geburtstag am 20.02.05, Berlin 2005, S. 312–339.

Schmidt, Karsten: Summenmäßige Begrenzung der Ausfallhaftung nach § 31 Abs. 3 GmbHG, BB 1995, S. 529–532.

Schmidt, Karsten: Summenmäßige Grenzen der Haftung von Mitgesellschaftern aus rückständigen Einlagen (§24 GmbHG) und verbotenen Ausschüttungen (§ 31 Abs. 3 GmbHG), BB 1985, S. 154–158.

Schmidt, Karsten: Zwergenanteile im GmbH-Kapitalersatzrecht. Bemerkungen zum Referentenentwurf zur Ergänzung des § 32a Abs. 3 GmbHG, ZIP 1996, S. 1586–1590.

Schmidt, Karsten/Lutter, Marcus (Hrsg.): Aktiengesetz Kommentar, Band I: §§ 1–149, 3. Auflage, Köln 2015.

Schmitt, Joachim/Hörtnagl, Robert/Stratz, Rolf-Christian (Hrsg.): Kommentar zum Umwandlungsgesetz, Umwandlungssteuergesetz, 7. Auflage, München 2016.

Scholz, Franz (Hrsg.): Kommentar zum GmbH-Gesetz, 4. Auflage, Köln 1960.

Scholz, Franz (Hrsg.): Kommentar zum GmbH-Gesetz, Band I: §§ 1–34, 10. Auflage, Köln 2006.

Scholz, Franz (Hrsg.): Kommentar zum GmbH-Gesetz, Band I: §§ 1–34, Anh. § 13 Konzernrecht, Anh. § 34 Austritt und Ausschließung eines Gesellschafters, 11. Auflage, Köln 2012.

Scholz, Franz (Hrsg.): Kommentar zum GmbH-Gesetz, Band I: §§ 1–34, 12. Auflage, Köln 2018.

Scholz, Franz (Hrsg.): Kommentar zum GmbH-Gesetz, Band II: §§ 35–52, 10. Auflage, Köln 2007.

Scholz, Franz (Hrsg.): Kommentar zum GmbH-Gesetz, Band II: §§ 35–52, Anh. § 45 Gesellschafterversammlung und Gesellschafterkompetenzen in der GmbH & Co. KG, 11. Auflage, Köln 2014.

Scholz, Franz (Hrsg.): Kommentar zum GmbH-Gesetz, Band III: §§ 53–85, 11. Auflage, Köln 2015.

Schön, Wolfgang: Die Zukunft der Kapitalaufbringung-/erhaltung, Der Konzern 2004, S. 162–170.

Schubert, Werner: Das GmbH-Gesetz von 1892 „eine Zierde unserer Reichsgesetzsammlung“ Das historische Geschehen um die GmbH von 1888 bis 1902, in: Lutter, Marcus/Ulmer, Peter/Zöllner, Wolfgang (Hrsg.), Festschrift 100 Jahre GmbHG, Köln 1992, S. 1–47.

Schulze-Osterloh, Joachim: Die Vorbelastungsbilanz der GmbH auf den Eintragungszeitpunkt und der Ausweis des Anspruchs aus der Vorbelastungshaftung im Jahresabschluss, in: Havermann, Hans (Hrsg.), Bilanz- und Konzernrecht: Festschrift zum 65. Geburtstag von Dr. Dr. h.c. Reinhard Goerdeler, Düsseldorf 1987, S. 531–550.

Schulze, Reiner (Hrsg.): Bürgerliches Gesetzbuch Handkommentar, 9. Auflage, Baden-Baden 2017.

Siebert, Wolfgang, Verwirkung und Unzulässigkeit der Rechtsausübung. Ein rechtsvergleichender Beitrag zur Lehre von den Schranken der privaten Rechte und zur exceptio doli (§§ 226, 242, 826 BGB), unter besonderer Berücksichtigung des gewerblichen Rechtsschutzes (§ 1 UWG), Marburg i. Hessen 1934.

Staub, Hermann (Hrsg.): Kommentar zum Gesetz betreffend die Gesellschaft mit beschränkter Haftung, 1903.

Ulmer, Peter: Das Vorbelastungsverbot im Recht der GmbH-Vorgesellschaft – notwendiges oder überholtes Dogma?, in: Flume, Werner (Hrsg.), Beiträge zum Zivil- und Wirtschaftsrecht, Festschrift für Kurt Ballerstedt zum 70. Geburtstag am 24. Dezember 1975, Berlin 1975, S. 279–304.

Ulmer, Peter: Gesellschafterhaftung gegenüber der GmbH bei Vorteilsgewährung unter Verstoß gegen § 39 Abs. 1 GmbHG, in: Lutter, Marcus/Ulmer, Peter/Zöllner, Wolfgang (Hrsg.), Festschrift 100 Jahre GmbHG, Köln 1992, S. 363–389.

Ulmer, Peter/Habersack, Mathias/Löbbe, Marc (Hrsg.): GmbHG – Gesetz betreffend die Gesellschaft mit beschränkter Haftung, Band 1: Einleitung §§ 1–28, 2. Auflage, Tübingen 2013.

Ulmer, Peter/Habersack, Mathias/Löbbe, Marc (Hrsg.): GmbHG – Gesetz betreffend die Gesellschaft mit beschränkter Haftung, Band 2: §§ 29–52, 2. Auflage, Tübingen 2014.

Ulmer, Peter/Habersack, Mathias/Löbbe, Marc (Hrsg.): GmbHG – Gesetz betreffend die Gesellschaft mit beschränkter Haftung, Band 3: §§ 53–88 sowie EGGmbHG, 2. Auflage, Tübingen 2016.

Wackerbarth, Ulrich/Eisenhardt, Ulrich: Gesellschaftsrecht II Recht der Kapitalgesellschaften. Mit Bezügen zum Bilanz-, Insolvenz-, und Kapitalmarktrecht, Heidelberg/München u.a. 2013.

Wicke, Hartmut (Hrsg.): Gesetz betreffend die Gesellschaft mit beschränkter Haftung, 3. Auflage, München 2016.

Wiedemann, Herbert: Die Haftung des Gesellschafters in der GmbH: Verhandlungen der Fachgruppe für vergl. Handels und Wirtschaftsrecht anlässlich der Tagung für Rechtsvergleichung in Berlin vom 27. bis 30. September 1967; mit Abhandlungen; Bericht über die Diskussion, Berlin 1967.

Wilhelm, Jan: Die Vermögensbindung bei der Aktiengesellschaft und der GmbH und das Problem der Unterkapitalisierung, in: Jakobs, Horst Heinrich (Hrsg.), Festschrift für Walter Flume zum 70. Geburtstag, Band II, Köln 1978, S. 337–397.

Wilhelm, Jan: Rechtsanwendung und Konzepte – zur Vorlage eines Konzeptes über die Haftung bei der Vor-GmbH durch den 2. Zivilsenat des BGH, DB 1996, S. 921–923.

Wilhelmi, Rüdiger: Das Mindestkapital als Mindestschutz – eine Apologie im Hinblick auf die Diskussion um eine Reform der GmbH angesichts der englischen Limited, GmbHR 2006, S. 13–24.

Wösthoff, Philipp: Haftung für Einlageschuld nach Kaduzierung, DB 2015, S. 1950–1951.

Ziemons, Hildegard/Jaeger, Carsten (Hrsg.): Beck´scher Onlinekommentar zum GmbHG, 34. Edition, Stand 01.02.2018 [zitiert als: *Bearbeiter*, in BeckOK-GmbHG].

Zippelius, Reinhold: Juristische Methodenlehre, 11. Auflage, München 2012.

Zöllner, Wolfgang: Die sogenannte Gründerhaftung – Bemerkungen zum Rätsel Vorgesellschaft – , in: Wank, Rolf (Hrsg.), Festschrift für Herbert Wiedemann, München 2002, S. 1383–1425.

Zöllner, Wolfgang: Diskussionsbericht von Jan Lieder zum Vortrag von Walter Bayer, ZGR 2007, S. 241–249 [zitiert als: Zöllner, Diskussionsbericht von Lieder, ZGR 2007, 241].

Zöllner, Wolfgang/Noack, Ulrich (Hrsg.): Kölner Kommentar zum Aktiengesetz, Band 1: §§ 1–75, 3. Auflage, Köln 2011 [zitiert als: *Bearbeiter*, in KK-AktG].

www.ingramcontent.com/pod-product-compliance
Ingram Content Group UK Ltd.
Pitfield, Milton Keynes, MK11 3LW, UK
UKHW021940290926
8980IPUK00016B/1725

9 783631 796382